RÉGION ET DÉVELOPPEMENT

n° 54-2021

Ouverture commerciale, transformations structurelles et croissance économique en Afrique

L'Harmattan

REVUE RÉGION ET DÉVELOPPEMENT

Revue fondée en 1995 par Gilbert Benhayoun et Maurice Catin

Revue semestrielle référencée dans ECONLIT et dans IDEAS (REPEC)

Site web : www.regionetdeveloppement.org
ISSN 2117-0843

5-7, rue de l'Ecole-Polytechnique, 75005 Paris
http://www.editions-harmattan.fr
ISBN : 978-2-343-25519-4
EAN : 9782343255194

Région et Développement

n° 54-2021

Ouverture commerciale, transformations structurelles et croissance économique en Afrique

Coordonné par Corinne BAGOULLA et Gabriel FIGUEIREDO DE OLIVEIRA

Région et Développement
n° 54-2021
www.regionetdeveloppement.org

Introduction - Ouverture commerciale, transformations structurelles et croissance économique en Afrique

Corinne BAGOULLA[*]
Gabriel FIGUEIREDO DE OLIVEIRA[**]

Au cours des 15 dernières années, les performances économiques de l'Afrique subsaharienne (ASS) se sont considérablement améliorées. En effet, après deux décennies de stagnation autour de 1,7%, la croissance du PIB s'élève désormais à 5 % par an en moyenne. Le PIB par habitant a augmenté de près de 40 % entre 2000 et 2018. Cette croissance s'est accompagnée d'une intensification des exportations réelles de l'Afrique subsaharienne qui ont été multipliées par 1,8 entre 2000 et 2018, ce qui représente une croissance annuelle moyenne de l'ordre de 5,7%[1].

L'Europe reste la première destination des exportations africaines, suivie par l'Asie qui en représente 25% alors même qu'elles n'atteignaient que 9% en 2000. L'on constate également une forte progression du commerce intrarégional qui passe de 15% à 23% entre 2000 et 2018 même si ce dernier reste très en deçà des chiffres constatés dans d'autres régions comme l'Europe, l'Amérique du Nord ou l'Asie. Précisons enfin que les exportations africaines se caractérisent par une faible diversification. Elles reposent pour l'essentiel sur des produits pétroliers (40%) et, dans une moindre mesure, sur l'agriculture (12%).

En dépit de ces transformations, les pays africains continuent de souffrir d'un environnement des affaires moins compétitif, mais aussi de ressources publiques plus limitées que la plupart des autres pays. La figure 1 illustre l'évolution du score des prérequis fondamentaux en matière d'environnement des affaires pour chaque région, relativement à la moyenne mondiale[2]. Ce score traduit les quatre premiers piliers de l'indice de compétitivité globale, à savoir la qualité des institutions, la dotation en infrastructures, l'environnement macroéconomique, la santé et l'éducation primaire.

Il apparaît que seuls les pays développés ont un coefficient supérieur à 1,2, ce qui indique que les prérequis fondés sur ces quatre piliers sont nettement supérieurs à la moyenne mondiale. Quant aux pays en développement, ils semblent converger vers la moyenne de la distribution, à l'exception des pays d'Afrique subsaharienne

[*] LEMNA, Université de Nantes ; Corinne.Bagoulla@univ-nantes.fr
[**] LEAD, Université de Toulon ; figueiredo.univ@gmail.com

[1] Selon la Banque mondiale, Indicateurs du développement dans le monde (WDI) (2018).
[2] Un ratio inférieur à l'unité indique que le niveau de ce score pour une région donnée est inférieur à la moyenne mondiale, un ratio supérieur à l'unité indique que le niveau de la région est supérieur à la moyenne.

qui affichent les scores les plus faibles. Pour cette région, le coefficient est passé de 0,80 en 2007 à 0,83 en 2015, avant de revenir à son niveau initial. La compétitivité africaine est donc toujours inférieure à celle des autres régions et la convergence reste lente.

Les facteurs structurels fondamentaux de la croissance économique (des institutions stables, des infrastructures adéquates et une main-d'œuvre à la fois instruite et en bonne santé) doivent être renforcés et semblent constituer un frein à la croissance durable des pays africains ainsi qu'à leur diversification économique et commerciale.

Figure1 : Évolution des facteurs structurels fondamentaux de la croissance économique (2007-2017)

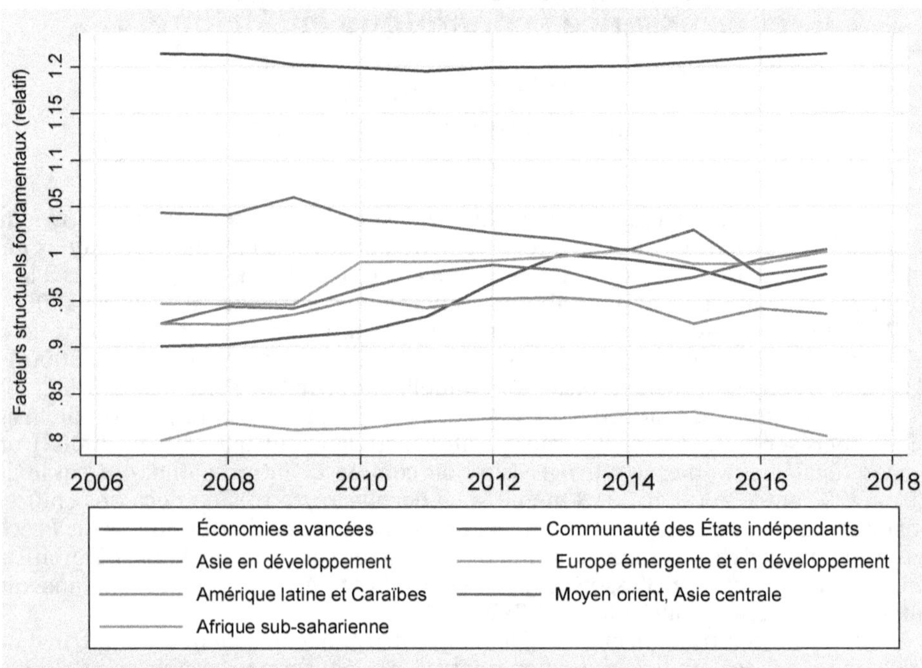

Source : auteurs sur la base de données de l'indice de compétitivité mondiale (Forum économique mondial 2017-2018).

Différents articles présentés dans ce numéro spécial de la revue Région et Développement abordent, sous des angles divers, l'influence de la qualité des institutions dans le développement commercial des pays d'ASS et le rôle essentiel de l'intégration régionale.

L'article de **Serigne Bassirou Lo** revient sur l'impact de la corruption et des contraintes touchant l'accès au financement sur la performance à l'exportation des entreprises manufacturières africaines. D'un côté, l'auteur montre que le versement de « pots-de-vin » favorise les exportations des entreprises africaines, en particulier celles de petite taille, en permettant de contourner les lourdeurs administratives qui entravent l'internationalisation de ces entreprises. Mais parallèlement, il apparaît que le coût de la corruption vient renforcer et alourdir les contraintes de financement qui affectent déjà de manière prononcée la capacité de ces mêmes entreprises à pouvoir exporter.

Au-delà de son impact direct sur le commerce, un cadre institutionnel de qualité incite au développement des échanges en permettant aux acteurs économiques d'intégrer les règles de fonctionnement du commerce mondial et de développer leurs avantages concurrentiels intra et inter-régionaux.

Le deuxième article de ce numéro spécial souligne ainsi l'importance de la capacité des pays à se conformer aux exigences réglementaires de leurs partenaires commerciaux. **Najla Kamergi et Gabriel Figueiredo De Oliveira** étudient l'impact des mesures techniques non tarifaires sur les exportations agricoles d'origine végétale de cinq régions africaines, à savoir l'Afrique orientale, occidentale, centrale, septentrionale et australe. À partir d'un modèle de gravité, les auteurs montrent que les mesures non tarifaires bilatérales ont un effet de réduction des échanges agricoles et en concluent que les pays d'Afrique centrale, septentrionale et australe sont davantage pénalisés par les normes sanitaires et phytosanitaires. En effet, les coûts de conformité aux exigences réglementaires et le coût supplémentaire de la certification entravent significativement leurs exportations agricoles notamment vers les marchés des pays développés, ce qui explique probablement le détournement de leurs exportations vers les marchés du Sud.

L'article de **Tite Ehuitché Beke et Dieu-Donné Melagne N'Guessan** s'intéresse aux échanges agricoles au sein de la CEDEAO ainsi qu'à leur rôle sur la sécurité alimentaire (l'accès au bien-être alimentaire) des pays de la zone. En utilisant également l'approche gravitationnelle, les auteurs soulignent dans un premier temps l'influence positive de l'intégration régionale et de l'appartenance des pays à différents accords sous-régionaux sur le développement des échanges. Les principaux freins au commerce agricole identifiés dans l'analyse relèvent de la qualité des institutions des pays concernés (corruption, faible qualité du système administratif et des infrastructures de transport). Selon les auteurs, le développement des échanges de biens agricoles au sein de la CEDEAO permettrait de réduire la fragmentation des marchés et de développer les complémentarités entre les pays africains favorisant ainsi la sécurité alimentaire des pays de la zone.

L'article de **Victor Nyatefe et Mawussé Komlagan Nézan Okey** s'intéresse aux déterminants des exportations de biens culturels du Togo, qui sont d'un poids faible mais en forte croissance. Les exportations de biens culturels, pour beaucoup dans le design, sont principalement à destination des pays voisins africains. Les auteurs soulignent le rôle important de l'intégration régionale et de la proximité culturelle des pays sur le développement des exportations togolaises de biens culturels. Mais c'est avant tout la qualité des facteurs institutionnels du pays (mesurée à travers différents indices de gouvernance) qui favoriserait le développement de la production et des exportations de biens culturels togolais.

Les autres articles de ce numéro mettent en exergue le rôle des politiques et de la mise en place d'un environnement économique performant et stable propice au développement industriel et au développement des échanges commerciaux.

Bernard Nguekeng, J-B. A. Nsoe Nkouli., Iréné Tiako et Augustin Ngomsi soulignent ainsi le rôle fondamental du capital humain (dépense en matière d'éducation et de santé) sur le commerce intra-ASS. À l'aide d'un modèle de gravité, les auteurs montrent qu'un bon niveau de santé de la population favorise le développement des échanges. L'influence de l'éducation sur le commerce intra-ASS varie selon le niveau de qualification de la population. Une éducation dans les cycles primaire et secondaire semble avoir un impact plus important sur le volume des échanges qu'une qualification dans le cycle supérieur. Les dépenses dans la formation professionnelle ont également un effet positif sur le développement commercial des pays. Ces résultats tendent à souligner le rôle important d'une formation des populations adaptée aux besoins des systèmes productifs locaux sur la capacité des pays à développer leur compétitivité et leurs échanges au sein de la zone.

Dans le sixième article, **Antoine Abi Zeid** étudie les déterminants des exportations d'automobiles d'un certain nombre de pays en développement (Chine, Iran, Turquie...) en utilisant un modèle de gravité. La compétitivité globale des pays et l'intégration régionale jouent un rôle significatif sur le développement des exportations du secteur. L'article s'intéresse également au potentiel d'exportations des pays en comparaison des exportations observées dans le secteur de l'automobile. Ce potentiel semble particulièrement important dans les pays d'Europe de l'Est (Roumanie, Slovaquie et République tchèque) ou encore en Chine, invitant les gouvernements à développer des politiques industrielles adaptées aux besoins de ce secteur.

Betty Asse et Dalila Chenaf-Nicet s'intéressent au rôle de la demande sur le processus de désindustrialisation des pays de l'Afrique subsaharienne. Les auteures soulignent que cette désindustrialisation est précoce par rapport aux expériences de développement dans le passé et que cela résulterait essentiellement des mécanismes de demande interne et externe. La demande interne en produits industrialisés est contrainte par la taille des marchés des pays d'Afrique subsaharienne mais aussi par la faible croissance des revenus. Concernant la demande externe, les auteures affirment que la demande mondiale en biens manufacturés a tendance à relativement diminuer par rapport à la demande de services, et que les pays africains souffrent de leur éloignement vis-à-vis des principaux marchés de consommation. Ces deux facteurs rendent alors plus difficile leur intégration dans les chaînes mondiales de production.

Le dernier article de ce numéro spécial **d'Irifaar Somé et Eugénie W. H. Maiga** a pour objectif d'analyser l'impact de l'évolution et de la volatilité des prix relatifs aux échanges, sur la croissance économique de l'Afrique subsaharienne. Leur analyse repose sur des estimations réalisées à l'aide du modèle autorégressif à retard échelonné (ARDL), appliqué à 34 pays de l'ASS sur la période 1993-2018. Les estimations à long terme montrent qu'une amélioration des termes des échanges (prix des exportations/prix des importations) a un effet positif sur le taux de croissance, alors que la variabilité de ces mêmes termes affecte à l'inverse la croissance économique des pays d'ASS. Les estimations à court terme montrent l'hétérogénéité de ces effets selon les pays. Les résultats semblent aussi montrer que l'effet positif des termes de l'échange est observé notamment pour des pays disposant d'une plus grande diversification de leurs exportations.

Région et Développement

n° 54-2021

www.regionetdeveloppement.org

Effet de la corruption sur les exportations des entreprises manufacturières africaines

Serigne Bassirou LO*

***Résumé* -** L'objectif de cet article est d'analyser le rôle de la corruption dans la performance à l'exportation des entreprises manufacturières africaines. Des données d'enquêtes de la Banque mondiale sur les entreprises manufacturières de 34 pays africains sont utilisées. Les résultats issus de modèles Probit et Tobit montrent, d'une part, que la corruption mesurée par les paiements annuels de « pots-de-vin » favorise très significativement la probabilité d'exporter et les montants exportés des entreprises manufacturières africaines, notamment pour les entreprises de petite taille (moins de cent employés). Ils montrent, d'autre part, que le coût de la corruption supporté par les entreprises pour exporter est exacerbé lorsqu'elles ont des contraintes d'accès au financement. Ces résultats suggèrent de renforcer les programmes de lutte contre la corruption qui, avec l'amélioration de l'accès au financement, permettraient d'encourager l'activité d'exportation des petites entreprises manufacturières.

Classification JEL

F13, O17, O24

Mots-clés

Corruption
Entreprises manufacturières
Exportations
Contrainte financière
Afrique

L'auteur remercie les rapporteurs anonymes et la direction de la revue dont les contributions ont permis l'amélioration de cet article.

* Centre de Recherche en Economie Appliquée (CREA), Université Cheikh Anta Diop (UCAD), Dakar, Sénégal ; serignebassirou.lo@ucad.edu.sn

INTRODUCTION

Le Fonds Monétaire International (FMI) a relancé récemment le débat sur les vertus d'une stratégie de développement basée sur les exportations, en soutenant que les exportations, particulièrement de produits manufacturés diversifiés, sont un facteur clé de développement économique (FMI, 2014a, 2014b). Ce point de vue est principalement motivé par le succès des Nouveaux Pays Industrialisés d'Asie qui ont fait le choix dans les années 1970 d'asseoir leur développement sur des politiques proactives de soutien à l'exportation de leurs entreprises (Banque mondiale, 1993). Conformément à ce point de vue du FMI, plusieurs organisations internationales recommandent aux pays en développement de mettre les politiques de soutien au secteur des exportations de produits manufacturés au cœur de leurs stratégies de croissance et de transformation économique.

Ainsi, il est important de comprendre les principaux facteurs qui déterminent le choix d'exportation des entreprises afin d'éclairer les décideurs politiques. Un ensemble de travaux s'est dans cet esprit attaché à l'examen de la stratégie d'exportation des entreprises dans les pays en développement. Ils mettent l'accent sur le rôle de l'environnement institutionnel et décrivent une relation complexe entre la qualité des institutions, en particulier la corruption, et le dynamisme à l'exportation des entreprises (Krammera et al., 2018 ; Lee, Yin, Lee, Weng, et Peng, 2015 ; Onley, 2016 ; Qi et al., 2020...). Si certains de ces travaux suggèrent que la corruption favorise l'exportation des entreprises dans les pays en transition (Lee et al., 2015), d'autres montrent que cette relation est négative ou non linéaire (Qi et al., 2020). C'est pourquoi il est opportun de se demander comment la corruption affecte la décision d'exportation des entreprises dans les pays caractérisés par des institutions faibles à l'instar des pays africains. Spécifiquement, l'objectif de cette recherche est d'examiner l'influence de la corruption sur la décision et l'intensité d'exportation des entreprises manufacturières africaines.

Globalement, l'Afrique est l'une des régions en développement qui restent caractérisées par une faible participation de ses entreprises aux exportations mondiales. En effet, selon la base de données d'enquête sur les entreprises (*Enterprise Survey*), seulement 27,3% des entreprises exportent avec, en moyenne, une intensité d'exportation de 38,9%. La contribution du continent dans les exportations manufacturières mondiales se situe à des niveaux très bas, à savoir 0,8 % en moyenne en 2015 (Chisanga, 2017), contrairement à des régions en développement comme l'Asie qui montrent une forte progression (leur part dans les exportations mondiales de produits manufacturés est passée de 24 % en 2000 à presque 40 % en 2014).

L'enquête *Doing business entreprise survey* révèle que la corruption est considérée comme une contrainte majeure par 40,9 % des entreprises africaines, beaucoup plus qu'en Europe (20%), en Amérique (36 %), et seulement talonnées par l'Asie (40,1 %).

En outre, les institutions sont de très faible qualité en Afrique. Elles ne cessent de se dégrader pour la majorité des pays, même si elles se sont renforcées pour certains pays comme le Rwanda, le Cap Vert, le Sénégal, etc. (Banque mondiale, 2018). Le graphique 1 montre que l'Afrique est l'une des régions du monde à la fois les plus instables sur le plan politique et les plus touchées par la corruption. Presque tous les pays africains sont dans le premier quart sud-ouest, là où sont représentés les pays qui ont des institutions les plus faibles.

Dans un contexte où la qualité des institutions est très faible, les entreprises qui cherchent à exporter sont tentées de faire usage de la corruption pour réduire les coûts de transaction et les charges réglementaires existant au niveau national (Dorobantu et al., 2017 ; Iriyama et al., 2016 ; Nell et al., 2015 ; Webb et al., 2009). Les bénéfices associés à la corruption, qu'ils soient monétaires (par exemple une baisse des impôts) ou non monétaires (par exemple une accélération des procédures d'octroi de licences gouvernementales) (Mutlu, 2014), peuvent les aider à être plus performantes et faciliter leur accès aux marchés étrangers. Toutefois, les dépenses de corruption sont des charges supplémentaires pour les entreprises. Elles agissent comme une taxe qui pèse sur le profit (Doh et al., 2003). De ce fait, la corruption pourrait agir sur la décision d'exporter des entreprises selon leurs contraintes financières.

Graphique 1. Relation entre le niveau de la corruption et l'instabilité politique des pays

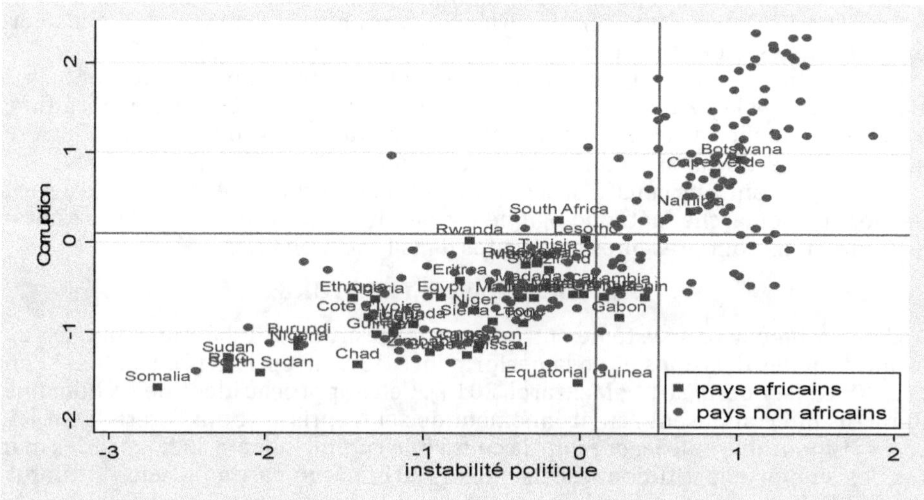

Source : Auteur avec les données de gouvernance de l'International Country Risk Guide (ICRG).

Dès lors, en s'interrogeant sur l'effet de la corruption sur la performance à l'exportation des entreprises manufacturières africaines, il serait intéressant de savoir aussi si cette relation est dépendante des contraintes financières de ces entreprises. Il faut noter en ce sens que l'Afrique est l'une des régions en développement où l'accès au financement est une contrainte majeure qui plombe la transformation structurelle (Banque Africaine de Développment, 2019 ; Lo, 2019 ; Kane et Diandy, 2019).

Ainsi, les questions de recherche posées dans cet article sont : quel est l'effet de la corruption sur la performance à l'exportation des entreprises manufacturières africaines ? La corruption interagit-elle avec les contraintes financières des entreprises sur ce plan ?

L'apport de cet article se situe à plusieurs niveaux. Premièrement dans l'analyse de la corruption comme un facteur explicatif des exportations des entreprises manufacturières en Afrique. Dans la littérature, la plupart des études se sont intéressées essentiellement à l'effet de la corruption sur l'emploi, l'investissement et la productivité des entreprises africaines (McArthur et Teal, 2002 ; Williams et Kedir, 2016, Seck, 2019). Cette étude se propose d'analyser de manière précise l'impact de la corruption sur la participation des entreprises manufacturières africaines aux exportations.

Deuxième contribution de cet article : le rôle des interactions entre la corruption et les contraintes financières sur la stratégie d'exportation des entreprises manufacturières africaines. Même si les contraintes financières sont souvent évoquées dans l'explication de la participation des entreprises africaines aux exportations, ses interactions avec la corruption, à notre connaissance, ne sont pas explorées.

Un échantillon global de 5987 entreprises manufacturières de 34 pays africains est utilisé ici. Les informations recueillies sont issues de la base de données d'enquêtes sur les entreprises effectuées par la Banque mondiale (*Enterprise survey*). Toutes les zones d'intégration commerciale africaines sont représentées dans l'échantillon. La disponibilité de données microéconomiques a permis ainsi de procéder à une approche holistique et de tester l'hétérogénéité des communautés régionales.

La démarche méthodologique consiste d'abord à l'estimation, avec un modèle Probit, des déterminants de la probabilité d'exporter. Ensuite, à l'aide d'un modèle Tobit nous estimons les déterminants de l'intensité des exportations directes. Enfin, à l'aide d'un Probit et d'un Tobit bivarié avec variables instrumentales, nous vérifions la robustesse des résultats.

Les résultats montrent une relation significative entre les paiements annuels de « pots-de-vin » et la participation des entreprises manufacturières aux exportations. Le degré d'influence de la corruption dépend cependant des contraintes financières des entreprises, en lien notamment avec leur taille.

L'article est ainsi organisé. La section 1 donne une revue de la littérature sur la question. La démarche méthodologique est décrite dans la section 2. Les résultats des estimations sont présentés et discutés dans la section 3.

1. REVUE DE LA LITTÉRATURE

L'approche par l'écosystème entrepreneurial est un outil théorique utilisé dans l'explication des décisions et de la performance des entreprises (Peng, 2003 ; Peng et al., 2008 ; Isenberg, 2011 ; Mazzarol, 2014). Cette approche identifie six domaines interactifs qui composent l'environnement des entreprises et qui déterminent leur succès : la politique et le leadership, la culture, le capital humain, la finance, les marchés, les supports institutionnels (Isenberg, 2011). Une partie de cette littérature s'est focalisée sur les facteurs institutionnels et la finance pour expliquer, dans les pays en développement, les choix stratégiques adoptés par les entreprises tels que la décision d'exporter (Peng, 2003 ; Peng et al., 2008).

Les institutions sont divisées en deux groupes : les institutions formelles et les institutions informelles. Les institutions formelles renvoient aux constitutions, lois et traités qui réglementent les échanges économiques au sein d'un pays. Les institutions informelles renvoient à des traditions caractérisées par des normes de comportement social (North, 1990). Les deux types d'institutions sont interdépendants et les changements dans l'un se reflètent sur l'autre (Hall et Soskice, 2001). Cependant, leur importance relative dans l'activité économique dépend de la situation institutionnelle du pays. Par exemple, dans les pays en développement, les institutions informelles sont plus significatives dans les décisions stratégiques prises par les organisations (Peng et Heath, 1996) et la corruption peut être un reflet de la faible qualité ou même de l'inexistence des institutions formelles (Peng, 2003).

La corruption est définie comme l'abus du pouvoir public pour des gains privés (Shleifer et Vishny, 1993). Elle implique le paiement des « pots-de-vin » à des responsables gouvernementaux pour solliciter un accès préférentiel à des ressources, des financements ou des informations (Svensson, 2003).

Dans les travaux macroéconomiques, il est souvent montré que la corruption est un obstacle au développement économique et au commerce (FMI, 2016 ; Avom et al., 2014). Cependant, dans les travaux microéconomiques, les résultats sont moins concluants en ce qui concerne les effets de la corruption sur la performance des entreprises. En effet, si certains travaux soutiennent que la corruption est un obstacle à la performance des entreprises et à leur participation au commerce (Teal et McArthur, 2002), d'autres considèrent qu'elle peut être un moyen de « graisser les rouages du commerce » dans les environnements caractérisés par une faible qualité des institutions (Leff, 1964 ; Leys, 1965 ; Bailey, 1966 ; Huntington, 1968). Dans le cas d'une bureaucratie très lourde, la corruption peut par exemple aider à contourner la lenteur des procédures réglementaires et/ou conférer l'accès à des ressources publiques qui sont fondamentales pour la performance des entreprises (Krammera et al., 2018).

Deux explications sont avancées dans la littérature pour soutenir l'impact positif de la corruption sur la décision d'exportation des entreprises. Premièrement, la corruption en agissant comme une taxe (Doh et al., 2003) pourrait inciter les entreprises, pour minimiser ces coûts, à explorer les marchés extérieurs (Wang et al., 2014). Deuxièmement, la corruption peut aider les entreprises à réduire les coûts d'exportation : en versant des « pots-de-vin » qui donnent accès à des ressources, à des informations ou à des avantages fiscaux, elles renforcent leurs performances et leurs positions concurrentielles et donc leur compétitivité sur les marchés extérieurs (Gao et al. 2010 ; Lee et al., 2015).

Sur le plan empirique, les résultats sont controversés. À titre illustratif, sur un échantillon de 719 nouvelles entreprises de 25 pays en transition d'Europe centrale et orientale, Lee et al. (2015) montrent que la corruption joue significativement sur la décision d'exportation des entreprises. Ils utilisent deux mesures de la corruption : l'indice de contrôle de la corruption développé par Kaufmann et al. (2007) et la perception des entrepreneurs de la sévérité des contraintes liées à la corruption. Ils concluent que les entreprises se tournent vers l'exportation pour minimiser les coûts associés à la corruption.

Krammera et al. (2018) confirment les résultats de Lee et al. (2015) en utilisant un échantillon de 16748 entreprises de quatre pays émergents à savoir le Brésil, la Russie, la Chine et l'Inde. Contrairement à Lee et al. (2015), ils approchent la corruption par deux indicateurs : la part (en pourcentage) du chiffre d'affaires utilisée pour des paiements annuels de « pots-de-vin » et le nombre d'entreprises qui déclarent la corruption comme une contrainte sévère dans chaque pays et dans chaque sous-secteur industriel. Avec le premier indicateur, les auteurs trouvent un impact non significatif de la corruption sur la décision d'exporter. Par contre, avec le second, ils trouvent un effet positif et significatif. De plus, ils montrent un effet positif robuste de l'informalité et de l'instabilité politique sur la probabilité d'exporter des entreprises.

De même, Tsukanova (2019), sur un échantillon de 3136 petites et moyennes entreprises russes, trouve que la perception de la corruption est positivement et significativement associée à la probabilité d'exporter. Cependant, ses effets contingents avec la perception des contraintes financières sont non significatifs. L'auteur explique ses résultats par l'incitation des entreprises à explorer les marchés extérieurs lorsque la qualité des institutions est jugée problématique.

À la suite de ces travaux, Qi et al. (2020) approfondissent l'analyse en explorant la non-linéarité entre la corruption et la décision d'exportation des entreprises à l'aide d'un échantillon de 30781 entreprises de pays émergents. Ils établissent une relation en U entre les « pots-de-vin » payés par les entreprises et leur probabilité d'exporter. Lorsque la corruption se trouve à des niveaux faibles, elle réduit la probabilité d'exportation des entreprises. Par contre lorsque la corruption se situe à des niveaux importants, son impact devient positif sur la probabilité d'exportation des entreprises. Les auteurs montrent, par ailleurs, que la corruption interagit avec d'autres dimensions de la qualité des institutions comme l'instabilité politique, l'informalité et les contraintes liées à la réglementation gouvernementale.

En Afrique, les travaux qui se sont intéressés à l'évaluation de la corruption sur la performance des entreprises ont pour la plupart mis l'accent sur la productivité, l'investissement et l'emploi des entreprises, avec des résultats controversés. Par exemple McArthur et Teal (2002) montrent que la corruption réduit la productivité des entreprises africaines, alors que Williams et Kedir (2016) et Seck (2019) montrent que les paiements de « pots-de-vin » contribuent à une augmentation de la productivité des entreprises et les aident à exporter.

La plupart des études sur les déterminants de la décision d'exportation des entreprises en Afrique mettent en avant l'influence des indicateurs de facilité des échanges comme les délais de dédouanement de marchandises, les infrastructures physiques, les télécommunications, l'accès au crédit, etc. (Seck, 2016 ; Hockman et Shepherd, 2015 ; Dennis et Shepherd, 2011 ; Hoekstra, 2013 ; Kiendrebeogo, 2013). À la différence de ces derniers travaux, le présent travail examine l'effet direct et indirect de la corruption sur la performance à l'exportation des entreprises manufacturières africaines. Les effets indirects de la corruption sont rarement analysés par la littérature (Qi, 2020), alors que dans des pays très pauvres la corruption tend souvent à se conjuguer avec d'autres dimensions de l'environnement institutionnel. En particulier, la corruption peut interagir avec les mécanismes d'allocation des crédits bancaires pour influencer la performance des entreprises. En effet, dans un environnement corrompu, le paiement de « pots-de-vin » peut être un moyen pour les entreprises d'accéder aux crédits bancaires (Svensson, 2003). Les institutions financières collectent les ressources financières et ne les allouent qu'aux entreprises qui sont prêtes à verser des « pots-de-vin », ce qui exacerbe les contraintes d'accès au crédit (Mauro, 1995 ; Reinikka et Svensson, 2005 ; Fungáčová et al. 2015) qui, à leur tour, affectent la performance des entreprises, en particulier celles qui ne peuvent pas payer des « pots-de-vin ».

Se référant à cette littérature, les hypothèses suivantes sont formulées : H1 - La corruption affecte positivement la décision d'exportation des entreprises manufacturières ; H2 - La corruption agit de façon contingente selon les contraintes financières des entreprises.

2. MÉTHODOLOGIE DE L'ÉTUDE

2.1. Présentation du modèle empirique et de la stratégie d'estimation

La performance à l'exportation des entreprises est mesurée à travers deux indicateurs : la probabilité d'exporter et l'intensité d'exportation. L'utilisation de ces deux indicateurs est motivée par le fait que les facteurs explicatifs de la probabilité d'exporter et ceux de l'intensité d'exportation peuvent ne pas être nécessairement les mêmes ou agir différemment (Estrin et al., 2008). Ainsi, la démarche empirique adoptée est organisée en deux étapes (Matta et al., 2018 ; Krammera et al., 2018). La première étape consiste à estimer l'effet direct et indirect de la corruption sur la probabilité d'exporter des entreprises manufacturières. Le modèle suivant est considéré :

$$EXPORT_{ijk} = \alpha_0 + \alpha_1 COR_{ijk} + \alpha_2 FIN_{ijk} + \alpha_3 (COR_{ijk} \, x \, FIN_{ijk}) + \beta_1 X_{ijk} + \gamma D_j + \lambda D_k + \varepsilon_{ijk} \qquad (1)$$

où la variable dépendante $EXPORT$ représente la probabilité d'exporter. C'est une variable binaire égale à 1 si l'entreprise exporte et égale à 0 si l'entreprise n'exporte pas. La variable COR représente la corruption. En se basant sur la littérature, elle est mesurée par la part (en pourcentage) du chiffre d'affaires utilisée pour des paiements annuels informels à des fonctionnaires (« pots-de-vin ») (Krammera et al., 2018 ; Qi et al., 2020).

Les contraintes d'accès au financement sont captées par la variable FIN. Elle mesure la perception qu'a le manager des contraintes d'accès au financement. Elle prend des valeurs allant de 0 à 4 en fonction du degré de sévérité des contraintes financières perçu par le dirigeant. Elle est largement utilisée dans la littérature pour évaluer l'impact du financement sur la décision d'exportation des entreprises (Seck, 2016 ; Hoekstra, 2013 ; Kiendrebeogo, 2013).

Les indices i, j et k représentent respectivement l'entreprise, le sous-secteur manufacturier et le pays. Les effets fixes industriels et pays sont contrôlés par l'intégration des variables dichotomiques D_j et D_k.

X représente le vecteur des variables de contrôle susceptibles d'affecter la performance de l'entreprise. Par rapport à l'environnement institutionnel, une variable qui prend en considération l'instabilité politique est aussi utilisée. Elle fait référence à l'instabilité des régimes politiques et des règles qui peuvent accroître l'incertitude sur le marché domestique (Qi, 2020). Deux raisons conduisent à retenir cette variable. La première se réfère à son rôle dans la stratégie d'internationalisation des entreprises, mis en évidence dans plusieurs travaux (voir par exemple Matta et al., 2018). La deuxième tient au fait que l'Afrique est l'une des régions du monde les plus instables sur le plan politique. Comme les contraintes financières, elle est mesurée par la perception du dirigeant et prend des valeurs allant de 0 à 4 en fonction de son degré de sévérité.

Les autres variables de contrôle retenues portent sur les caractéristiques des entreprises qui sont susceptibles d'affecter leurs performances. Il s'agit de l'âge de l'entreprise (Age), sa taille ($Taille$), la possession d'une licence sur le plan technologique ($Licence$), la certification *International Organization for Standardization* (ISO), la participation étrangère dans le capital des entreprises (Cap $étranger$) et l'expérience du manager ($Expérience$ du $dirigeant$).

Tableau 1. Description des variables du modèle

Variable	Mesure
EXPORT	Variable binaire = 1 si l'entreprise exporte directement ou indirectement, et 0 sinon
INTENSITE EXPORT	Part des exportations directes dans le chiffre d'affaires (en %)
Age	Différence entre la date de démarrage des opérations et l'année de l'enquête (en logarithme)
Taille	Nombre d'employés permanents (en logarithme)
Expérience du dirigeant	Nombre d'années d'expérience du principal manager
Cap étranger	La part du capital de l'entreprise détenue par l'étranger (en %)
Licence	Variable binaire = 1 si l'entreprise utilise une licence étrangère, et 0 sinon
Certification ISO	Variable binaire = 1 si l'entreprise a une certification ISO, et 0 sinon
Emplois qualifiés	Part des emplois qualifiés dans le total des emplois permanents (en %)
Finance (*FIN*)	Variable rangée de 0 à 4 : =0 si « pas d'obstacle » ; =1 si « obstacle mineur » ; =2 si « obstacle modéré » ; =3 si « obstacle majeur » ; =4 si « obstacle très sévère ».
Instabilité politique (*INST*)	Variable rangée de 0 à 4 : =0 si « pas d'obstacle » ; =1 si « obstacle mineur » ; =2 si « obstacle modéré » ; =3 si « obstacle majeur » ; =4 si « obstacle très sévère »
Corruption (*COR*)	Paiements informels annuels aux fonctionnaires de « pots de vin » en % du chiffre d'affaires

Ces variables sont sélectionnées sur la base de la littérature en la matière. Plusieurs travaux soutiennent en effet que l'âge et la taille sont des déterminants significatifs de la stratégie d'exportation des entreprises (Yiu et al., 2007 ; LiPuma et al., 2013) notamment lorsqu'elle est basée sur une amélioration des techniques ou des changements d'échelle de production (LiPuma et al., 2013). L'âge est mesuré par le nombre d'années écoulées entre la date de création de l'entreprise et l'année de l'enquête. La taille est mesurée par le nombre d'employés permanents.

De même, la certification ISO est associée à la stratégie d'internationalisation des entreprises (Condé et al., 2013). Elle les incite à s'inscrire dans une dynamique d'amélioration de leurs produits qui peut leur conférer une compétitivité extérieure (LiPuma et al., 2013). Elle est égale à 1 lorsque l'entreprise a une certification ISO et à 0 dans le cas contraire. Il en est de même pour la variable *Licence*. Elle est égale à 1 si l'entreprise dispose d'une licence technologique et à 0 dans le cas contraire. L'utilisation d'une licence est une stratégie d'innovation qui permet d'accéder à des technologies développées ailleurs. Une grande partie de la littérature montre que la capacité d'innovation n'est pas indépendante de la stratégie d'exportation des entreprises au même titre que les capacités managériales (captées ici par le nombre d'années d'expérience du manager).

La seconde étape modélise les déterminants de l'intensité d'exportation. Elle est exprimée selon l'équation 2 :

$$INTENSITE\ EXPORT_{ijk} = \beta_0 + \beta_1 INST_{ijk} + \beta_2 FIN_{ijk} + \beta_5 Z_{ijk} + \gamma D_j + \lambda D_k + \mu_{ijk} \qquad (2)$$

où *INTENSITE EXPORT* représente la part en pourcentage des ventes d'exportation dans le chiffre d'affaires de l'entreprise.

Les variables relatives à l'environnement institutionnel et financier sont intégrées dans ce deuxième modèle. Le terme *Z* incorpore quant à lui les variables de contrôle. Il s'agit des mêmes variables utilisées dans le modèle précédent, où a été ajoutée la variable $Emplois\ qualifiés$ qui mesure le taux de qualification de la main-d'œuvre utilisée par l'entreprise (part en pourcentage des emplois qualifiés dans l'emploi total). Les emplois qualifiés sont occupés par les travailleurs qui ont des connaissances spécialisées acquises dans l'exercice de leurs fonctions, dans les formations organisées par l'entreprise ou à travers l'obtention d'un diplôme secondaire ou universitaire. Les emplois qualifiés sont censés agir sur l'intensité d'exportation des entreprises une fois qu'elles intègrent les marchés étrangers (Krammera et al., 2018).

Le tableau 1 résume les différentes variables retenues.

La régression Tobit est utilisée pour l'équation 2 compte tenu de la nature tronquée de la variable endogène. Dans la littérature, cette méthode est largement utilisée pour estimer les déterminants de l'intensité d'exportation des entreprises (Stiebale, 2011 ; Ousmanou, 2017).

2.2. Données et analyse descriptive

Les variables sont issues des données d'enquêtes sur les entreprises de la Banque mondiale (*Enterprise Surveys*). L'enquête couvre tous les secteurs industriels et de services. Elle fournit des informations sur les caractéristiques internes et externes liées à la production des entreprises. Un échantillon de 6939 entreprises manufacturières de 34 pays africains, qu'elles soient exportatrices ou non, est extrait de cette base de données.

En raison de la disponibilité des données, les observations sont réduites à 5987. Le nombre effectif d'observations peut varier en fonction de l'exercice économétrique utilisé[1]. L'année où les données sont recueillies diffère d'un pays à un autre mais se situe toujours dans la période 2010-2018[2]. Les statistiques descriptives des données sont présentées dans le tableau 2.

Comme la littérature l'a montré pour beaucoup de pays dans le monde, peu d'entreprises manufacturières participent aux exportations (voir Greenaway et Kneller, 2007). Les pays africains ne sont pas exempts. Plus précisément, 27,3% des entreprises enquêtées exportent avec, en moyenne, une intensité d'exportation de 38,9%. Il est noté aussi une forte dispersion des intensités d'exportation.

---

1 Voir après les tableaux de résultat 6 et 7 par rapport aux tableaux 4, 5 et 8.

2 Le tableau 1A en annexe indique l'année où les données sont recueillies pour chaque pays.

Une analyse détaillée par zone d'intégration montre que la participation des entreprises manufacturières à l'exportation est plus élevée dans l'Union du Maghreb arabe (UMA) avec un ratio moyen de 60,9%. L'intensité d'exportation y est également plus élevée par rapport aux autres zones (tableau 3A en annexe).

Tableau 2. Statistiques descriptives

Ensemble des pays

Variables	Obs	Moy.	Ecart-type	Min	Max
EXPORT	5987	0,273	0,446	0	1
INTENSITE EXPORT	5987	0,106	0,245	0	1
Age	5987	20,107	16,564	1	211
Taille	5987	95,533	327,36	5	8500
ISO	5987	0,222	0,416	0	1
Licence	5987	0,145	0,352	0	1
Cap étranger	5987	11,38	29,323	0	100%
Expérience du dirigeant	5987	18,032	11,171	1	68
Corruption	5987	3,156	7,379	0	80%
Finance	5987	1,696	1,377	0	4
Instabilité politique	5987	1,621	1,485	0	4
Emplois qualifiés	5987	52,492	24,365	3,57	100%

Par zones d'intégration

	CEDEAO	CEEAC	SADC	COMESA	UMA
	Moy.	Moy.	Moy.	Moy.	Moy.
EXPORT	0,2770	0,174	0,211	0,274	0,609
INTENSITE EXPORT	0,121	0,058	0,065	0,112	0,368
Age	16,119	16,436	21,77	22,70	21,62
Taille	38,754	52,865	61,85	156,78	90,12
ISO	0,0976	0,134	0,173	0,301	0,284
Licence	0,109	0,234	0.204	0,135	0,073
Cap étranger	9,654	12,642	19,38	8,211	11,25
Expérience du dirigeant	15,768	16,103	17,25	19,885	26,50
Corruption	5,865	4,711	1,909	2,88	1,483
Finance	2,054	2,194	1,834	1,610	1,231
Instabilité politique	1,482	1,714	1,339	2,252	2,207
Emplois qualifiés	50,180	48,254	50,55	57,239	53,98

Source : calculs de l'auteur à partir des données de la Banque mondiale (Enterprise Survey).

Les entreprises qui exploitent une licence étrangère représentent en moyenne 14,5% de l'échantillon. De même, les données de l'échantillon révèlent une faible participation du capital étranger dans le capital des entreprises manufacturières (11,4%). Ce résultat pourrait s'expliquer par le fait que les investissements étrangers sont majoritairement dirigés vers des secteurs de rente comme les mines et les services (UNCTAD, 2007). C'est dans le Marché commun de l'Afrique orientale et australe (COMESA) que la participation étrangère dans le capital des entreprises manufacturières est la plus faible (8,2%).

L'âge moyen des entreprises est de 20,1 années, avec une forte dispersion autour de la moyenne. Cependant, entre les différentes communautés, il est à noter d'assez faibles écarts concernant la moyenne d'âge des entreprises.

Dans l'ensemble, plus de la moitié des emplois permanents des entreprises manufacturières de l'échantillon sont des emplois qualifiés (52,5%), mais avec un fort écart-type. Concernant la finance et l'instabilité politique, en moyenne, les entreprises estiment la contrainte respectivement à 1,70 et 1,62 sur une échelle de 0 à 4 avec une forte dispersion autour de la moyenne pour l'instabilité politique. Les obstacles liés à l'instabilité politique sont plus importants dans l'Union du Maghreb Arabe et le Marché commun de l'Afrique orientale et australe. Cependant, les paiements informels à des autorités gouvernementales (*COR*) sont relativement plus élevés dans la CEDEAO (5,9%) et la CEEAC (4,7%) ; si on considère l'échantillon global, ils se situent en moyenne à 3,2% du chiffre d'affaires des entreprises manufacturières.

Graphique 2. Relation entre la moyenne des « pots-de-vin » versés par les entreprises et la moyenne des intensités d'exportation par pays

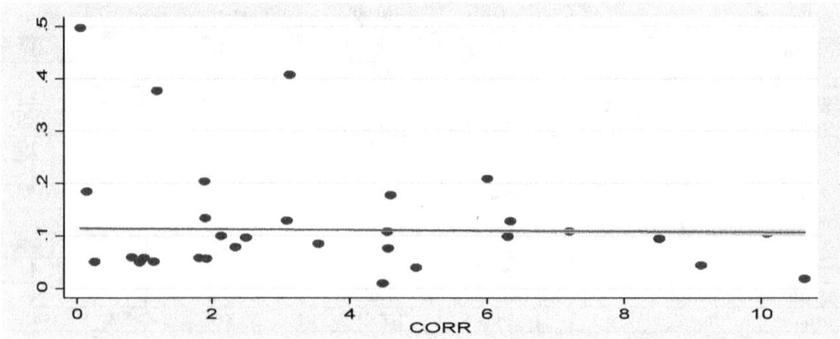

Graphique 3. Relation entre la moyenne des « pots-de-vin » versés par les entreprises et la moyenne de la perception des contraintes financières

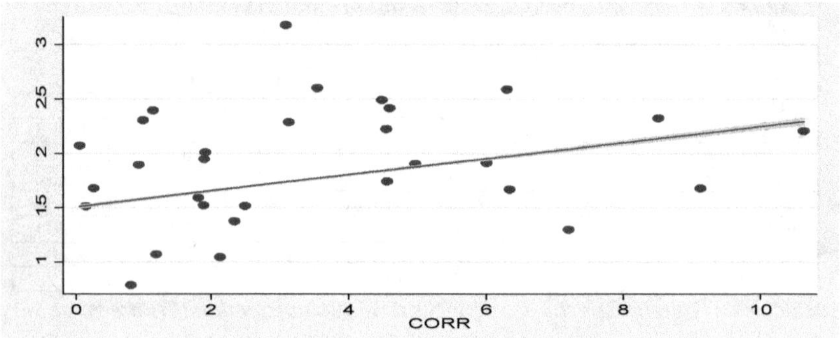

Graphique 4. Relation entre la moyenne des intensités d'exportation par pays et la moyenne de la perception moyenne des contraintes financières

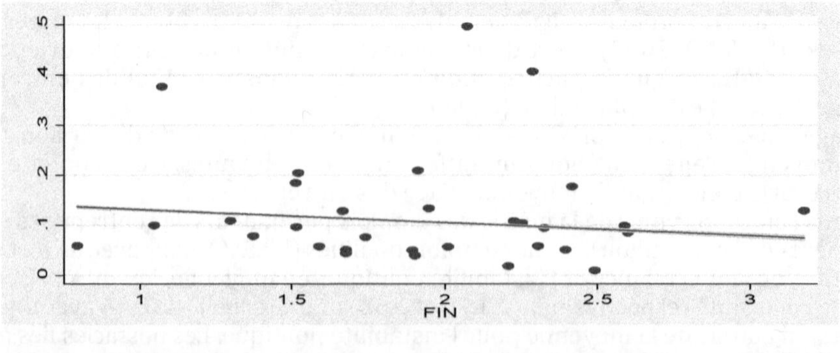

Source : Auteur avec les données d'enquêtes entreprises de la Banque mondiale (enterprise survey).

Les graphiques 2, 3 et 4 donnent un premier aperçu de la relation entre la moyenne des paiements de « pots-de-vin » et celle des contraintes financières, et de la manière dont elles constituent un obstacle à l'intensité moyenne des exportations manufacturières des pays. De manière générale, on observe, à travers les pentes des courbes, une relation positive entre les paiements de « pots-de-vin » et la perception des contraintes financières (graphique 3). En d'autres termes, les contraintes d'accès au financement sont plus marquées dans les pays où les paiements de « pots-de-vin » sont plus importants. Ce fait confirme le point de vue d'une partie de la littérature (Mauro, 1995 ; Reinikka et Svensson, 2005 ; Fungáčová et al., 2015). Une amélioration de l'accès au financement pourrait aussi affecter favorablement l'intensité des exportations manufacturières des pays (graphique 4).

Les résultats des tests de corrélation *pair-wise* présentés dans le tableau 3 montrent que les variables explicatives peuvent entrer dans le modèle sans créer de manière sensible un biais de colinéarité. Les coefficients de corrélation les plus élevés sont observés entre les variables *ISO* et $logTaille$ (0,439), entre $Expérience\ du\ dirigeant$ et $logAge$ (0,448), entre *corruption* et *instabilité politique* (0,557).

Tableau 3. Corrélation des variables explicatives

Variables	(1)	(2)	(3)	(4)	(5)	(6)	(7)	(8)	(9)	(10)
(1) *Licence*	1									
(2) *ISO*	0,25	1								
(3) *Cap_étranger*	0,18	0,14	1							
(4) *Exp. du dirigeant*	0,02	0,08	-0,004	1						
(5) *Emplois qualifiés*	0,15	0,26	0,11	0,09	1					
(6) log (*Taille*)	0,25	0,43	0,22	0,17	0,56	1				
(7) log (*Age*)	0,06	0,21	-0,01	0,44	0,15	0,30	1			
(8) *Instabilité pol.*	-0,01	0,03	-0,06	0,14	0,07	0,07	0,12	1		
(9) *Finance*	-0,03	-0,13	-0,08	-0,01	-0,07	-0,20	-0,07	0,16	1	
(10) *Corruption*	-0,01	0,01	-0,06	0,08	0,03	0,02	0,06	0,55	0,23	1

Source : calculs de l'auteur à partir des données de la Banque mondiale (Enterprise Survey).

Pour s'assurer davantage de l'absence de multicolinéarité entre les variables du modèle, un test VIF (*Variance Inflation Factors*) est réalisé. Rappelons qu'un problème de multicolinéarité est décelé lorsqu'un VIF présente une valeur supérieure ou égale à 10 et/ou lorsque la moyenne des VIF est supérieure ou égale à 2 (Chatterjee, Hadi et Price, 2000). Les résultats présentés dans le tableau 2A (en annexe) montrent que les VIF sont tous inférieurs à 10 et leur moyenne est égale 1,25.

3. RÉSULTATS DES ESTIMATIONS ET DISCUSSIONS

3.1. L'effet de la corruption sur la probabilité d'exporter et l'intensité des exportations

Le tableau 4 présente les résultats des estimations des déterminants de la probabilité d'exportation directe (Modèles 1 et 2), de la probabilité d'exportation indirecte (Modèles 3 et 4) et enfin de l'intensité d'exportation des entreprises manufacturières (Modèles 5 et 6). Les déterminants de la probabilité d'exportation directe et de la probabilité d'exportation indirecte sont estimés avec un modèle Probit simple. Les déterminants de l'intensité d'exportation sont estimés avec un modèle Tobit simple. À la différence des modèles 1, 3 et 5, le terme d'interaction entre la corruption et la perception des contraintes d'accès au financement est intégré dans les modèles 2, 4 et 6. Dans un souci de faciliter l'interprétation, les coefficients pour tous les modèles sont des effets marginaux conditionnels évalués à la moyenne des variables explicatives.

Les résultats montrent que la corruption est positivement et significativement associée à la probabilité d'exportation directe et à la probabilité d'exportation indirecte. Si nous considérons le modèle 1, il apparaît qu'une hausse de 1% des paiements informels annuels à des fonctionnaires augmente la possibilité de participation des entreprises à l'exportation directe de 0,25%. En ajoutant le terme d'interaction entre la corruption et les contraintes financières (modèle 2), cette augmentation passe à 0,44%. Concernant la probabilité d'exportation indirecte, pratiquement le même impact de la corruption est trouvé (0,23% avec le modèle 3 et 0,37% avec le modèle 4). De même, la corruption est positivement associée à l'intensité d'exportation des entreprises, avec une significativité qui passe de 10% à 1% lorsque le terme d'interaction est introduit.

Tableau 4. Résultats des estimations

Variables	Exportation directe		Exportation indirecte		Intensité d'exportation	
	PROBIT		PROBIT		TOBIT	
	Modèle 1	*Modèle 2*	*Modèle 3*	*Modèle 4*	*Modèle 5*	*Modèle 6*
Log (Age)	0,0116 (0,0073)	0,0116 (0,0073)	0,0108* (0,0059)	0,0108* (0,0059)	-0,0106** (0,0042)	-0,0107** (0,0042)
Log (Taille)	0,0618*** (0,0041)	0,0617*** (0,0041)	0,0011 (0,0035)	0,0011 (0,0035)	0,0130*** (0,0029)	0,0130*** (0,0029)
ISO	0,159*** (0,0127)	0,159*** (0,0127)	0,0632*** (0,0109)	0,0637*** (0,0109)	0,0857*** (0,0083)	0,0860*** (0,0083)
Licence	0,0468*** (0,0147)	0,0467*** (0,0147)	0,0335*** (0,0118)	0,0335*** (0,0118)	-0,0039 (0,0090)	-0,0040 (0,0090)
Cap étranger	0,0013*** (0,0001)	0,0013*** (0,0001)	0,0005*** (0,0001)	0,0005*** (0,0001)	0,0001*** (0,0001)	0,0009*** (0,0001)
Expérience du dirigeant	0,0007 (0,0005)	0,0007 (0,0005)	-0,0008** (0,0004)	-0,0008** (0,0004)	6,60e-05 (0,0003)	7,65e-05 (0,0003)
Corruption	0,0025*** (0,0007)	0,0044*** (0,0012)	0,0023*** (0,0005)	0,0037*** (0,0008)	0,0007* (0,0003)	0,0021*** (0,0007)
Finance	-0,0117*** (0,0040)	-0,0086** (0,0042)	-0,0015 (0,0032)	0,0008 (0,0034)	-0,0078*** (0,0022)	-0,0056** (0,0024)
Finance x Corruption		-0,0011** (0,0005)		-0,0007* (0,0003)		-0,0007*** (0,0003)
Instabilité politique	0,0071* (0,0037)	0,0071* (0,0036)	-0,0006 (0,0030)	-0,0006 (0,0030)	0,0083*** (0,0021)	0,0082*** (0,0021)
Emplois qualifiés					0,0001*** (2,23e-05)	0,0001*** (2,23e-05)
Constante						0,0194 (0,0215)
Observations	5987	5987	5987	5987	5987	5987
Effets fixes indust.	oui	oui	oui	oui	oui	oui
Effets fixes pays	oui	oui	oui	oui	oui	oui

*Notes : Les coefficients représentent les effets marginaux conditionnels à un changement de la variable indépendante évalué à la moyenne. Erreurs standards entre parenthèses. *** p<0,01, ** p<0,05, * p<0,1.*
Source : calculs de l'auteur.

Les résultats vérifient notre hypothèse H1. Comme il a été dit dans la revue de la littérature, cette relation peut être expliquée de deux manières. Premièrement, un niveau important de corruption laisse supposer une mauvaise qualité des institutions et crée un climat d'incertitude pour les entreprises sur le marché intérieur ; de plus, il réduit les profits en agissant comme une taxe pour les entreprises. Ainsi, pour échapper à ces obstacles, les entreprises peuvent chercher à explorer davantage les marchés extérieurs. Deuxièmement, l'usage de la corruption peut aider les entreprises à établir des rapports avec les autorités gouvernementales leur permettant de bénéficier d'une fiscalité avantageuse, de favoriser ou d'accélérer les procédures administratives (comme l'octroi des licences, l'acquisition des marchés publics). Ces facilités leur offrent des avantages concurrentiels qui peuvent leur permettre de renforcer leur capacité à exporter.

Tableau 5 - Résultats des estimations avec les interactions entre la corruption, la taille et la certification ISO

VARIABLES	Exportation directe		Exportation indirecte		Intensité d'exportation	
	PROBIT		PROBIT		TOBIT	
	Modèle 1	*Modèle 2*	*Modèle 3*	*Modèle 4*	*Modèle 5*	*Modèle 6*
Log (Age)	0,0384 (0,0260)	0,0378 (0,0260)	0,0524* (0,0295)	0,0523* (0,0295)	-0,0109** (0,0042)	-0,0110*** (0,0042)
Log (Taille)	0,190*** (0,0231)	0,201*** (0,0242)	-0,0676** (0,0270)	-0,0680** (0,0283)	0,0103** (0,0042)	0,0117*** (0,0043)
ISO	0,597*** (0,0694)	0,608*** (0,0717)	0,352*** (0,0821)	0,377*** (0,0852)	0,0934*** (0,0124)	0,0920*** (0,0128)
Licence	0,168*** (0,0522)	0,168*** (0,0522)	0,170*** (0,0587)	0,170*** (0,0587)	-0,00387 (0,0090)	-0,00400 (0,0090)
Cap étranger	0,0049*** (0,0006)	0,0049*** (0,0006)	0,0026*** (0,0006)	0,0026*** (0,0006)	0,0009*** (0,0001)	0,0009*** (0,0001)
Expérience du manager	0,0027 (0,0018)	0,0027 (0,0018)	-0,0043** (0,0021)	-0,0043** (0,0021)	7,03e-05 (0,0003)	8,29e-05 (0,0003)
Corruption	0,0159** (0,0063)	0,0340*** (0,0112)	0,0032 (0,0067)	0,0070 (0,0119)	0,0020* (0,0010)	0,0043** (0,0019)
Finance	-0,121*** (0,0379)	-0,0851** (0,0413)	-0,146*** (0,0417)	-0,134*** (0,0455)	-0,0148** (0,0058)	-0,0103 (0,0063)
Finance x Corruption		-0,0094* (0,0051)		-0,0016 (0,0053)		-0,0010 (0,0008)
Corruption x Log (Taille)	-0,0023 (0,0019)	-0,0059* (0,0035)	0,0023 (0,0020)	0,0034 (0,0037)	-0,0004 (0,0003)	-0,0007 (0,0006)
Finance x Log (Taille)	0,0245** (0,0109)	0,0177 (0,0117)	0,0437*** (0,0125)	0,0443*** (0,0134)	0,0024 (0,0017)	0,0017 (0,0019)
Finance x COR x Log (Taille)		0,0018 (0,0016)		-0,0008 (0,0017)		0,0001 (0,0002)
Corruption x ISO	-0,0027 (0,0065)	-0,0075 (0,0118)	0,0034 (0,0069)	-0,0054 (0,0124)	-0,0006 (0,0011)	0,0005 (0,0021)
Finance x ISO	-0,0184 (0,0348)	-0,0258 (0,0371)	-0,0289 (0,0405)	-0,0455 (0,0435)	-0,0041 (0,0061)	-0,0029 (0,0065)
Finance x Corruption x ISO		0,0027 (0,0059)		0,0053 (0,0061)		-0,0007 (0,0010)
Instabilité politique	0,0252* (0,0131)	0,0258** (0,0131)	-0,0059 (0,0151)	-0,0053 (0,0151)	0,0083*** (0,0021)	0,0083*** (0,0021)
Emplois qualifiés					0,0001*** (2,2e-05)	0,0001*** (2,2e-05)
Constante	-1,505*** (0,137)	-1,568*** (0,140)	-1,218*** (0,160)	-1,245*** (0,163)	0,0628*** (0,0229)	0,0533** (0,0234)
Observations	5987	5987	5987	5987	5987	5987
Effets fixes indust.	oui	oui	oui	oui	oui	oui
Effets fixes pays	oui	oui	oui	oui	oui	oui

*Notes : Les coefficients représentent les effets marginaux conditionnels à un changement de la variable indépendante. Erreurs standards entre parenthèses. *** p<0,01, ** p<0,05, * p<0,1.*
Source : calculs de l'auteur.

Concernant l'accès au financement, la perception des contraintes a un effet négatif et significatif sur la décision d'exportation directe des entreprises. Dans les modèles 1 et 2, il apparaît qu'une augmentation d'un point de la perception de ces contraintes (sur une échelle de 0 à 4) réduit la probabilité de participation aux exportations directes respectivement de 1,17% et de 0,86%. Les contraintes d'accès au financement réduisent aussi l'intensité d'exportation de 0,74% (modèle 5) et de 0,5%

(modèle 2) dans le fil de la relation suggérée dans le graphique 3. Cependant, les contraintes financières sont non significatives pour expliquer la probabilité des entreprises de participer indirectement aux exportations.

Tableau 6 - Résultats des estimations des déterminants de la probabilité d'exporter en fonction de la taille des entreprises manufacturières

VARIABLES	Exportation directe PROBIT			Exportation indirecte PROBIT		
	Taille≤50	Taille≤100	Taille>100	Taille≤50	Taille≤100	Taille>100
Log (Age)	0,0562*	0,0580*	-0,00140	0,0665*	0,0395	0,0927
	(0,0338)	(0,0305)	(0,0532)	(0,0378)	(0,0341)	(0,0645)
Log (Taille)	0,151***	0,218***	0,205***	0,0519	0,0662**	-0,0524
	(0,0349)	(0,0259)	(0,0532)	(0,0392)	(0,0292)	(0,0632)
ISO	0,552***	0,562***	0,552***	0,456***	0,445***	0,0478
	(0,0681)	(0,0573)	(0,0842)	(0,0750)	(0,0638)	(0,103)
Licence	0,262***	0,248***	0,0971	0,157*	0,180**	0,201*
	(0,0736)	(0,0644)	(0,0929)	(0,0825)	(0,0718)	(0,108)
Cap étranger	0,0041***	0,0049***	0,0048***	0,0036***	0,0037***	-0,0005
	(0,0008)	(0,0007)	(0,0011)	(0,0009)	(0,0008)	(0,0013)
Expérience du manager	-0,0009	0,0003	0,0087**	-0,0042	-0,0040	-0,0049
	(0,0025)	(0,0021)	(0,0037)	(0,0028)	(0,0025)	(0,0045)
Corruption	0,0176***	0,0169***	0,0058	0,0163***	0,0152***	0,0402***
	(0,0047)	(0,0045)	(0,0114)	(0,0049)	(0,0046)	(0,0128)
Finance	-0,0299	-0,0316*	-0,0216	-0,0093	-0,0052	0,0586
	(0,0194)	(0,0176)	(0,0326)	(0,0217)	(0,0198)	(0,0400)
Finance x Corruption	-0,0050**	-0,0044**	-0,0014	-0,0038*	-0,0030	-0,0114*
	(0,0021)	(0,0020)	(0,0059)	(0,0022)	(0,0021)	(0,0068)
Instabilité politique	0,0103	0,0180	0,0444	-0,0048	0,0035	-0,0297
	(0,0169)	(0,0152)	(0,0276)	(0,0190)	(0,0172)	(0,0335)
Constante	-1,489***	-1,677***	-1,435***	-1,798***	-1,661***	-1,246***
	(0,173)	(0,152)	(0,354)	(0,211)	(0,179)	(0,420)
Observations	4131	4881	1106	4131	4881	1106
Effets fixes indust.	oui	oui	oui	oui	oui	oui
Effets fixes pays	oui	oui	oui	oui	oui	oui

*Notes : Les coefficients représentent les effets marginaux conditionnels à un changement de la variable indépendante. Erreurs standards entre parenthèses. *** p<0,01, ** p<0,05, * p<0,1.*
Source : calculs de l'auteur.

L'interaction entre la corruption et la perception des contraintes d'accès au financement réduit significativement la probabilité d'exportation. L'hypothèse H2 est donc vérifiée. Ainsi, les contraintes d'accès aux ressources financières affectent directement et indirectement l'exportation des entreprises. Toutefois, son effet est plus important sur l'exportation directe que sur l'exportation indirecte. Par ailleurs, cette interaction influence négativement l'intensité d'exportation. Ce résultat suggère que les contraintes d'accès au financement exacerbent le coût de la corruption supporté par les entreprises pour exporter. À l'inverse, les entreprises qui sont moins contraintes financièrement sont mieux à même de supporter le coût de la corruption et d'en tirer les avantages qui renforcent leurs performances en matière d'exportation.

Concernant les variables de contrôle, dans toutes les régressions, des résultats conformes à la littérature sont notés. La taille de l'entreprise, l'utilisation d'une licence, la certification ISO, ainsi qu'une participation étrangère dans le capital ont une influence très significative sur la probabilité d'exporter et sur l'intensité d'exportation. De même, l'intensité d'exportation est liée à la part des emplois qualifiés dans l'emploi total. Par contre, l'expérience du manager n'a pas d'effet significatif sur la performance à l'exportation directe. Concernant l'âge de l'entreprise, il n'affecte significativement que la probabilité d'exportation indirecte et l'intensité d'exportation. Les entreprises manufacturières les plus âgées ont plus de chance de participer aux exportations indirectes. Cependant, les entreprises manufacturières les moins âgées qui parviennent à exporter sont plus performantes sur les marchés extérieurs. Leur intensité d'exportation est supérieure par rapport aux entreprises plus âgées. Ce résultat est conforme avec celui de Krammera et al. (2018).

Le tableau 5 montre que, parmi les variables de contrôle, ce sont la taille et la certification ISO qui expliquent le plus la performance à l'exportation des entreprises. Le tableau 5 montre aussi que la corruption semble plus aider les petites et moyennes entreprises à exporter que les grandes entreprises manufacturières. En effet, le coefficient associé au terme d'interaction entre les paiements de « pots-de-vin » et la taille est non significatif dans toutes les régressions sauf dans le modèle 2 où il est négatif.

Tableau 7. Résultats des estimations des déterminants de l'intensité d'exportation en fonction de la taille des entreprises manufacturières

Variables	Intensité d'exportation TOBIT		
	Taille≤50	Taille≤100	Taille>100
Log (Age)	0,0048 (0,0047)	0,0029 (0,0045)	-0,0524*** (0,0111)
Log (Taille)	0,0001 (0,0066)	0,0050 (0,0053)	-0,0085 (0,0163)
ISO	0,106*** (0,0108)	0,0914*** (0,0095)	0,0805*** (0,0176)
Licence	0,00219 (0,0112)	0,0063 (0,0105)	-0,0087 (0,0192)
Cap étranger	0,0004*** (0,0001)	0,0006*** (0,0001)	0,0015*** (0,0002)
Expérience du manager	-0,0004 (0,0003)	-0,0004 (0,0003)	0,0012 (0,0007)
Corruption	0,0025*** (0,0007)	0,0023*** (0,0007)	0,0012 (0,0024)
Finance	-0,0051* (0,0026)	-0,0056** (0,0025)	-0,0065 (0,0067)
Finance x Corruption	-0,0008*** (0,0002)	-0,0007*** (0,0002)	-0,0010 (0,0012)
Instabilité politique	0,0031 (0,0023)	0,0046** (0,0022)	0,0201*** (0,0057)
Emplois qualifiés	-0,0001 (0,0006)	0,0005 (0,0003)	0,0001*** (3,89e-05)
Constante	0,0459* (0,0250)	0,0271 (0,0237)	0,297*** (0,0944)
Observations	4131	4881	1106
Effets fixes indust.	oui	oui	oui
Effets fixes pays	oui	oui	oui

*Notes : Les coefficients représentent les effets marginaux conditionnels à un changement de la variable indépendante. Erreurs standards entre parenthèses. *** p<0,01, ** p<0,05, * p<0,1.*
Source : calculs de l'auteur.

3.2. L'effet de la corruption sur l'exportation selon la taille des entreprises

Pour approfondir la relation, l'échantillon est découpé en 3 catégories d'entreprises en fonction de leur taille. Les résultats sont donnés dans les tableaux 6 et 7.

L'hypothèse selon laquelle « la corruption est un moyen de graisser les rouages du commerce » est vérifiée pour les petites entreprises. Plus précisément, les paiements de « pots-de-vin » affectent positivement et significativement la performance à l'exportation des entreprises manufacturières qui ont moins de 100 employés. De même, pour ces entreprises, l'interaction entre les paiements de « pots de vin » et la perception des contraintes d'accès au financement réduit significativement leur performance à l'exportation. À partir d'une taille supérieure à 100 employés, l'effet de la corruption n'apparaît plus significatif. Il en est de même pour le terme interactif entre la corruption et les contraintes d'accès au financement. Concernant la participation aux exportations indirectes, la taille ne semble pas avoir d'influence selon le découpage de l'échantillon réalisé.

Les estimations par communauté régionale (Tableau 4A en annexe) montrent une certaine hétérogénéité de l'influence de la corruption et des contraintes financières sur la performance à l'exportation des entreprises. L'influence de la corruption sur la décision d'exporter n'est pas significative dans la SADC et l'UMA. Les effets de la finance et de ses interactions avec la corruption ne sont significatifs que pour les pays de la CEDEAO et ceux de la CEEAC. Ce résultat peut être rattaché au niveau de corruption relativement élevé constaté en Afrique de l'Ouest et en Afrique Centrale par rapport aux autres régions : comme l'ont montré les statistiques descriptives (Tableau 2, section 2.2), les paiements de « pots-de-vin » sont en moyenne plus élevés dans la CEDEAO et dans la CEEAC. On peut ajouter que, se référant à l'évolution de l'indice de perception de la corruption, le Rapport de la Commission Économique pour l'Afrique (CEA, 2016) confirme que l'Afrique centrale et l'Afrique de l'Ouest sont les régions du continent les plus corrompues, contrairement à l'Afrique australe et à l'Afrique du Nord.

Tableau 8. Résultats des tests de robustesse

	IV-PROBIT		IV-TOBIT
VARIABLES	Exportation directe	Exportation indirecte	Intensité d'exportation
Finance	-0,0778* (0,0411)	0,0041 (0,0452)	-0,0656** (0,0310)
Corruption	0,0986*** (0,0369)	0,137*** (0,0297)	0,0650* (0,0337)
Finance x Corruption	-0,0341*** (0,0123)	-0,0461 (0,0100)	-0,0220* (0,0113)
Log (Age)	0,0513** (0,0246)	0,0675*** (0,0254)	0,00412 (0,0180)
Log (Taille)	0,181*** (0,0268)	-0,0017 (0,0167)	0,0938*** (0,0133)
ISO	0,476*** (0,0693)	0,223*** (0,0611)	0,309*** (0,0327)
Licence	0,168*** (0,0500)	0,148*** (0,0521)	0,0570 (0,0353)
Cap étranger	0,00418*** (0,0007)	0,00183*** (0,0006)	0,00308*** (0,0004)
Expérience du manager	-5,62e-05 (0,0020)	-0,00682*** (0,0018)	-9,64e-05 (0,0014)
Emplois qualifiés	0,0256* (0,0137)	-0,0103 (0,0142)	0,0284*** (0,00969)
Instabilité politique			8,07e-05 (7,72e-05)
Constante	-1,180*** (0,254)	-0,918*** (0,271)	-0,777*** (0,106)
Observations	5987	5987	5987
Effets fixes indus.	oui	oui	oui
Effets fixes pays	oui	oui	oui
Test d'exogénéité de Wald	6,97**	24,30***	5,64*

*Notes : Erreurs standards entre parenthèses. *** p<0,01, ** p<0,05, * p<0,1.*
Source : calculs de l'auteur.

3.3. Tests de robustesse des résultats

Pour réduire le biais potentiel d'endogénéité de la corruption et des contraintes de financement, la taille des entreprises, les effets fixes des pays et les effets fixes des sous-secteurs industriels ont été inclus dans les modèles précédemment estimés. Cependant, la corruption et les contraintes de financement peuvent toujours être corrélées avec d'autres caractéristiques inobservables des entreprises (Dethier et al., 2011 ; Seck, 2019). Pour tester la robustesse des résultats, le biais possible d'endogénéité est davantage contrôlé en utilisant un modèle Probit et Tobit bivarié avec variable instrumentale afin d'estimer respectivement la probabilité d'exportation directe et indirecte et l'intensité d'exportation. En suivant Fisman et Svensson (2007) et Kapri (2018), les contraintes financières et la corruption sont instrumentées par leur moyenne dans chaque sous-secteur manufacturier et dans chaque pays.

Le tableau 8 présente les résultats qui sont obtenus avec l'estimation en deux étapes. Globalement, les résultats des estimations précédentes sont confirmés. La corruption a un effet positif sur la performance à l'exportation des entreprises. De même, la perception des contraintes financières a un effet négatif sur la participation des entreprises aux exportations et sur leur intensité d'exportation. Comme dans les résultats précédents, son effet sur la participation aux exportations indirectes n'est pas significatif.

Les effets conjugués de la corruption et des contraintes financières sur la probabilité de participation aux exportations sont négatifs et très significatifs. Par ailleurs, les tests d'exogénéité des variables instrumentalisées de Wald sont tous significatifs, confirmant le rejet de l'hypothèse nulle de non-endogénéité des variables *Finance* et *Corruption*.

CONCLUSION ET IMPLICATIONS POUR LES POLITIQUES ÉCONOMIQUES

Cette recherche avait pour objectif de contribuer à la littérature sur les déterminants des exportations des entreprises manufacturières africaines, en nous situant dans le courant théorique (*institutional-based-view*) qui soutient que la stratégie d'internationalisation des entreprises est affectée par leur environnement institutionnel. Nous avons analysé plus particulièrement l'effet de la corruption sur les exportations des entreprises manufacturières africaines, avec une attention particulière accordée en parallèle au rôle des contraintes financières.

Les résultats des analyses économétriques montrent un effet positif de la corruption sur la performance à l'exportation des entreprises manufacturières africaines. Ils confirment ainsi l'hypothèse selon laquelle la corruption permet pour nombre d'entreprises de « mettre de l'huile dans les rouages du commerce ». Cependant, cet effet de la corruption n'est pas significatif pour les entreprises de grande taille (plus de cent employés). Il apparaît aussi que le recours à la corruption en matière d'exportation est largement conditionné par les contraintes financières des entreprises. Ce résultat permet de comprendre pourquoi dans un même environnement institutionnel, certaines entreprises exportent alors que d'autres n'y parviennent pas.

Dans l'ensemble, les résultats de l'analyse suggèrent qu'en Afrique, la corruption est un « *push factor* » pour l'exportation des petites entreprises manufacturières. L'usage de la corruption semble être une stratégie opportune pour leur permettre de bénéficier de différents avantages aptes à développer les exportations. Cependant, la corruption nuit à l'efficacité économique en exacerbant les contraintes financières des petites entreprises et en excluant ainsi beaucoup d'entre elles des marchés extérieurs. Sous ce rapport, les décideurs devraient tenter de renforcer les programmes de lutte contre la corruption et d'assainir l'environnement institutionnel ; ces politiques permettraient d'élargir les capacités d'exportation en améliorant notamment la compétitivité des petites et moyennes entreprises manufacturières.

RÉFÉRENCES

Avom, D., & Gandjon, F. G., 2014, Qualité du cadre juridique, corruption et commerce international : le cas de la CEMAC, *Revue d'Économie Politique,* 124, 101-128.

Banque Africaine de Développment (BAD), 2019, Perspectives économiques en Afrique, *Groupe de la Banque Africaine de Développement,* 234.

Banque mondiale, 1993, *The East Asian Miracle: Economic Growth and Public Policy*, Oxford University Press.

Banque mondiale, 2018, *Évaluation des politiques et des institutions en Afrique*, Washington DC.

Bailey, D. H., 1966, The effects of corruption in a developing nation, *Western Political Quarterly,* 19, 719-732.

Chatterjee, S., Hadi, A. S., & Price, B., 2000, *Regression analysis by example*, John Wiley & Sons, 368.

Chisanga, E, 2017, Financer le développement en Afrique : défis et opportunités, *Passerelles ICTSD,* 18.

Commission économique pour l'Afrique, 2016, *Mesurer la corruption en Afrique : prendre en compte la dimension internationale,* Addis-Abeba, Éthiopie, Nations Unies.

Condé, J. G., Sampedro, E. V., Feliu, V. R., & Sanchez, M. G., 2013, Management control systems and ISO certification as resources to enhance internationalization and their effect on organizational performance, *Agribusiness, 29*, 3, 392-405.

Dennis, A., & Shepherd B., 2011, Trade facilation and export diversification, *World Economy,* 34, 1, 101-122.

Dethier, J. J., Maximilian, H., & Stephane, S, 2011, Explaining enterprise performance in developing countries with business climate survey data, *World Bank Research Observer,* 26, 2, 258-309.

Doh, J. P., Rodriguez, P., Uhlenbruck, K., Collins, J., & Eden, L., 2003, Coping with corruption in foreign markets, *The Academy of Management Executive,* 17, 3, 114-127.

Dorobantu, S., Kaul, A., & Zelner, B., 2017, Nonmarket Strategy research through the lens of new Institutional economics: An integrative review and future directions. *Strategic Management Journal,* 38, 1, 114-140.

Estrin, S., Meyer, K. E., Wright, M., & Foliano, F., 2008, Export propensity and intensity of subsidiaries emerging economies, *International Business Review,* 17, 5, 574-586.

Fisman, R., & Svensson, J., (2007), Are corruption and taxation really harmful to growth? Firm level evidence, *Journal of Development Economics,* 83, 1, 63-75.

FMI, 2016, *Corruption: Costs and mitigating strategies,* (IMF Staff Discussion Note SDN/16/05), Washington, DC.

FMI, 2014a, Sustaining long-run growth and macroeconomic stability in Low income countries: The role of structural transformation and diversification, *IMF Policy Paper.*

FMI, 2014b, Sustaining long-run growth and macroeconomic stability in Low income countries: The role of structural transformation and diversification, Background notes, *IMF Policy Paper.*

Fungáčová, Z., Kochanova, A., & Weill, L., 2015, Does money buy credit? Firm-level evidence on bribery and bank debt, *World Development,* 68, 308–322.

Gao, G. Y., Murray, J. Y., Kotabe, M., & Lu, J., 2010, A "strategy tripod" perspective on export behaviors: Evidence from domestic and foreign firms based in an emerging economy. *Journal of International Business Studies,* 41, 3, 377-396.

Greenaway, D., & Kneller, R., 2007, Industry differences in the effect of export market entry: learning by exporting, *Review of World Economic,* 143, 3, 416-432.

Hall, P., & Soskice, D., 2001, Varieties of capitalism: The institutional foundations of comparative advantages, *Oxford University Press.*

Hockman, B., & Shepherd, B., 2015, Who profits from trade facilation initiatives? Implication for African countries, *Journal of African Trade,* 2, 51-70.

Hoekstra, R., 2013, Boosting manufacturing firms' export: The role of trade facilitation in Africa, *IEE Working paper*, 197.

Huntington, S., 1968, *Political Order in Changing Societies*, New Haven : Yale University Press.

Iriyama, A., Kishore, R., & Talukdar, D., 2016, Playing dirty or building capability? Corruption and HR training as competitive actions to threats from informal and foreign firms rivals, *Strategic Management Journal,* 37, 12, 2152-2173.

Isenberg, D. J., 2011, The entrepreneurship ecosystem strategy as a new paradigm for economy policy: principles for cultivating entrepreneurship, *Babson Entrepreneurship Ecosystem Project.*

Kane, C. S. & Diandy I. Y., 2019, Développement financier, institutions et croissance économique en Afrique subsaharienne : quelle causalité ? *Région et Développement*, 50, 29-44.

Kapri, K., 2018, Impact of Political Instability on Firm-Level Export Decisions, *International Review of Economics and Finance*, 59, 98-105.

Kaufmann, D., Kraay, A., & Zoido-Lobato, P., 2007, Governance matters VI: Aggregate and individual governance indicators for 1996–2006, *World Bank Policy Research Working Paper.*

Kiendrebeogo, Y., 2013, Contraintes financières et exportations: Cadre d'analyse et évidence empirique dans l'UEMOA, *Revue économique et monétaire*, 14, 6-29.

Krammera, S., Strangeb, R., & Lashitewc, A., 2018, The export performance of emerging economy firms: The influence of firm capabilities and institutional environments, *International Business Review*, 27, 1, 218-230.

Lee, M., Yin, X., Lee, S., Weng, D. H., & Peng, M., 2015, The impact of home country institutions on new venture export: Examining new ventures in transition economies, *International Entrepreneurship and Management Journal*, 11, 4, 823-848.

Leff, N., 1964, Economic Development though Bureaucratic Corruption, *The American Behavioural Scientist*, 8-14.

Leys, C., 1965, What is the Problem about Corruption ?, *Journal of Modern African Studies*, 3, 215-230.

LiPuma, J. A., Scott, L. D., & Jonathan, P., 2013, The effect of institutional quality on firm export performance in emerging economies: A contingency model firm age and size, *Small Business Economics*, 40, 4, 817-841.

Lo, S., & Ramde, F., 2019, Développement financier et transformation structurelle des pays africains de la zone franc. *Revue interventions économiques*, 61, 52-72.

Matta, S., Appleton , S., & Bleaney, M., 2018, The microeconomic impact of political instability: Firm-level evidence from Tunisia, *Review of Development Economics*, 22, 4, 1590-1619.

Mauro, P., 1995, Corruption and growth, *The Quarterly Journal of Economics*, 110, 3, 681-712.

Mazzarol, T., 2014, Growing and sustaining entrepreneurial ecosystems: What they are and the role of government policy, White Paper WP01-2014.

McArthur, J., & Teal, F., 2002, Corruption and firm performance in Africa, *Working Paper No. 2002-10,* Centre for the study of African Economies, Department of Economics, University of Oxford.

Mutlu, C. C., 2014, *Bribery and firm performance in different institutional environments*, Academy of Management.

Nell, P. C., Puck, J., & Heidenreich, S., 2015, Strictly limited choice or agency? Institutional duality, legitimacy and subsidiaries' political strategies, *Journal of World Business*, 50, 2, 302-311.

North, D. C., 1990, *Institutions, institutional change and economic performance*, Cambridge University Press.

Onley, W. W., 2016, Impact of corruption on firm-level export decisions, *Economic Inquiry*, 54, 2, 1105-1127.

Ousmanou, N., 2017, Export market destination and performance: Firm-level evidence from Sub-Saharan Africa, *Journal of African Trade*, 4, 2, 1-19.

Peng, M. W., 2003, Institutional transition and strategic choices, *Academy of Management Review*, 28, 2, 275-296.

Peng, M. W., & Heath, P., 1996, The growth of the firm in planned economies in transition: institutions, organizations, and strategic choice, *Academy of Management Review*, 21, 492-528.

Peng, M. W., Wang, D. Y., & Jiang, Y., 2008, An institution-based-view of international business stragegy: A focus on emerging economies, *Journal of International Business Studies*, 39, 5, 920-936.

Qi, G., Zou, H., Xie , X., Meng, X., Fan, T., & Cao, Y., 2020, Obedience or escape: Examining the contingency influences of corruption on firm exports, *Journal of Business Research*, 106, 261-272.

Reinikka, R., & Svensson, J., 2005, Fighting corruption to improve schooling: evidence from a newspaper campaign in Uganda, *Journal of the European Economic Association*, 259-267.

Seck, A., 2016, Trade facilation and trade participation Are sub-saharian african firms different? *Journal of African Trade*, 3, 23-39.

Seck, A., 2019, Heterogeneous Bribe Payments and Firms' Performance in Developing Countries. *Journal of African Business*, 42, 1, 42-61.

Shleifer, A., & Vishny, R. W., 1993, Corruption, *The Quaterly Journal of Economics*, 108, 3, 599-617.

Stiebale, J., 2011, Do financial costraints matter for foreign market entry? A firm level examination. *The World Economy*, 34, 1, 123-153.

Svensson, J., 2003, Who must pay bribes and how much? Evidence from a cross section of firms, *The Quartely Journal of Economics*, 118, 1, 207-230.

Tsukanova, T., 2019, Home country institutions and export behaviour of SMEs from transition economies: the case of Russia, *European Journal of International Management*, 13, 6.

UNCTAD, 2007, World Investment Report 2007: Transnational Corporations, Extractive Industries and development, New York and Geneva: United Nations.

Wang, S. L., Luo, Y., Lu, X., Sun, J., & Maksimov , V., 2014, Autonomy delegation to foreign subsidiaries: An enabling mechanism for emerging-market multinationals, *Journal of International Business Studies*, 34, 3, 111-130.

Williams, C. C., & Kedir, A., 2016, The impacts of corruption on firm performance: Some lessons from 40 African countries, *Journal of Developmental Entrepreneurship*, 30, 1, 1–18.

Webb, J. W., Tihanyi, L., Ireland, R. D., & Sirmon, D. G., 2009, You say illegal, I say legitimate: Entrepreneurship in the informal economy, *Academy of Management Review*, 34, 3, 492-510.

Yiu, D. W., Lau, C. M., & Bruton, G. D., 2007, International venturing by emerging economy firms: The effect of firm capabilities home country networks and corporate entrepreneurship, *Journal of International Business Studies*, 38, 4, 519-540.

Zhou, J. Q., & Peng, M. W., 2012, Does bribery help or hurt firm growth around the world? *Asia Pacific Journal of Management*, 29, 907–921.

ANNEXES

Tableau 1A. Liste des pays de l'échantillon

Pays	Année	Nombre d'entreprises	Nombre d'entreprises exportatrices	Taux de participation aux exportations (en %)
Angola	2010	110	7	6,36
Bénin	2016	49	13	26,53
Botswana	2010	81	14	17,28
Burkina	2009	51	15	29,41
Burundi	2014	54	17	31,48
Cameroun	2016	46	11	23,91
Côte d'Ivoire	2016	39	17	43,58
Djibouti	2013	40	7	17,5
Égypte	2016	1059	273	25,77
Éthiopie	2015	342	35	10,23
Gambie	2018	55	9	16,36
Ghana	2014	332	81	24,39
Guinée	2016	14	3	21,42
Kenya	2018	402	189	47,01
Liberia	2017	57	5	8,77
Malawi	2014	129	28	21,7
Mali	2016	56	26	46,42
Mauritanie	2014	38	20	52,63
Maurice	2009	4	3	75
Mozambique	2018	248	56	22,58
Niger	2017	23	3	13,04
Nigeria	2014	730	202	27,67
Sénégal	2014	179	33	18,43
Afrique du Sud	2007	674	203	30,11
Eswatini	2016	50	20	40
Tchad	2018	42	9	21,42
Togo	2016	38	26	68,42
Tunisie	2013	208	130	62,25
Uganda	2013	240	67	27,91
Zambie	2013	319	50	15,67
Zimbabwe	2016	278	64	23,02

Source : Données d'enquêtes de la Banque mondiale (Enterprise Survey).

Tableau 2A. Test de multicolinéarité

Variables	VIF	Tolérance
(1) *Licence*	1,13	0,8869
(2) *ISO*	1,31	0,7625
(3) *Cap étranger*	1,09	0,9175
(4) *Expérience du dirigeant*	1,29	1,14
(5) *Emplois qualifiés*	1,48	0,6742
(6) log (*TAILLE*)	1,92	0,5217
(7) log (*AGE*)	1,13	0,8847
(8) *Instabilité politique*	1,07	0,9228
(9) *Contrainte financière*	1,09	0,9324
(10) *Corruption*	1,02	0,9788
Moyenne VIF	1,25	

Source : calculs de l'auteur.

Tableau 3A. Nombre d'entreprises et intensité des exportations par zone d'intégration

Zone d'intégration	Nombre d'entreprises total	Nombre d'entreprises exportatrices	Intensité moyenne des exportations en %
CEDEAO	1623	433	42,64
EEAC	252	44	33,77
ADC	1783	235	25,74
COMESA	2083	571	41,02
UMA	246	150	60,42

Source : Données d'enquêtes de la Banque mondiale (Enterprise Survey).

Tableau 4A. Régressions par zones d'intégration : modèle Probit

	Probabilité de participation aux exportations directes				
	CEDEAO	CEEAC	SADC	COMESA	UMA
Log (Age)	-0,0676 (0,0558)	0,153 (0,168)	0,0949** (0,0475)	0,190*** (0,0463)	-0,302** (0,130)
Log (Taille)	0,215*** (0,0343)	0,215** (0,0981)	0,276*** (0,0321)	0,198*** (0,0244)	0,307*** (0,0860)
ISO	0,366*** (0,119)	0,321 (0,311)	0,435*** (0,0851)	0,934*** (0,0757)	0,392* (0,216)
Licence	0,0905 (0,110)	-0,102 (0,258)	0,211** (0,0909)	0,422*** (0,0925)	0,0280 (0,365)
Cap étranger	0,0074*** (0,0012)	0,0031 (0,0033)	0,0025** (0,0009)	0,0062*** (0,0012)	0,0139*** (0,0049)
Expérience du manager	0,0022 (0,0039)	0,0166* (0,0097)	0,0010 (0,0037)	-0,0033 (0,0031)	0,0093 (0,0083)
Corruption	0,00492** (0,0060)	0,0392* (0,0225)	0,0156 (0,0108)	0,0172** (0,0085)	0,0332 (0,0394)
Finance	-0,0874*** (0,0310)	-0,0785** (0,0957)	-0,0659** (0,0306)	0,0347 (0,0277)	0,0153 (0,0702)
Finance x Corruption	-0,00163 (0,0028)	-0,0224* (0,0117)	-0,00783 (0,0060)	-0,0037 (0,0037)	-0,0167 (0,0169)
Instabilité politique	0,0781*** (0,0278)	0,122* (0,0732)	0,0363 (0,0308)	-0,0329 (0,0228)	0,0464 (0,0727)
Constante	-1,210*** (0,339)	-2,457*** (0,519)	-1,668*** (0,212)	-2,333*** (0,159)	-0,593 (0,468)
Observations	1623	252	1783	2083	246
Effets fixes Indust.	oui	oui	oui	oui	oui
Effets fixes pays	oui	oui	oui	oui	oui

Source : calculs de l'auteur.

The Effect of Corruption on African Manufacturing Exports

Abstract **-** This research aims to analyze the role of corruption in the export performance of manufacturing companies in Africa. We used the Enterprise Survey from World Bank datasets on manufacturing companies from 34 African countries. The results from Probit and Tobit models show that corruption measured by annual "bribe" payments affects positively and very significantly the probability of exporting and the export intensity of African manufacturing companies, especially for small companies (less than one hundred employees). On the other hand, the cost of corruption borne by companies to export is exacerbated by the constraints of access to finance. These results suggest strengthening anti-corruption programs which, along with improving access to finance, would help encourage the export activity of small manufacturing companies.

Key-words

Corruption
Manufacturing companies
Exports
Financial Constraint
Africa

Région et Développement
n° 54-2021
www.regionetdeveloppement.org

Les mesures techniques non tarifaires : quels effets sur les exportations agricoles des pays africains ?

Najla KAMERGI*
Gabriel FIGUEIREDO DE OLIVEIRA**

Résumé **-** Nous analysons l'impact des mesures techniques non tarifaires sur les exportations agricoles d'origine végétale de cinq régions africaines, à savoir l'Afrique orientale, occidentale, centrale, septentrionale et australe. Un modèle de gravité, estimé pour 108 pays partenaires sur la période 2003-2013, montre que les normes sanitaires et phytosanitaires et les obstacles techniques au commerce ont des effets divergents selon les pays. Les mesures techniques non tarifaires semblent améliorer la capacité d'exportation des pays d'Afrique orientale et occidentale grâce à des signaux de qualité et agissent comme des catalyseurs pour développer leur avantage concurrentiel. En revanche, les producteurs d'Afrique centrale, septentrionale et australe ne parviennent pas à améliorer leur gestion du risque sanitaire, suggérant que les coûts supplémentaires de la certification entravent significativement leurs exportations vers les marchés des pays développés au profit des marchés du Sud.

Classification JEL
N33, N93, O18

Mots-clés
Modèle de gravité
Obstacles techniques au commerce
Mesures sanitaires et phytosanitaires
Problèmes commerciaux spécifiques

* CESAER UMR1041 – AgroSup Dijon, INRAE ; najla.kamergi@hotmail.fr
** LEAD, Université de Toulon ; figueiredo.univ@gmail.com

INTRODUCTION

L'évolution du commerce international et de la compétitivité des pays est particulièrement sensible à un ensemble de paramètres qui constituent ce que l'on nomme les « coûts commerciaux » (Arvis et al., 2013). Ces coûts sont spécifiques à chaque pays et à leurs partenaires commerciaux respectifs. Ils dépendent également, entre autres facteurs, de la proximité géographique des États pris en considération, de l'existence de frontières ou de contiguïtés qui leur sont communes mais aussi de l'existence d'une langue, d'une culture ou d'une histoire (à l'instar du passé colonial commun à certains pays) les rassemblant.

De nombreuses études ont appliqué le modèle de gravité pour identifier les facteurs déterminants du commerce agricole, et notamment le rôle joué par les normes non tarifaires (Disdier et al., 2008; Fontagné et al., 2005; Ghali et al., 2013; Hoekman et Nicita, 2008; Looi Kee et al., 2009; Péridy et Ghoneim, 2013). Ces mesures non tarifaires (MNT) sont définies comme « des mesures de politiques économiques, autres que les droits de douane, qui peuvent potentiellement avoir un effet sur les échanges de biens, en modifiant les quantités échangées ou les prix, ou encore en modifiant les deux » (UNCTAD, 2019).

La plupart de ces mesures sont appliquées aux produits importés et ce, indépendamment de leurs origines. Néanmoins, certaines MNT ne sont appliquées qu'à certains pays (UNCTAD, 2018). Ces mesures peuvent être classées en deux catégories. La première concerne les mesures « non-techniques » : cette catégorie comprend les mesures d'anti-dumping, de sauvegarde, les quotas, les contrôles de prix, les taxes, les licences. La deuxième catégorie correspond aux mesures « techniques » qui sont imposées aussi bien aux importateurs qu'aux producteurs locaux. Il s'agit généralement des obstacles techniques au commerce[1] (OTC) et des mesures sanitaires et phytosanitaires[2] (SPS). Ces mesures sont généralement imposées pour remédier aux défaillances de marché, telles que l'asymétrie informationnelle et certaines externalités négatives (Cadot et al., 2018).

Étant donné l'hétérogénéité des secteurs et des pays étudiés, la littérature empirique fournit des données contradictoires concernant l'impact des MNT sur le commerce. En effet, si certaines études ont démontré les effets négatifs des MNT sur le commerce (Anders et Caswell, 2009; Ferro et al., 2015; Gebrehiwet et al., 2007; Wilson et al., 2003), à l'inverse, d'autres analyses ont montré leurs effets positifs sur ce dernier (Cadot et al., 2018; Crivelli et Groeschl, 2016; Maertens et Swinnen, 2007).

La littérature se focalise essentiellement sur les mesures destinées à protéger la santé des consommateurs, à savoir les SPS et les Limites Maximales de Résidus (Crivelli et Groeschl, 2016; Kareem et al., 2017; Otsuki et al., 2001; Scheepers et al., 2007; Xiong et Beghin, 2012), mais néglige d'autres mesures fréquemment mises en œuvre contre les produits agricoles africains telles que les OTC. En outre, la plupart des études évaluent l'impact des mesures de l'Union européenne sur les exportations africaines tandis que les impacts des MTNT mises en œuvre par d'autres partenaires comme les pays émergents n'ont pas encore été investigués (Santeramo et Lamonaca, 2019). Enfin, l'impact des MTNT peut être lié aux exportateurs sélectionnés.

Partant de ce constat, cet article se propose d'apporter un éclairage quantitatif sur l'impact des MTNT sur les exportations agricoles africaines d'origine végétale et ainsi, apporter une contribution à la littérature. Pour ce faire, nous avons orienté

---

[1] Mesures de labellisation et toute autre mesure de protection de l'environnement et de conformité (certification, test et inspection) (UNCTAD, 2018).

[2] Mesures de restriction en matière de substances, d'obligations d'hygiène, mesures de conformité liées à la sécurité alimentaire (certification, test, inspection et quarantaine), mesures pour éviter la dissémination de maladies (UNCTAD, 2018).

nos recherches dans deux directions principales : (i) en premier lieu, notre regard s'est porté sur les mesures techniques non tarifaires bilatérales, à savoir les normes sanitaires et phytosanitaires (SPS) et les obstacles techniques au commerce (OTC) en déployant la base de données de l'OMC sur les problèmes commerciaux spécifiques; (ii) en second lieu, et pour la première fois, nous fournissons une analyse détaillée de l'impact de ces mesures sur cinq régions africaines (Afrique orientale, Afrique occidentale, Afrique centrale, Afrique septentrionale, Afrique australe) où nous élargissons la liste des partenaires (108 pays).

Plusieurs éléments ressortent de notre analyse : (i) d'une part, les MTNT ont un impact négatif sur les exportations des produits de cultures ; (ii) d'autre part, et parmi les différentes MTNT, les normes sanitaires et phytosanitaires représentent les principaux obstacles aux exportations agricoles ; (iii) enfin, nos résultats indiquent que les MTNT ont des effets divergents sur les pays africains.

D'abord, ils semblent améliorer la capacité d'exportation des pays d'Afrique orientale et occidentale grâce à des signaux de qualité et agissent comme des catalyseurs pour développer leur avantage concurrentiel. En revanche, les producteurs d'Afrique centrale, septentrionale et australe ne parviennent pas à améliorer leur gestion du risque sanitaire. Les coûts de conformité aux exigences réglementaires et le coût supplémentaire de la certification entravent significativement leurs exportations agricoles notamment vers les marchés des pays développés, ce qui explique probablement le détournement de leurs exportations vers les marchés du Sud.

Afin de le démontrer, nous présentons les principales avancées se trouvant dans la littérature existante (section 1) et les principaux faits stylisés (section 2). Nous traitons ensuite les données et les estimations du modèle de gravité (section 3) pour mentionner les principaux résultats qui se dégagent (section 4).

1. REVUE DE LA LITTÉRATURE

Nombreux sont les travaux ayant appliqué le modèle de gravité afin d'identifier les déterminants du commerce agricole tels que les accords commerciaux régionaux (Grant et Lambert, 2008; Huchet et al., 2015; Korinek et Melatos, 2009; Lambert et McKoy, 2009) ou encore les taux de change (Achy et Sekkat, 2003; Özbay, 1999; Vergil, 2002). Par ailleurs, la réduction progressive des droits de douane et les régimes préférentiels adoptés suite aux engagements pris dans le cadre du GATT (Accord général sur les tarifs douaniers et le commerce) et de l'OMC (Organisation mondiale du commerce) ont été accompagnés par l'utilisation excessive et significative de MNT. Au point que ces dernières sont désormais devenues une question centrale pour les économistes et les décideurs politiques. Ces MNT ont ainsi fait l'objet de plusieurs travaux ayant appliqué, entre autres, des modèles de gravité traditionnels au commerce international.

Avant d'examiner la littérature existante concernant les MNT, il importe de rappeler que, selon l'UNCTAD (2019), le concept de MNT est neutre. En cela, il n'implique pas nécessairement un impact négatif sur le commerce. Selon cette même source, certaines mesures pourraient même avoir un impact positif sur le commerce. Cependant, d'autres mesures peuvent avoir d'importants effets restrictifs et/ou de distorsion sur le commerce international, qu'elles soient appliquées dans un but protectionniste ou pour répondre à des objectifs légitimes comme la protection de la santé, de la sécurité ou de l'environnement. C'est pourquoi le mot « mesures » est utilisé intentionnellement au lieu de « barrières ». Par conséquent, les obstacles non tarifaires sont définis comme un sous-ensemble de mesures non tarifaires ayant une intention protectionniste ou discriminatoire, dont le caractère restrictif dépasse les objectifs « non commerciaux » de la mesure, ce qui implique un impact négatif sur le commerce. C'est précisément la conclusion à laquelle aboutissent la majorité des études empiriques, dont les auteurs suggèrent que les MNT constituent une barrière aux échanges.

En ce qui concerne les exportations africaines, plusieurs études ont été conduites par sous-produit et par type de mesure. Otsuki et al. (2001) prévoyaient que des normes plus strictes pour l'aflatoxine B1[3] dans l'UE entraîneraient des effets négatifs importants sur les importations de fruits, de noix et de légumes en provenance des pays africains. Wilson et Otsuki (2004) ont conclu plus tard que les effets de l'introduction d'une nouvelle norme de pesticides par l'UE étaient négatifs sur les importations de bananes d'origine africaine. De même, les MTNT et plus particulièrement les Limites Maximales de Résidus (LMR) entravent les avocats exportés d'Afrique du Sud vers l'UE selon Scheepers et al. (2007).

Péridy et Ghoneim (2013) ont montré que les MNT réduisaient considérablement les échanges dans presque tous les pays de la région Moyen-Orient et l'Afrique du Nord, notamment les mesures sanitaires et phytosanitaires et, dans une moindre mesure, les obstacles techniques au commerce. Par ailleurs, Kareem et al. (2017) montrent que les normes européennes sur les pesticides constituent une barrière significative à l'accès des exportations africaines des agrumes et de tomates.

De leur côté, Drogué et DeMaria (2012) constatent que l'hétérogénéité réglementaire concernant les LMR de pesticides a tendance à entraver les exportations de pommes et de poires depuis l'Afrique du Sud. Cependant, Xiong et Beghin (2012) suggèrent que le potentiel commercial des exportateurs d'arachides africains est plus limité par des problèmes d'approvisionnement intérieur que par un accès limité au marché. Leurs résultats montrent que la limite maximale de résidus n'a aucun impact commercial négatif significatif sur les exportations d'arachides en provenance d'Afrique.

Enfin, Ghali et al. (2013) ont étudié l'impact des MNT sur les importations tunisiennes et égyptiennes. Plus précisément, ils ont analysé l'impact de ces mesures sur les marges commerciales extensives et intensives par pays et par type de mesure (en faisant la distinction entre les mesures sanitaires et phytosanitaires, les obstacles techniques au commerce, les mesures liées aux exportations, etc.). Partant de là, en utilisant un modèle de gravité traditionnellement associé au commerce international, ils ont montré que les MNT avaient été davantage utilisées en Égypte qu'en Tunisie en tant que mesures de restriction du commerce et que ces mesures agissaient sur la marge intensive plutôt que sur la marge extensive.

En résumé, les MNT peuvent réduire le commerce du fait qu'elles augmentent les coûts de production et/ou les coûts de transaction, ce qui se répercute sur les prix des biens vendus sur le marché concerné. Néanmoins, certaines MNT sont nécessaires pour protéger l'environnement et la santé des personnes. Elles peuvent aussi assurer aux consommateurs et aux producteurs une meilleure transparence quant au contenu des produits (biens de consommation et facteurs de production), leurs origines géographiques et leur qualité. Les MNT peuvent ainsi répondre aux intérêts collectifs de la société tout en contribuant à dynamiser les échanges.

Il a d'ailleurs été montré dans la littérature que certaines mesures pouvaient avoir un impact positif sur le commerce international. Cadot et al. (2018) ont mené une étude en procédant à des estimations séparées des effets des MNT observées sur les prix et les quantités échangées, permettant ainsi de détecter les cas où certaines mesures, en dépit de l'augmentation des prix des produits échangés, conduisaient également à une augmentation des volumes d'échanges. Cet effet catalyseur est mis en évidence par ces auteurs à la fois pour les mesures techniques, sanitaires

[3] L'aflatoxine est une mycotoxine produite par certains champignons proliférant notamment sur des graines conservées en atmosphère chaude et humide.

et phytosanitaires. Ces résultats sont confirmés par l'étude de Crivelli et Groeschl (2016) qui montre que le volume des exportations agricoles vers les marchés imposant des mesures SPS a tendance à être plus élevé. Les auteurs affirment que ces mesures renforcent la confiance des consommateurs dans les produits étrangers et augmentent ainsi le commerce des exportateurs qui parviennent à surmonter les coûts d'entrée sur le marché.

De leur côté, afin d'analyser les effets des MNT sur les exportations agricoles en Afrique, Maertens et Swinnen (2007) ont adopté une approche qualitative. Les auteurs ont ainsi mené deux études de cas à Madagascar et au Sénégal visant à analyser les effets des MNT sur le respect local des normes agricoles élevées imposées par les pays développés. Leurs principales conclusions suggèrent que les MNT peuvent être un catalyseur du commerce, de la croissance et de la réduction de la pauvreté dans ces pays.

En conclusion, la littérature empirique sur les MNT et le commerce fournit des résultats contradictoires selon les cas de figure. L'hétérogénéité des résultats peut aussi trouver sa source dans la diversité des MNT considérés (Kareem et al., 2015, 2017; Otsuki et al., 2001; Péridy et Ghoneim, 2013) ou encore dans les méthodes utilisées (Beestermöller et al., 2018; Cadot et al., 2018; Fontagné et al., 2005).

À cet égard, cet article a pour but d'apporter un éclairage quantitatif sur l'impact des mesures techniques non tarifaires (MTNT) – et plus précisément, des normes sanitaires et phytosanitaires (SPS) ainsi que des obstacles techniques au commerce (OTC) – sur les exportations agricoles africaines d'origine végétale.

2. LES EXPORTATIONS AGRICOLES AFRICAINES ET LES MESURES NON TARIFAIRES : QUELQUES FAITS STYLISÉS

2.1. Les nouvelles tendances des exportations agricoles africaines

En Afrique, l'agriculture remplit plusieurs fonctions. Plusieurs études avancent que le secteur primaire est, avant toute chose, un vecteur de lutte contre la pauvreté et l'insécurité alimentaire (OECD et FAO, 2016). De fait, au sein des pays africains, dans un contexte d'expansion des surfaces et d'accroissement de la valeur totale de la production agricole (Moyo, 2016), les revenus liés à l'exportation ont connu une hausse significative entre les années 1960 et 2018. À cet égard, la Figure 1 montre que les exportations africaines sont passées de 3,8 milliards US $ en 1961 à 13,5 milliards US $ en 2000.

Par ailleurs, nous constatons qu'à partir de 2003, la valeur des exportations globales a connu une forte croissance et atteint 30 milliards $ US en 2008 puis 56 milliards en 2018. Toutefois, la Figure 1 relève aussi des disparités régionales[4]. En effet, cette tendance vers la hausse des exportations est confirmée au niveau de l'Afrique orientale, occidentale et, dans une moindre proportion, en Afrique septentrionale. En revanche, la croissance des exportations en provenance de l'Afrique centrale est restée plus timide durant cette période.

La Figure 2 révèle que la place des produits agricoles africains dans les exportations mondiales se situe entre 3,4% et 3,9 %. Des chiffres qui montrent un niveau stable entre les années 1990 et 2019. Nous constatons également une forte corrélation positive entre ces valeurs et celles enregistrées au niveau de l'Afrique subsaharienne (composée de l'Afrique orientale, centrale, australe et occidentale). En revanche, durant la même période, la part dévolue à l'Afrique septentrionale est restée relativement faible (entre 0,6% et 0,9%).

---

[4] Les pays appartenant aux différentes régions africaines considérées sont donnés par UNCTADstat : https://unctadstat.unctad.org/FR/Classifications/DimCountries_Geographics_Hierarchy.pdf

Figure 1. Évolution des exportations agricoles africaines

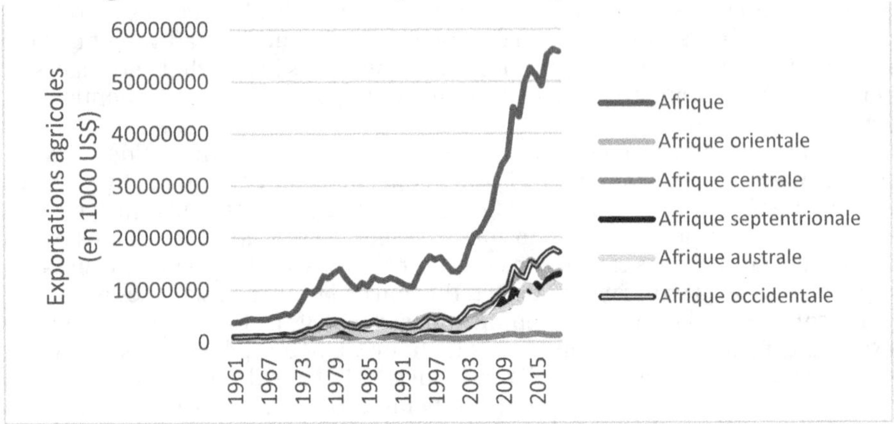

Source : auteurs sur la base de données de la FAO (FAO, 2018).

Figure 2. La part des exportations régionales dans les exportations mondiales

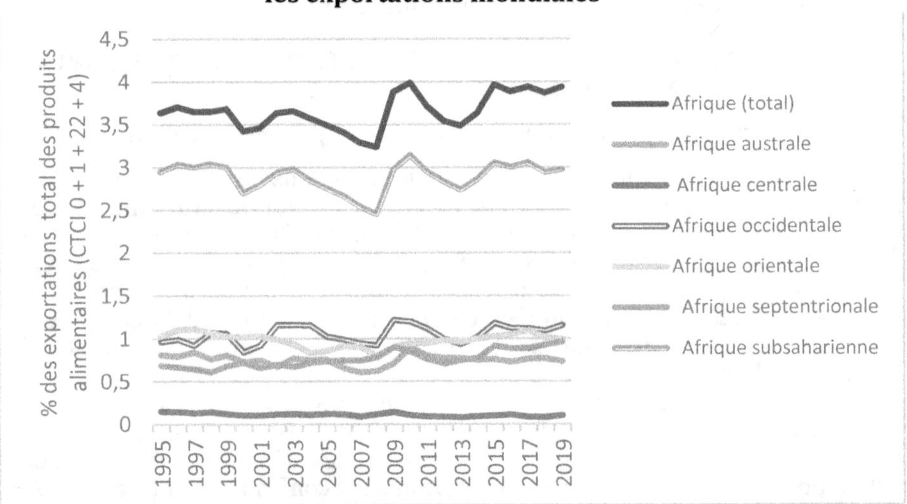

Source : auteurs sur la base de données de la plateforme UNCTADstat (UNCTAD, 2021).

Selon la Figure 3, l'on constate que les revenus liés à l'exportation des pays africains dépendent fortement des produits de base notamment les fruits et légumes, les huiles, les graisses végétales, les céréales ainsi que le sucre et le miel. En effet, l'on note que la composition du panier des exportations a faiblement varié entre 1990 et 2019 au premier rang duquel se trouvent les fruits et légumes.

Pour entrer davantage dans le détail, les pays de l'Afrique australe se sont spécialisés dans les exportations de produits comme les agrumes et le raisin de table, tandis qu'en Afrique centrale et occidentale, les fèves de cacao et les bananes constituent les principaux produits exportés. En Afrique orientale, les plantes à boisson sont une composante essentielle des recettes liées aux exportations de produits agricoles, notamment au Kenya qui est l'un des plus gros exportateurs de thé dans la région. De son côté, l'Afrique du Sud est l'un des plus grands exportateurs de fruits d'Afrique australe, au premier rang desquels se trouvent les agrumes. Enfin, la Côte d'Ivoire et le Cameroun sont les principaux pays producteurs et exportateurs de bananes. À noter que le sucre et le miel arrivent en deuxième position, même si leur part a baissé dans les exportations totales, passant de 20% à 9% entre 1990 et 2019. Les céréales ont connu la même tendance puisque leur part a baissé de moitié au cours des vingt dernières années.

Figure 3. Répartition des exportations africaines par groupes d'aliments entre 1990 et 2019

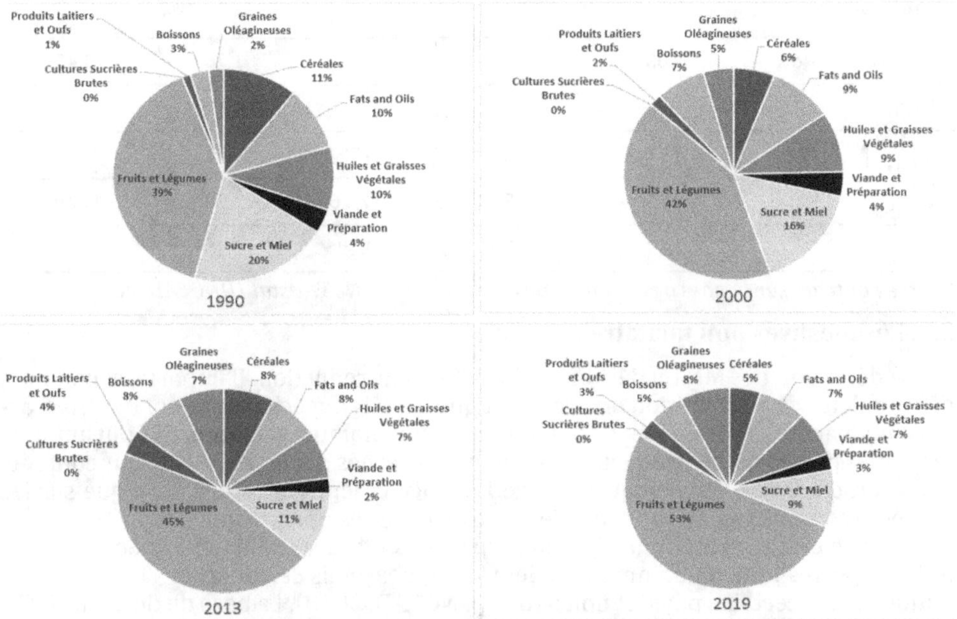

Source : auteurs à partir de la base de données de la FAO (FAO, 2018).

De leur côté, les produits d'origine animale constituent manifestement des secteurs d'exportation plus restreints en Afrique par rapport aux exportations de produits d'origine végétale. En effet, la Figure 3 montre que les exportations de viandes et de produits confectionnés à partir de viande ne dépassaient pas les 4% des exportations totales entre les années 1990 et 2019, de même que les produits laitiers et les œufs qui ont enregistré les mêmes valeurs durant cette période. La raison tient en ce que ces produits contribuent davantage à l'alimentation interne des pays africains qu'aux exportations. De plus, les contraintes pédoclimatiques freinent la croissance des élevages dans ces pays.

Le Tableau 1 montre que les marchés de destination ont connu un taux de croissance élevé des exportations agricoles de l'Afrique centrale vers l'Asie et Océanie (47% entre 1995 et 2019). L'Asie et l'Océanie importent également davantage depuis l'Afrique occidentale où le taux de croissance s'élève à 13% durant la même période.

Par ailleurs, le Tableau 1 met en relief la hausse des échanges interrégionaux enregistrée au niveau des exportations de l'Afrique septentrionale (9,4%), de l'Afrique orientale (7,5%) et à moindre échelle de l'Afrique occidentale (5,5%). Cette dernière a par ailleurs multiplié ses exportations vers l'Amérique latine et les Caraïbes (19%).

Étonnamment, l'évolution des exportations africaines vers des partenaires traditionnels comme l'Union européenne ne dépasse pas les 2,5% dans toutes les régions précitées. Dans le même temps, les exportations agricoles en direction des États-Unis et du Canada ont connu une hausse relativement faible en comparaison de celle touchant le continent asiatique et l'Amérique latine.

Tableau 1. Taux de croissance des exportations régionales vers l'Amérique du Nord, l'Amérique latine, l'UE, l'Asie et l'Océanie entre 1995 et 2019

Exportateurs / Importateurs	Afrique septentrionale	Afrique orientale	Afrique centrale	Afrique australe	Afrique occidentale
Amérique du Nord	**4,63**	3,02	2,93	1,76	4,45
Afrique	**9,4**	**7,48**	2,51	3,19	**5,51**
Amérique latine et Caraïbes	5,47	1,77	4,87	0,81	**19,18**
Asie et Océanie	5,11	5,62	**47,16**	2,88	**12,98**
UE-28	2,43	0,37	0,49	0,96	1,42

Source : auteurs sur la base des données de la plateforme UNCTADstat (UNCTAD, 2021).

2.2. Les mesures non tarifaires

La définition des MNT a déjà été présentée en introduction. Il importe, cependant, de compléter cette définition en précisant que les MNT spécifient les conditions d'accès à un marché donné, en mentionnant un certain nombre d'exigences pouvant porter sur les processus de production des biens concernés par les mesures, leur contenu, leurs caractéristiques techniques, leur étiquetage et leur emballage ainsi que sur les procédures appliquées pour contrôler le respect de ces obligations.

Comme préalablement indiqué, la plupart des mesures sont appliquées aux produits importés indépendamment de leurs origines, mais certaines MNT ne sont appliquées qu'à certains pays, et non à tous (UNCTAD, 2018). La base de données I-TIP de l'OMC (WTO, 2018), qui porte sur les MNT, distingue deux catégories de mesures. D'une part, l'on trouve les mesures « non-techniques » comme les mesures antidumping, les mesures de sauvegarde, les quotas, les contrôles de prix, les taxes, les licences, etc. Et d'autre part, il existe les « mesures techniques » qui, contrairement aux premières qui peuvent avoir pour effet de protéger les entreprises domestiques de la concurrence extérieure, s'imposent aussi bien aux importateurs qu'aux producteurs locaux. Il s'agit généralement des mesures techniques et des mesures sanitaires et phytosanitaires.

En effet, lorsqu'un pays impose une réglementation environnementale à ses producteurs, il est tentant de l'imposer également aux produits importés pour éviter les distorsions de concurrence. Ces mesures sont généralement imposées pour remédier aux défaillances du marché mais également pour poursuivre des objectifs non économiques sans imposer d'obstacles au commerce. Cette catégorie comprend principalement des mesures sanitaires et phytosanitaires (SPS) ainsi que les obstacles techniques au commerce (OTC).

Concernant les produits agricoles, la Figure 4 montre que la part des mesures techniques (dans le total des MNT) appliquées aux produits végétaux est passée de 4,6% en 2003 à 42% en 2013. Cette tendance à la hausse a été constatée pour la première fois en 2008, lorsque le nombre cumulé des mesures SPS et OTC a doublé en un an. En revanche, la part des MNT non techniques a diminué de 53 points (38%) en dix ans.

Figure 4. Répartition des MNT appliquées aux produits agricoles d'origine végétale entre 2003 et 2013

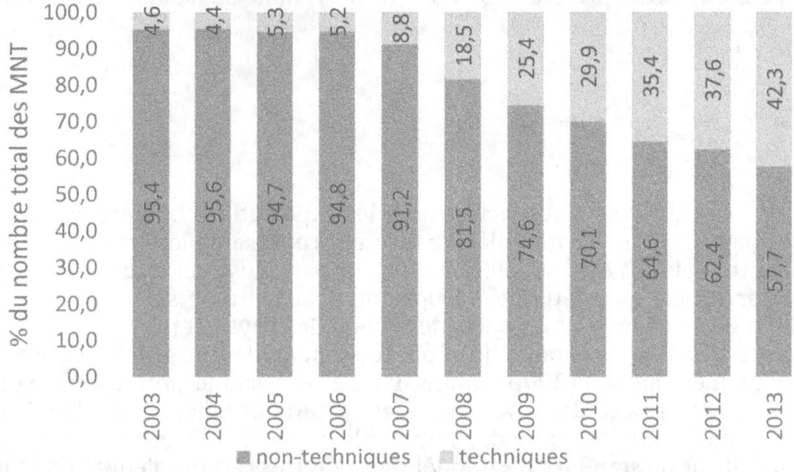

Source : auteurs sur la base de données de la plateforme I-TIP de l'OMC (WTO, 2018), section II (HS07).

Parallèlement, Holzer (2019) et Orefice (2017) mettent en lumière l'existence d'un nombre important de Problèmes Commerciaux Spécifiques (PCS). Ces derniers sont d'ailleurs régulièrement soulevés par les membres de l'OMC qui se réunissent au sein de comités travaillant sur les obstacles techniques ainsi que sur les mesures sanitaires et phytosanitaires nuisant au commerce. Ces deux auteurs définissent les PCS comme un moyen de régler les différends entre pays par le biais d'accords portant sur la conformité des mesures nationales dans les deux domaines (SPS et OTC).

À noter enfin que les membres de l'OMC peuvent engager des PCS concernant les mesures notifiées et non notifiées. En effet, un pays peut soulever la question en comité s'il subit une MTNT n'ayant pas été notifiée par son partenaire. Bien que les PCS affectent à la fois les produits industriels et agricoles, le commerce des produits agricoles apparaît comme étant le domaine où ces mesures soulevées sont les plus importantes.

Selon Horn et al. (2013), seuls 6% des problématiques commerciales soulevées au sein du comité SPS concernent les produits de base non agricoles. Dans le même temps, 30% des problématiques commerciales au sein de l'Accord OTC concernent les produits agricoles. À la lumière de ces éléments, nous concluons que les PCS représentent une information à la fois complémentaire et indispensable pour étudier l'effet des MTNT sur le commerce des produits agricoles.

Comme déjà mentionné, cet article a pour but d'apporter un éclairage quantitatif sur l'impact des mesures techniques non tarifaires (MTNT) – à savoir les normes sanitaires et phytosanitaires (SPS) – mais aussi sur l'impact des obstacles techniques au commerce (OTC), et plus spécifiquement sur les exportations agricoles africaines d'origine végétale.

3. LE MODÈLE DE GRAVITÉ ET LES DONNÉES UTILISÉES

3.1. Le modèle gravitaire empirique

Nous présentons tout d'abord le cadre théorique, puis les variables et les sources statistiques et enfin le choix des estimateurs utilisés.

Le modèle de gravité est dérivé de l'article fondateur d'Anderson et van Wincoop (2003). Ce modèle présente l'avantage, par rapport au modèle traditionnel de gravité, de rendre simultanément compte de la résistance commerciale bilatérale et multilatérale. En supposant un cadre de différenciation des produits et en considérant que les consommateurs ont des préférences CES, la forme réduite du modèle peut s'écrire :

$$X_{ij} = \frac{Y_i Y_j}{Y_w}\left(\frac{t_{ij}}{P_i P_j}\right)^{1-\sigma}$$
$$avec \begin{cases} P_i^{1-\sigma} = \sum_{j=1}^{N} P_j^{\sigma-1}\theta_j t_{ij}^{1-\sigma}, \forall j \\ P_j^{1-\sigma} = \sum_{i=1}^{N} P_i^{\sigma-1}\theta_i t_{ij}^{1-\sigma}, \forall i \end{cases} \quad (1)$$

où X_{ij}, Y_i, Y_j et Y_w désignent respectivement les exportations bilatérales entre i et j ; le PIB des pays i, j et le PIB mondial. Le terme t_{ij} représente les coûts du commerce bilatéral entre i et j ; P_i et P_j reflètent, pour leur part, des prix d'équilibre implicites agrégés (résistance multilatérale). σ désigne l'élasticité de substitution entre les biens. Enfin θ_i et θ_j dénotent les parts de revenu des pays i et j.

Cette spécification est le point de départ de tout modèle de gravité. Comme l'indiquent Baldwin et Taglioni (2006), l'omission de la résistance multilatérale entraîne un biais significatif (« gold mistake »), ce qui a conduit Baier et al. (2014) à introduire la résistance multilatérale dans un modèle théorique d'intégration régionale. Dans la spécification standard des modèles gravitaires récents, l'équation (1) est généralement estimée comme suit :

$$LnX_{ij} = \alpha_1 lnY_i + \alpha_2 lnY_j + (1-\sigma)\alpha_3 ln\, t_{ij} + (1-\sigma)\alpha_4 ln\, P_i + (1-\sigma)\alpha_5 ln\, P_j + \varepsilon_{ij} \quad (2)$$

Les variables multilatérales de résistance (Pi ; Pj) sont généralement estimées par des effets fixes (Matyas, 1997 ; Harrigan, 1996 ; Feenstra, 2002). Cependant, l'inclusion d'une dimension temporelle nécessite d'inclure des termes de résistance multilatéraux variant dans le temps, soit les effets d'exportation-temps (α_{it}) et l'effet d'importation-temps (α_{jt}) (Baltagi et al., 2003 ; Bair et Bergstrand, 2007 ; Magee, 2008 ; Zarzoso, 2014). Cependant, estimer ces effets fixes pays-temps conduirait à éliminer toutes les variables qui expliquent la capacité d'un pays à exporter comme, par exemple, le PIB et les variables institutionnelles. Pour éviter un tel inconvénient, deux approches sont utilisées. Premièrement, les indices d'éloignement (lnMRi,t et lnMRj,t) qui sont introduits afin de capter la résistance multilatérale. Ces variables sont construites comme les logarithmes des moyennes des distances pondérées par le PIB de tous les autres pays (Head, 2003).

$$lnMR_{i(j),t} = ln(\sum_j D_{ij} / \left(\frac{Y_{j(i),t}}{Y_T}\right) \quad (3)$$

et

$$lnX_{ij,t} = \beta_0 + \beta_1 lnY_{i,t} + \beta_2 lnY_{j,t} + \beta_3 lnMR_{i,t} + \beta_4 lnMR_{j,t} + \beta_5 LnStab\_pol_{j,t} + \beta_6 AC_{ij,t} + \beta_7 lnMTNT_{ij,t} + \mu_{ij} + \gamma_t + \varepsilon_{ij,t} \quad (4)$$

où Y_{it}, Y_{jt}, $AC_{ij,t}$ et $Stab\_pol_{jt}$ désignent respectivement les PIB des pays i et j ; l'accord commercial (bilatéral, multilatéral ou régional) entre les deux pays ; la stabilité politique du pays importateur. La variable d'intérêt ($MTNT_{ijt}$) est le nombre cumulé de mesures techniques non tarifaires endurées par le pays i de la part de l'importateur j à période t. Enfin, μ_{ij}, γ_t et ε_{ijt} sont respectivement l'effet fixe bilatéral, l'effet temporel et le terme d'erreur.

Le contrôle de la résistance multilatérale par le biais de l'indice d'éloignement est fortement critiqué dans la littérature (Anderson et Wincoop, 2003 ; Head et Mayer 2014; Piermartini et Yotov, 2016), du fait que cet indice est une fonction de la distance et ignore tous les autres obstacles au commerce. La pratique la plus courante pour prendre en compte le terme de la résistance multilatérale consiste à inclure les effets exportateur-temps (αit), importateur-temps (αjt) ainsi que les effets bilatéraux (αij) (Head et Mayer, 2014). Dans cette seconde approche, la variable dépendante n'est régressée que sur les variables explicatives de AC_{ijt} et $MTNT_{ijt}$, qui varient sur les trois dimensions.

$$LnX_{ij,t} = \alpha_{it} + \alpha_{jt} + \alpha_{ij} + \beta_1 ln\, AC_{ijt} + \beta_2 ln\, MTNT_{ij,t} + \varepsilon_{ijt} \quad (5)$$

Traditionnellement, la variable dépendante dans l'estimation de l'équation gravitationnelle est exprimée en logarithme. De ce fait, elle ne permet pas de prendre en compte l'importance des flux nuls. Comme dans la littérature récente, nous utilisons la méthode du Pseudo Maximum de Vraisemblance de Poisson (PPML) à effets fixes afin de traiter le biais lié à la log-linéarisation (hétéroscédasticité) mais également pour résoudre le problème des flux nuls du fait que la variable dépendante reste en niveau (Silva et Tenreyro, 2006).

3.2. Variables et sources de données

Nous utilisons un ensemble de données issues de panels de 108 pays, couvrant une période de 11 ans allant de 2003 à 2013[5] au niveau agrégé, avec un maximum de 127116 observations. Toutes les valeurs d'exportation sont extraites de la base de données de la CNUCED (UN, 2019) et sont fondées sur la Classification type du commerce international (SITC ou autre classification) sous la Révision 2 et exprimées en valeurs nominales pour éviter les erreurs de mesure (Baldwin et Taglioni, 2006).

Attendu que nous nous concentrons sur le commerce agricole (production végétale), nous avons collecté les données agrégées liées aux céréales (SITC rev. 2 code 04), les fruits et légumes (SITC rev. 2 code 05), sucres et préparations (SITC rev. 2 code 06) ainsi que les épices, thé, café et cacao (SITC rev. 2 code 07). Les données concernant le PIB en valeur nominale ont été obtenues à partir de la série de données des indicateurs de développement de la Banque mondiale (World Bank, 2019). La variable Accords commerciaux (ACj,t) a été obtenue à partir de la base de données d'Egger et Larch (2008). l'Indice de stabilité politique et absence de violence et de terrorisme (Stab_pol) est fourni par la base de données FAOSTAT (FAO, 2018). Enfin, les données sur les MTNT et les problèmes commerciaux spécifiques sont extraites de la base de données I-TIP de l'OMC (WTO, 2018) sous la section II (HS07).

4. INTERPRÉTATION DES RÉSULTATS

Les principaux résultats du modèle gravitaire sont présentés dans les Tableaux 2 et 3 ainsi que dans les annexes 1 et 2.

Dans le Tableau 2, les deux premières estimations contrôlent la résistance multilatérale en utilisant les indices de *remotness*. Les résultats rapportés dans les deux premières colonnes montrent que ces derniers sont significatifs avec le modèle de Poisson (PPML). Le premier indice (*MRit*) tente de capter la dépendance des exportations du pays *i* vers le pays *j* par rapport à tous les marchés d'exportation possibles. De même, le second terme (*MRjt*) capture la dépendance des importations du pays *j* en provenance du pays *i* vis-à-vis de tous les fournisseurs possibles. En d'autres termes, plus une paire de pays est éloignée du reste du monde, plus leur commerce sera intense.

---

[5] En revanche, le nombre d'observations égales à zéro dans l'échantillon 2014-2018 est assez important. Selon la base I-TIP de l'OMC, ceci n'implique pas forcément l'absence de notifications entre les pays mais peut être dû à l'incomplétude des données. Pour cette raison, notre choix a porté sur la période 2003-2013 qui semblait être la plus complète et susceptible de fournir une analyse et des résultats statistiquement fiables.

Par ailleurs, les variables traditionnelles considérées dans les modèles de gravité, sont significatives et montrent les signes attendus que ce soit avec la méthode des moindres carrés ordinaires (OLS) ou le modèle de Poisson (PPML). Le commerce international augmente donc avec les PIB des pays exportateurs (i) et importateurs (j).

Tableau 2. Les effets des MTNT sur les exportations agricoles de l'échantillon global

VARIABLES	(1) OLS	(2) PPML	(3) OLS	(4) PPML
Y_{it}	0.176***	0.230***		
	(0.0571)	(0.0310)		
Y_{jt}	0.744***	0.974***		
	(0.0607)	(0.0409)		
MR_{it}	-2.667	1.749*		
	(1.773)	(0.894)		
MR_{jt}	-6.040***	-2.570***		
	(1.774)	(0.801)		
$Stab\_pol_{jt}$	0.0219	0.0256**		
	(0.0169)	(0.0123)		
AC_{ijt}	0.0323	0.0218	0.0685	0.0104
	(0.0601)	(0.0378)	(0.0435)	(0.0217)
$MTNT_{ijt}$	-0.139***	-0.0698**	-0.0402***	-0.00190
	(0.0492)	(0.0151)	(0.0125)	(0.00504)
Constante	23.41***	9.253***	13.83***	19.72***
	(5.690)	(2.710)	(0.167)	(0.137)
EF i,t	non	non	oui	oui
EF j,t	non	non	oui	oui
EF i,j	oui	oui	oui	oui
EF t	oui	oui	non	non
Observations	32871	44665	58589	85213

*Notes : EF : effets fixes. () : écart-type. ***p<0 ,01, ** p<0 ,05, * p<0 ,1.*

Concernant la stabilité politique, le coefficient de cette variable a un signe positif et significatif uniquement dans l'estimation reposant sur la méthode du Pseudo-Poisson maximum de vraisemblance (modèle 2). Cela suggère que l'instabilité politique des pays partenaires a un impact négatif sur leurs importations agricoles. Enfin, les mesures techniques non tarifaires bilatérales (MTNTij,t) sont significatives et de signe négatif. Ceci indique qu'une réduction de ces mesures est favorable au développement des échanges.

Les deux estimations suivantes (colonnes 3 et 4 dans le Tableau 2) se basent sur la deuxième approche. Seuls les accords commerciaux et les MTNT ont été introduits, puisque ces variables varient sur les trois dimensions (i, j et t). Ce faisant, nous contrôlons tous les déterminants qui varient dans les dimensions importateur-temps et exportateur-temps (tels que le PIB et la population dans les pays i et j) ainsi que les effets dyadiques invariants dans le temps entre deux pays (tels que la distance, la langue commune et la frontière, etc.). Les résultats fournissent des estimations non biaisées pour ACijt et MTNTijt. Comme précédemment, seul le coefficient de MTNTij,t est statistiquement significatif et de signe négatif (excepté dans le modèle 4), montrant que les mesures non tarifaires bilatérales ont un effet de réduction des échanges agricoles.

Le Tableau 3 s'intéresse à l'impact des mesures non tarifaires bilatérales sur les exportations africaines. Dans cette perspective, nous incluons dans le modèle de gravité des variables d'interaction entre les MTNTijt et des variables indicatrices pour les différentes régions africaines retenues (Afrique orientale, Afrique occidentale, Afrique centrale, Afrique septentrionale, Afrique australe). Les variables d'interaction fournissent une estimation de l'effet supplémentaire des mesures non tarifaires sur le commerce, pour chacune de ces régions. Il ressort des résultats obtenus que les variables d'interaction sont positives et significatives pour les pays d'Afrique orientale et occidentale. Cela indique que les mesures techniques non tarifaires constituent une entrave au commerce moins importante pour ces pays que pour le reste du monde.

Quant aux pays d'Afrique septentrionale et australe, le coefficient est négatif et significatif, ce qui montre que ces derniers sont davantage affectés par les mesures non tarifaires que les autres pays. Ce résultat est susceptible d'expliquer le détournement de leurs exportations vers les marchés asiatiques, sud-américains et africains constaté dans le Tableau 1. Contrairement à l'UE et aux pays nord-américains, ces nouvelles destinations sont moins exigeantes en termes de normes SPS et OTC (Amanor et Chichava, 2016).

Afin de vérifier la robustesse de nos résultats, nous estimons à présent l'effet des mesures sanitaires et phytosanitaires Annexe 1) et celui des obstacles techniques au commerce (Annexe 2) sur les performances à l'exportation. Les résultats montrent que les mesures sanitaires et phytosanitaires ont un impact négatif sur les échanges, alors que les OTCijt semblent jouer un rôle plutôt limité. Les deux tableaux donnés en annexe confirment les effets SPS et OTC spécifiques positifs sur les exportations des pays d'Afrique orientale tandis que seul l'effet SPS est statistiquement significatif sur les produits originaires de l'Afrique occidentale.

Bien que ces deux régions africaines soient confrontées à des MTNT[6] de plus en plus strictes sur leurs marchés d'exportation, cela semble améliorer leur avantage concurrentiel grâce à des signaux de qualité. Les exigences SPS et OTC des marchés d'exportation agissent comme des catalyseurs pour développer leur capacité d'exportation (Henson et Humphrey, 2009; WTO, 2005) et aident les fournisseurs à améliorer la qualité de leurs produits pour accéder à des marchés de haute qualité. Selon Jaffee (2003), l'industrie kenyane des produits frais, face à des normes techniques croissantes, a su se développer. Par ailleurs, les pays membres de l'union économique et monétaire ouest-africaine ont adopté en 2007 un cadre de santé animale et de sécurité sanitaire des aliments pour aligner leurs mesures sanitaires sur les directives internationales telles que le Codex Alimentarius et la convention internationale pour la protection des végétaux (WTO, 2019). De plus, Maertens et Swinnen (2007) montrent que les MNT ont impacté positivement le commerce et la croissance économique des pays comme Madagascar et le Sénégal.

Par ailleurs, en utilisant la variable d'interaction, l'on s'aperçoit que les variables SPSij,t et OTCijt ont un effet négatif pour les pays d'Afrique australe. En revanche, seule la variable d'interaction SPSijt a un effet restrictif sur les exportations agricoles des pays d'Afrique centrale et septentrionale. De ces observations, nous pouvons conclure que les mesures sanitaires et phytosanitaires expliquent l'essentiel de l'effet négatif des mesures techniques non tarifaires bilatérales sur leurs exportations végétales.

Ces résultats indiquent que les coûts de conformité aux exigences réglementaires et le coût supplémentaire de la certification peuvent être un problème, en particulier pour les petits agriculteurs de ces trois régions africaines. Une explication plausible pourrait être que ces pays ne parviennent pas à améliorer leur gestion du risque sanitaire en raison de la croissance lente de la productivité associée à l'agriculture paysanne, la pauvreté des sols, la faible diffusion des nouvelles technologies (Buerkert et al., 2001; Johnson et Evenson, 2000; Mrema et al., 2008; Nziguheba et al., 2016; Sanchez et al., 2009; Staatz et Dembélé, 2008) ainsi que le faible investissement dans la recherche-développement (Juma, 2015; Mrema et al., 2008). Par ailleurs, et selon Siméon (2006), les pays les moins développés n'ont pas la capacité de gérer efficacement les risques sanitaires agricoles à cause de leurs capacités institutionnelles et de leurs ressources humaines limitées.

[6] Imposées à l'origine pour remédier aux défaillances du marché et en réponse à l'activisme social mondial concernant les problèmes environnementaux et de santé.

Tableau 3. Les effets des MTNT sur les exportations agricoles africaines et les effets spécifiques par sous-région

VARIABLES	(1) OLS	(2) PPML	(3) OLS	(4) PPML	(5) OLS	(6) PPML	(7) OLS	(8) PPML	(9) OLS	(10) PPML
AC_{ijt}	0.0683	0.0105	0.0713	0.00962	0.0685	0.0104	0.0689	0.0105	0.0674	0.0104
$MTNT_{ijt}$	-0.0401***	-0.00191	-0.0404***	-0.00193	-0.0402***	-0.00190	-0.0405***	-0.00202	-0.0406***	-0.00189
$MTNT_{ijt}$*AOR	0.00179**	0.00151**								
$MTNT_{ijt}$*AOC			0.00418**	0.00132**						
$MTNT_{ijt}$*AC					-0.00423	-0.0120				
$MTNT_{ijt}$*AA							-0.00132**	-0.00478*		
$MTNT_{ijt}$*AS									-0.00138**	-0.00119*
Constante	13.83***	19.72***	13.84***	19.72***	13.83***	19.72***	13.84***	19.72***	13.84***	19.72***
EF i,t	oui	oui	oui	oui	oui	oui	oui	oui	oui	oui
EF j,t	oui	oui	oui	oui	oui	oui	oui	oui	oui	oui
EF i,j	oui	oui	oui	oui	oui	oui	oui	oui	oui	oui
Observations	58589	85213	58589	85213	58589	85213	58589	85213	58589	85213
R^2	0.892		0.892		0.892		0.892		0.892	

*Notes : AOR est une variable binaire égale à 1 si l'exportateur est d'Afrique orientale et zéro sinon. La variable AOC est égale à 1 si l'exportateur est d'Afrique occidentale et 0 sinon. La variable AC prend la valeur 1 si i est d'Afrique centrale et zéro sinon. Les variables AS et AA prennent la valeur 1 si les exportateurs sont respectivement d'Afrique septentrionale ou australe, et zéro sinon. EF : effets fixes. () : écart-type. ***p<0 ,01, ** p<0 ,05, * p<0 ,1.*

CONCLUSIONS ET PRINCIPALES RECOMMANDATIONS POLITIQUES

L'objectif de cette étude a été d'évaluer la contribution que pourrait avoir la réduction des mesures non tarifaires sur l'amélioration des performances de l'Afrique en matière d'exportation de produits agricoles.

En utilisant un cadre de modèle de gravité standard, nous avons montré que l'impact négatif de ces mesures était plus important pour les pays d'Afrique septentrionale et australe que pour les autres pays africains considérés. Ces deux groupes de pays ont plus de difficultés à respecter les normes sanitaires et phytosanitaires, en particulier celles imposées par l'Union européenne, ce qui limite leurs exportations vers ces marchés.

Plusieurs implications de ces résultats peuvent être formulées concernant les mesures politiques pouvant permettre d'améliorer la performance à l'exportation des pays africains. Les décideurs politiques doivent considérer que l'augmentation globale des MTNT contre le démantèlement tarifaire a aligné plusieurs pays d'Afrique orientale et occidentale sur les normes strictes de leurs partenaires. Cependant, une stratégie qui fixe des normes plus élevées pourrait avoir des effets néfastes sur les producteurs les plus pauvres. Les normes SPS et OTC, si elles ne sont pas conçues pour l'agriculture paysanne qui caractérise l'Afrique centrale, australe et septentrionale, sont susceptibles d'entraver leur capacité d'exportation. Par conséquent, et étant donné le manque de capacités institutionnelles et financières de ces pays, un soutien spécifique doit être fourni dans la recherche, les systèmes de surveillance, le suivi et le renforcement des capacités en évaluation des risques sanitaires.

Les pays africains confrontés à l'augmentation des MTNT doivent par ailleurs améliorer leur accès aux marchés en améliorant la productivité agricole de manière durable. Les décideurs politiques doivent reconnaître l'importance capitale des questions environnementales dans la mise en œuvre de toute politique agricole. Ils doivent également participer aux organismes internationaux de normalisation tels que la Commission du Codex Alimentarius.

RÉFÉRENCES

Achy, L., Sekkat, K. (2003). The European Single Currency and Mena's Exports to Europe. *Review of Development Economics*, 7(4), 563–582.

Amanor, K. S., Chichava, S. (2016). South–South Cooperation, Agribusiness, and African Agricultural Development: Brazil and China in Ghana and Mozambique. *World Development*, 81, 13–23.

Anders, S. M., Caswell, J. A. (2009). Standards as barriers versus standards as catalysts: Assessing the impact of HACCP implementation on US seafood imports. *American Journal of Agricultural Economics*, 91(2), 310–321.

Anderson, J. E., van Wincoop, E. (2003). Gravity with Gravitas: A Solution to the Border Puzzle. *American Economic Review*, 93(1), 170–192.

Arvis, J.-F., Duval, Y., Shepherd, B., Utoktham, C. (2013). *Trade Costs in the Developing World: 1995 – 2010*, Policy Research Working Paper Series No. 6309, World Bank.

Beestermöller, M., Disdier, A.-C., Fontagné, L. (2018). Impact of European Food Safety Border Inspections on Agri-Food Exports: Evidence from Chinese Firms. *China Economic Review*, 48, 66–82.

Buerkert, A., Bationo, A., Piepho, H.-P. (2001). Efficient phosphorus application strategies for increased crop production in sub-Saharan West Africa. *Field Crops Research*, 72(1), 1–15.

Cadot, O., Gourdon, J., van Tongeren, F. (2018). *Estimating Ad Valorem Equivalents of Non-Tariff Measures: Combining Price-Based and Quantity-Based Approaches*, OECD Trade Policy Papers No. 215, OECD Publishing.

Crivelli, P., Groeschl, J. (2016). The Impact of Sanitary and Phytosanitary Measures on Market Entry and Trade Flows. *The World Economy*, 39(3), 444–473.

Disdier, A.-C., Fontagné, L., Mimouni, M. (2008). The Impact of Regulations on Agricultural Trade: Evidence from the Sps and Tbt Agreements. *American Journal of Agricultural Economics*, 20(2), 336–350.

Drogué, S., DeMaria, F. (2012). Pesticide residues and trade, the apple of discord? *Food Policy*, 37(6), 641–649.

Egger, P., Larch, M. (2008). *Mario Larch's Regional Trade Agreements Database.* https://www.ewf.uni-bayreuth.de/en/research/RTA-data/index.html

FAO (2018). *FAOSTAT Online Database.* http://faostat.fao.org

Ferro, E., Otsuki, T., Wilson, J. S. (2015). The Effect of Product Standards on Agricultural Exports. *Food Policy*, 50, 68–79.

Fontagné, L., Von Kirchbach, F., Mimouni, M. (2005). An Assessment of Environmentally- related Non-tariff Measures. *World Economy*, 28(10), 1417–1439.

Gebrehiwet, Y., Ngqangweni, S., Kirsten, J. F. (2007). Quantifying the trade effect of sanitary and phytosanitary regulations of OECD countries on South African food exports. *Agrekon*, 46(1), 1–17.

Ghali, S., Zitouna, H., Karray, Z., Driss, S. (2013). *Effects of NTMs on the Extensive and Intensive Margins to Trade: The Case of Tunisia and Egypt,* ERF Working Paper Series No. 820; Issue 820.

Grant, J. H., Lambert, D. M. (2008). Do Regional Trade Agreements Increase Members' Agricultural Trade? *American Journal of Agricultural Economics*, 90(3), 765–782.

Henson, S., Humphrey, J. (2009). *The Impacts of Private Food Safety Standards on the Food Chain and on Public Standard-Setting Processes,* Paper prepared for FAO/WHO, FAO and WHO. http://www.fao.org/3/i1132e/i1132e.pdf

Hoekman, B., Nicita, A. (2008). Trade Policy, Trade Costs, and Developing Country Trade. *World Bank Policy Research Working Paper*, 4797.

Holzer, K. (2019). Addressing Tensions and Avoiding Disputes: Specific Trade Concerns in the TBT Committee. *Global Trade and Customs Journal*, 14(3), 102–116.

Huchet, M., Le Mouel, C., Peketi, M. (2015). The Impact of Regional Trade Agreements on Agrifood Trade Flows: The Role of Rules of Origin. Mena Trade Workshop.

Jaffee, S. (2003). From challenge to opportunity: The transformation of the Kenyan fresh vegetable trade in the context of emerging food-safety and other standards, Agriculture and Rural Development Discussion Paper No. 2; Issue 2, The World Bank.

Johnson, D. K. N., Evenson, R. E. (2000). How Far Away Is Africa? Technological Spillovers to Agriculture and Productivity. *American Journal of Agricultural Economics*, 82(3), 743–749.

Juma, C. (2015). *The new harvest: Agricultural innovation in Africa.* Oxford University Press.

Kareem, F. O., Brümmer, B., Martinez-Zarzoso, I. (2015). The implication of European Union's food regulations on developing countries: Food safety standards, entry price system and Africa's export. GlobalFood Discussion Papers.

Kareem, F. O., Brümmer, B., Martinez-Zarzoso, I. (2017). European Union market access conditions and Africa's extensive margin of food trade. *The World Economy*, 40(10), 2277–2300.

Korinek, J., Melatos, M. (2009). Trade Impacts of Selected Regional Trade Agreements in Agriculture. OECD Trade Policy Working Paper No. 87, OECD.

Lambert, D., McKoy, S. (2009). Trade Creation and Diversion Effects of Preferential Trade Associations on Agricultural and Food Trade. *Journal of Agricultural Economics*, 60(1), 17–39.

Looi Kee, H., Nicita, A., Olarreaga, M. (2009). Estimating Trade Restrictiveness Indices. *The Economic Journal*, 119(534), 172–199.

Maertens, M., Swinnen, J. F. M. (2007). Standards as Barriers and Catalysts for Trade and Poverty Reduction. *Journal of International Agriculture Trade Development*, 4(1), 47–61.

Moyo, S. (2016). Family farming in sub-Saharan Africa: Its contribution to agriculture, food security and rural development, Working Paper No. 150, FAO.

Mrema, G. C., Baker, D. C., Kahan, D. (2008). Agricultural mechanization in Sub-saharan Africa: Time for a new look. Food and Agriculture Organization on the United Nations.

Nziguheba, G., Zingore, S., Kihara, J., Merckx, R., Njoroge, S., Otinga, A., Vandamme, E., Vanlauwe, B. (2016). Phosphorus in smallholder farming systems of sub-Saharan Africa: Implications for agricultural intensification. *Nutrient Cycling in Agroecosystems*, 104(3), 321–340.

OECD, FAO (2016). L'agriculture en Afrique subsaharienne: Perspectives et enjeux de la décennie à venir. In *Perspectives agricoles de l'OCDE et de la FAO 2016-2025,* 63-104, OECD.

Orefice, G. (2017). Non-Tariff Measures, Specific Trade Concerns and Tariff Reduction. *The World Economy*, 40(9), 1807–1835.

Otsuki, T., Wilson, J. S., Sewadeh, M. (2001). Saving two in a billion: Quantifying the trade effect of European food safety standards on African exports. *Food Policy*, 26(5), 495–514.

Özbay, P. (1999). The Effect of Exchange Rate Uncertainty on Exports: A Case Study for Turkey. Research Department, The Central Bank of The Republic of Turkey.

Péridy, N., Ghoneim, A. (2013). Middle East and North African Integration: Through the Lens of Non-Tariff Measures. *Journal of Economic Integration*, 28(4), 580–609.

Piermartini, R., Yotov, Y. V. (2016). Estimating trade policy effects with structural gravity. WTO Staff Working Paper, No. ERSD-2016-10.

Sanchez, P. A., Denning, G. L., Nziguheba, G. (2009). The African green revolution moves forward. *Food Security*, 1(1), 37–44.

Santeramo, F. G., Lamonaca, E. (2019). On the Impact of Non-Tariff Measures on Trade Performances of the African Agri-Food Sector. *Agrekon*, 58(4), 389–406.

Santos Silva, J., Tenreyro, S. (2006). The Log of Gravity. *The Review of Economics and Statistics,* 88(4), 641–658.

Scheepers, S., Jooste, A., Alemu, Z. G. (2007). Quantifying the impact of phytosanitry standards with spesific reference to MRLs on the trade flow of South African avocados to the EU. *Agrekon,* 46(2), 260–273.

Siméon, M. (2006). Sanitary and phytosanitary measures and food safety: Challenges and opportunities for developing countries. *OIE Scientific and Technical Review*, 25, 701–712.

Staatz, J. M., Dembélé, N. N. (2008). *Agriculture for Development in Sub-Saharan Africa.* World Bank. https://openknowledge.worldbank.org/handle/10986/9043

UN (2019). United Nations Comtrade Database. https://comtrade.un.org/db/

UNCTAD (2021). UNCTADstat Database. https://unctadstat.unctad.org/wds/ReportFolders/reportFolders.aspx

UNCTAD (2018). Non-Tariff Measures: Economic Assessment and Policy Options for Development. United Nations.

UNCTAD (2019). International Classification of Non-Tariff Measures 2019. United Nations. https://doi.org/10.18356/33bf0bc6-en

Vergil, H. (2002). Exchange Rate Volatility in Turkey and Its Effect on Trade Flows. *Journal of Economic and Social Research*, 4(1), 83–99.

Wilson, J. S., Otsuki, T. (2004). To spray or not to spray: Pesticides, banana exports, and food safety. *Food Policy*, 29(2), 131–146.

Wilson, J. S., Otsuki, T., Majumdsar, B. (2003). Balancing food safety and risk: Do drug residue limits affect international trade in beef? *Journal of International Trade and Economic Development*, 12(4), 377–402.

World Bank (2019). World Bank Open Data. https://data.worldbank.org/

WTO (2005). World Trade Report 2005. Exploring the Links Between Trade, Standards and the WTO. World Trade Organization.

WTO (2018). Integrated Trade Intelligence Portal (I-TIP) of the World Trade Organization. http://i-tip.wto.org/goods/default.aspx?language=en

WTO (2019). Environmental Database of the WTO (EDB). https://edb.wto.org/

Xiong, B., Beghin, J. (2012). Does European aflatoxin regulation hurt groundnut exporters from Africa? *European Review of Agricultural Economics*, 39(4), 589–609.

Annexe 1. Analyse de sensibilité

VARIABLES	(1) OLS	(2) PPML	(3) OLS	(4) PPML	(5) OLS	(6) PPML	(7) OLS	(8) PPML	(9) OLS	(10) PPML
AC_{ijt}	0.0682	0.0105	0.0703	0.00981	0.0685	0.0104	0.0690	0.0105	0.0675	0.0105
SPS_{ijt}	-0.0810***	-0.00376***	-0.0817***	-0.00376***	-0.0811***	-0.00373***	-0.0819***	-0.00401***	-0.0816***	-0.00376***
SPS_{ijt}*AOR	0.0103**	0.0101**								
SPS_{ijt}*AOC			0.00732**	0.00261**						
SPS_{ijt}*AC					-0.00745*	-0.0365*				
SPS_{ijt}*AA							-0.00498*	-0.00116*		
SPS_{ijt}*AS									-0.00379**	-0.00193**
Constante	13.75***	19.73***	13.75***	19.73***	13.75***	19.73***	13.75***	19.73***	13.75***	19.73***
EF i,t	oui	oui	oui	oui	oui	oui	oui	oui	oui	oui
EF j,t	oui	oui	oui	oui	oui	oui	oui	oui	oui	oui
EF i,j	oui	oui	oui	oui	oui	oui	oui	oui	oui	oui
Observations	58589	85213	58589	85213	58589	85213	58589	85213	58589	85213
R^2	0.892		0.892		0.892				0.892	

*Notes : AOR est une variable binaire égale à 1 si l'exportateur est d'Afrique orientale et zéro sinon. La variable AOC est égale à 1 si l'exportateur est d'Afrique occidentale et 0 sinon. La variable AC prend la valeur 1 si i est d'Afrique centrale et zéro sinon. Les variables AS et AA prennent la valeur 1 si les exportateurs sont respectivement d'Afrique septentrionale ou australe, et zéro sinon. EF : effets fixes. () : écart-type. ***p<0 ,01, ** p<0 ,05, * p<0 ,1.*

Annexe 2. Analyse de sensibilité

VARIABLES	(1) OLS	(2) PPML	(3) OLS	(4) PPML	(5) OLS	(6) PPML	(7) OLS	(8) PPML	(9) OLS	(10) PPML
AC_{ijt}	0.0673	0.00968	0.0715	0.00886	0.0666	0.00964	0.0656	0.00959	0.0672	0.00919
OTC_{ijt}	-0.0546	-0.158	-0.0549	-0.159	-0.0545	-0.158	-0.0548	-0.158	-0.0544	-0.159
OTC_{ijt}*AOR_{it}	0.00299	0.00290								
OTC_{ijt}*AOC_{it}			0.0049***	0.00503***						
OTC_{ijt}*AC_{it}					-0.0275	-0.0115				
OTC_{ijt}*AA_{it}							-0.0123**	-0.00150**		
OTC_{ijt}*AS_{it}									-0.00273**	-0.00383**
Constante	13.42***	19.00***	13.42***	19.00***	13.42***	19.00***	13.42***	19.00***	13.42***	19.00***
	(0.635)	(0.910)	(0.635)	(0.910)	(0.635)	(0.910)	(0.636)	(0.910)	(0.635)	(0.910)
EF i,t	oui	oui	oui	oui	oui	oui	oui	oui	oui	oui
EF j,t	oui	oui	oui	oui	oui	oui	oui	oui	oui	oui
EF i,j	oui	oui	oui	oui	oui	oui	oui	oui	oui	oui
Observations	58589	85213	58589	85213	58589	85213	58589	85213	58589	85213
R^2	0.892		0.892		0.892				0.892	

*Notes : AOR est une variable binaire égale à 1 si l'exportateur est d'Afrique orientale et zéro sinon. La variable AOC est égale à 1 si l'exportateur est d'Afrique occidentale et 0 sinon. La variable AC prend la valeur 1 si i est d'Afrique centrale et zéro sinon. Les variables AS et AA prennent la valeur 1 si les exportateurs sont respectivement d'Afrique septentrionale ou australe, et zéro sinon. EF : effets fixes. () : écart-type. ***p<0 ,01, ** p<0 ,05, * p<0 ,1.*

Non-tariff technical measures: what effects on agricultural exports of African countries?

Abstract - We analyze the impact of non-tariff technical measures on agricultural crops' exports from five African regions, namely East, West, Central, North and Southern Africa. A gravity model, estimated for 108 partner countries over the period 2003-2013, shows that sanitary and phytosanitary measures and technical barriers to trade have divergent effects on these countries. First, they appear to improve the export capacity of East and West African countries through quality signals and act as catalysts to develop their competitive advantage. By contrast, producers in Central, Northern and Southern Africa are failing to improve their risk management. This would suggest that the additional costs of certification significantly hamper their exports to developed markets in favor of southern markets.

Key-words
Gravity model
Technical barriers to trade
Sanitary and phytosanitary measures
Bilateral specific trade concerns

Région et Développement

n° 54-2021

www.regionetdeveloppement.org

Échange agricoles intrarégionaux et sécurité alimentaire dans l'espace CEDEAO

Tite Ehuitché BEKE*
Dieu-Donné Melagne N'GUESSAN**

Résumé **-** L'objectif de cet article est d'analyser le lien entre les flux commerciaux agricoles et la sécurité alimentaire dans la Communauté économique des États de l'Afrique de l'Ouest (CEDEAO). Un modèle de gravité augmenté sur des données de panel 1995-2015 est estimé pour identifier les facteurs influençant le commerce agricole intra-régional. L'étude évalue ensuite, au niveau des 15 pays de la zone sur la période 2000-2015, l'effet sur la sécurité alimentaire des importations agricoles en provenance de la CEDEAO. La sécurité alimentaire est appréhendée par la prévalence de la sous-alimentation sous ses différentes dimensions (disponibilité, stabilité et accessibilité). Une simulation permet d'évaluer l'écart entre la prévalence de la sous-alimentation observée et la prévalence qui serait induite par le niveau potentiel de commerce. Les résultats indiquent que les mesures qui ont pour but de faciliter le commerce agricole intra-régional contribuent à améliorer la sécurité alimentaire dans l'espace CEDEAO.

Classification JEL
F15, F14, C23, C25

Mots-clés
Intégration régionale
Échanges agricoles
Sécurité alimentaire
Modèle de gravité
Économétrie de panel
Afrique
CEDEAO
UEMOA

* CIRES, Université Félix Houphouët Boigny, Abidjan, Côte-d'Ivoire ; beketite@yahoo.fr
** Université Félix Houphouët Boigny, Abidjan, Côte-d'Ivoire ; dieu.nguessan@gmail.com

INTRODUCTION

La Communauté économique des États de l'Afrique de l'Ouest (CEDEAO)[1] est parcourue par des flux commerciaux qui soutiennent la sécurité alimentaire et nutritionnelle des ménages. Ces flux transfrontaliers s'organisent de façon à répondre à la demande des zones déficitaires par une offre du surplus agricole des zones de production. Quand ils fonctionnent sans entrave, les flux commerciaux transfrontaliers de céréales (riz, maïs, mil, sorgho), de féculents et de bétail, tentent d'assurer aux ménages de la région leur sécurité alimentaire et nutritionnelle et de faire face aux crises alimentaires.

Les céréales, les tubercules, le plantain et les produits d'élevage constituent l'alimentation de base de la majorité des ménages de la CEDEAO. Ces produits font l'objet d'importants échanges entre les États membres dont le rôle est essentiel dans la régulation de l'offre et des prix des produits alimentaires.

Les trois axes majeurs de la Politique Agricole Commune de la CEDEAO (ECOWAP) visent à renforcer les systèmes de production, à développer les échanges intracommunautaires et à intégrer les marchés domestiques aux marchés régional et international. Le premier axe met l'accent sur l'amélioration de la sécurité alimentaire, les deuxième et troisième axes visent à faciliter l'accès aux marchés régional et international. Aussi, les textes issus de la politique commerciale harmonisée de la CEDEAO autorisent-ils la libre circulation aussi bien des produits agricoles et d'élevage d'origine communautaire que des produits industriels originaires agréés (CEDEAO, 2015).

Cependant, un ensemble d'obstacles tarifaires, non tarifaires et techniques aux échanges agricoles entre les pays membres subsiste en dépit des réformes institutionnelles visant à intensifier le commerce agricole intra-zone. La non-application des textes assurant l'intégration peut être observée à travers de nombreuses restrictions quantitatives et tarifaires sur les importations dans la région comme l'indiquent les enquêtes effectuées par le Centre ouest-africain pour le Commerce (West Africa Trade Hub – WATH) (Bonjean et al., 2013). Ces obstacles aux échanges prennent la forme de contrôles, de prélèvements et autres tracasseries routières depuis la sortie de la zone de production jusqu'aux lieux de consommation. Ces contrôles demeurent coûteux étant donné les retards et les pertes qu'ils occasionnent pour ces denrées alimentaires périssables. Ces entraves aux échanges agricoles dans l'espace CEDEAO s'expriment parfois en interdictions temporaires des exportations mises en place par les pouvoirs publics de façon discrétionnaire en cas de mauvaise récolte ou de baisse des prix.

Quelles que soient leurs diverses formes, les entraves contribuent à l'augmentation des coûts de transaction, qui pénalisent les producteurs et les consommateurs et introduisent des inefficiences dans la distribution et la commercialisation des produits agricoles, compromettant ainsi les objectifs de sécurité alimentaire. Dans ce contexte, il est crucial d'évaluer l'effet particulier de ces facteurs sur l'intensité du commerce des produits agroalimentaires au sein de la CEDEAO. La présente étude propose, donc, une réflexion sur la dynamique des échanges agricoles entre les pays de la CEDEAO et son influence sur la sécurité alimentaire des populations.

Les rares études portant sur la dynamique des flux agro-alimentaires dans la zone ouest-africaine (Cissokho et al., 2013 et Arawomo et Badejo, 2015) n'établis-

---

[1] La CEDEAO a été créée en 1975 et comportait 16 pays avant le retrait de la Mauritanie en 2002. Les 15 autres pays qui aujourd'hui la composent sont le Bénin, le Burkina Faso, le Cap Vert, la Côte d'Ivoire, la Gambie, le Ghana, la Guinée, la Guinée Bissau, le Libéria, le Mali, le Niger, le Nigeria, le Sénégal, la Sierra Leone et le Togo.

sent pas de lien causal formalisé entre les dynamiques d'échanges agricoles et la sécurité alimentaire des populations. Et celles qui examinent ce lien ne se limitent qu'à une seule dimension de la sécurité alimentaire, en l'occurrence la disponibilité alimentaire (Tinta et al., 2018), sans traiter de l'accessibilité ni de la causalité inverse entre la sécurité alimentaire et les échanges commerciaux agricoles.

Ainsi, l'originalité de cette étude est d'établir le lien causal à travers deux équations entre le potentiel d'échanges agricoles intra-régional et l'accès au bien-être alimentaire dans l'espace CEDEAO. Notre méthodologie repose sur une analyse gravitationnelle des échanges agricoles transfrontaliers en contrôlant, contrairement aux études susmentionnées, les résistances multilatérales, la multiplicité d'appartenance à des accords commerciaux régionaux et le climat des affaires. En outre, les effets de la libéralisation du commerce agricole régional sont évalués en considérant un indicateur de sécurité alimentaire qui intègre à la fois la disponibilité, la stabilité et l'accessibilité des produits alimentaires. De manière spécifique, il s'agit dans cette étude :

- d'examiner la structure des échanges agricoles intra-CEDEAO et ses implications en termes de risque sur la sécurité alimentaire de la région ;
- d'identifier les facteurs d'intensification et de résistance au commerce agricole intra-régional ;
- de quantifier l'impact des échanges commerciaux agricoles transfrontaliers sur la sécurité alimentaire des pays membres ;
- de simuler les gains potentiels de sécurité alimentaire induits par le potentiel de commerce estimé.

L'article est structuré comme suit. La section 1 présente les échanges agricoles et l'état de la sécurité alimentaire dans l'espace CEDEAO. La section 2 donne une revue de la littérature. La section 3 explique la méthodologie choisie. La section 4 porte sur les sources de données et leurs résumés statistiques. La section 5 présente les résultats des estimations.

1. ÉCHANGES AGRICOLES ET SÉCURITÉ ALIMENTAIRE DANS L'ESPACE CEDEAO : UN ÉTAT DES LIEUX

1.1. Contribution des pays membres au commerce agricole intra-CEDEAO et contenu des flux

Les flux commerciaux de produits agricoles dans les pays de la CEDEAO jouent un rôle important dans le processus d'intégration régionale. Ces flux sont basés sur les complémentarités agro-écologiques de l'espace régional. Les pays sahéliens enclavés (Burkina Faso, Mali, Niger) approvisionnent les pays côtiers (Bénin, Côte d'Ivoire, Ghana, Nigeria, Togo) en produits d'élevage et en céréales sèches, tandis que les pays côtiers exportent vers les pays sahéliens les produits halieutiques, les racines et tubercules (CEDEAO, 2015).

En termes de volume, le commerce intra-CEDEAO est largement dominé par six pays : la Côte d'Ivoire, le Sénégal, le Ghana, le Mali, le Burkina Faso et le Nigeria (Graphiques 1 et 2). Le Sénégal et la Côte d'Ivoire ont assuré à eux seuls près de 50% des exportations intrarégionales de produits agricoles en 2017. La Côte d'Ivoire, le Ghana et le Mali ont contribué à plus de 50% aux importations agricoles régionales en 2017.

Les céréales, les racines et tubercules, les produits halieutiques et les produits d'élevage sont les productions agricoles dominantes dans les échanges intra-CEDEAO. Ces produits représentent en valeur plus de 50% du commerce intra-régional (Graphique 3).

Graphique 1. Contribution des pays membres aux exportations agricoles intra-CEDEAO en 2017

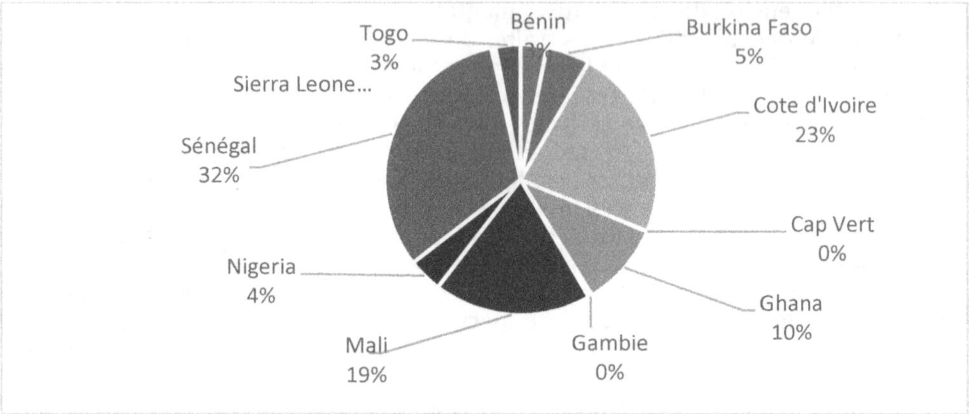

Graphique 2. Contribution des pays membres aux importations agricoles intra-CEDEAO en 2017

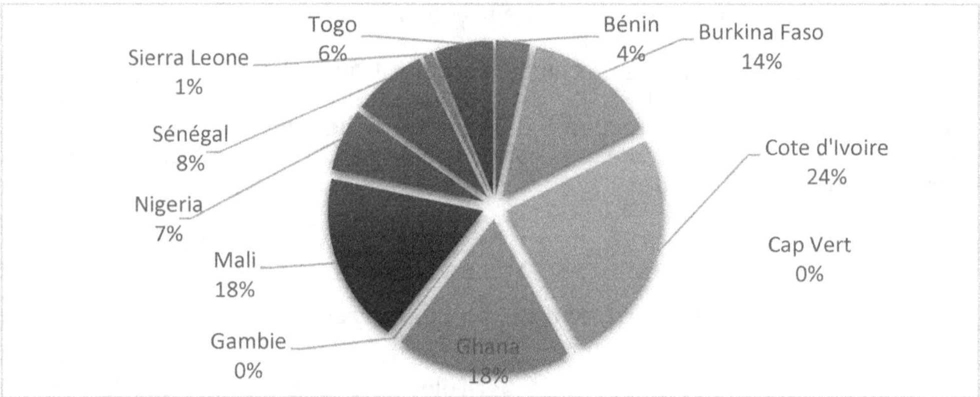

Graphique 3. Poids des produits dans les échanges agricoles intra-CEDEAO en 2017

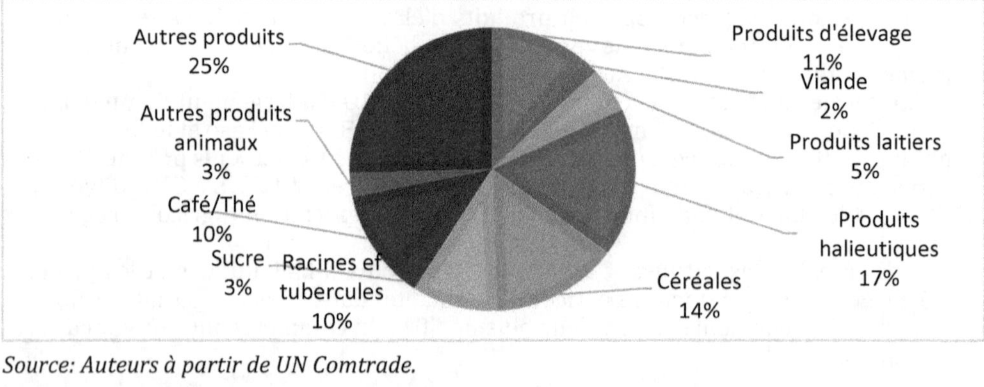

Source: Auteurs à partir de UN Comtrade.

1.2. Balance commerciale alimentaire des pays de la CEDEAO

La satisfaction des besoins alimentaires des pays de la CEDEAO repose sur les importations de denrées alimentaires (CEDEAO, 2015). L'amélioration de la disponibilité alimentaire est couplée à une balance commerciale alimentaire déficitaire pour la majorité des pays de la CEDEAO (Tableau 2).

Tableau 2. Balance commerciale alimentaire dans la zone CEDEAO (1000 000 US$) de 2012 à 2016

	2012	2013	2014	2015	2016
Bénin	-359,6	-679,5	-723,9	-556,7	-776,2
Burkina Faso	-199,4	-200,4	-130,6	-117,2	-209,9
Côte d'Ivoire	1876,5	2014,9	1784,6	2658,9	2728,1
Gambie	-116,2	-108	-129,6	-173,1	-134,5
Ghana	372,7	506,5	625,6	461,7	344,1
Guinée	-183,9	-233,3	-296,8	-234,1	-383
Guinée Bissau	36,3	107,4	56,6	54,4	66,7
Mali	-257,5	-134	-172,8	-219,2	-228
Nigeria	-2724	-2989,9	-3158,8	-2665,1	-2157,5
Niger	-158,4	-171,4	-174	-185,4	3,2
Sénégal	-910,6	-889,2	-905,9	-891,3	-846,9
Sierra Leone	-150,6	-172,9	-186	-202,6	-133,8
Togo	-22,5	-37	-49,3	-67,2	-74,6

Source: UN Comtrade, 2018.

Les observations de long terme des données alimentaires et des données de commerce indiquent nettement que les pays de la CEDEAO sont structurellement dépendants des importations pour assurer leur disponibilité alimentaire. Les importations des produits agroalimentaires en provenance des marchés agricoles régionaux, notamment de féculents et produits animaux, participent à une allocation efficace des produits alimentaires de base au sein de la sous-région (CEDEAO, 2015).

1.3. Prévalence de la sous-alimentation dans l'espace CEDEAO

La prévalence de la sous-alimentation a oscillé entre 6% et 40% dans les pays de l'espace CEDEAO au cours de la période 2000-2015 (FAOSTAT, 2018). La sous-alimentation demeure persistante dans les pays fragiles qui sortent de longues ou rudes périodes de guerres ou d'instabilité politique. Ainsi, en 2017, la sous-alimentation a atteint des niveaux considérables dans les pays suivants : Libéria (38,8%), Guinée Bissau (26%), Sierra Leone (25,5%), Burkina Faso (21,3%), Côte d'Ivoire (20,7%) (FAOSTAT, 2018).

Le Graphique 4 présente l'état de la prévalence de la sous-alimentation dans l'espace CEDEAO au cours des périodes 2000-2005, 2006-2010 et 2011-2015, avec un focus sur les pays sahéliens enclavés (Burkina Faso, Mali, Niger) et dans les États fragiles, ayant connu des conflits armés persistants (Liberia, Sierra Leone, Guinée-Bissau).

L'insécurité alimentaire dont les principales causes sont les crises climatiques, les crises politiques, les guerres et déplacements de populations, touche de façon chronique près de 17% de la population régionale (CEDEAO, 2015), d'où la position de l'espace CEDEAO comme l'une des régions les plus frappées par l'insécurité alimentaire dans le monde. Le Graphique 4 indique que la part des personnes sous-alimentées est la plus élevée dans les pays qui ont subi des conflits armés persistants. L'insécurité, les crises politico-militaires, cumulées aux déplacements massifs de population au cours des décennies 1990-2000 et 2000-2010 au Liberia, en Sierra Leone et en Guinée-Bissau ont entraîné des chutes de production et des ruptures d'approvisionnement alimentaire augmentant la prévalence de la sous-alimentation dans ces États fragiles.

Graphique 4. Prévalence de la sous-alimentation en Afrique de l'Ouest de 2000 à 2015

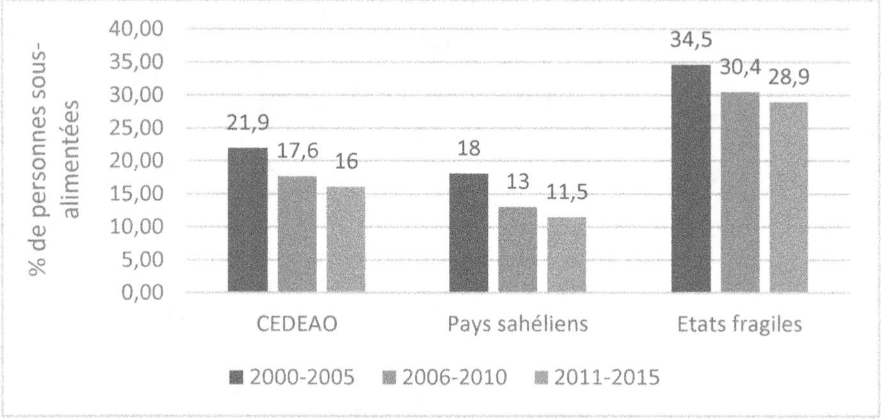

Source : Auteurs à partir des données de la FAO.

Paradoxalement, les pays sahéliens, probablement les plus confrontés au risque climatique, sont ceux qui présentent les meilleurs indicateurs de sécurité alimentaire. En effet, comme le montre le Graphique 4, les pays sahéliens enclavés (Burkina Faso, Mali, Niger) ont réduit de façon significative au cours des deux dernières décennies leur prévalence à la sous-alimentation. Globalement la prévalence de la faim dans l'espace CEDEAO a baissé de 7% entre la période 2000 et 2015. Ces performances significatives enregistrées en Afrique de l'Ouest sont en lien avec les investissements importants effectués par les organisations régionales (CEDEAO, UEMOA et CILSS) dans le renforcement des institutions et des capacités de lutte contre l'insécurité alimentaire.

2. REVUE DE LA LITTÉRATURE

2.1. Revue sur le modèle de gravité

Tinbergen (1962) fut l'un des pionniers à transposer la loi gravitationnelle au commerce international à travers un modèle de gravité. Cette modélisation postule que l'intensité des flux commerciaux entre deux pays est directement proportionnelle à leurs poids économiques (PIB) et inversement proportionnelle à la distance géographique qui les sépare. La spécification du modèle de base est la suivante :

$$F_{ij} = \frac{Y_i^{\beta_1} Y_j^{\beta_2} Z_{ij}^{\beta_4} e^{\varepsilon_{ij}}}{D_{ij}^{\beta_3}}$$

avec F_{ij} = flux des importations à destination du pays i et en provenance du pays j ; Y_i = PIB du pays i ; Y_j = PIB du pays j ; D_{ij} = distance entre les pays i et j ; Z_{ij} = autres forces d'intensification ou de résistance au commerce entre les pays ; ε_{ij} = terme de l'erreur.

Conformément à la loi de la gravitation, les signes attendus sont $\beta_1 > 0, \beta_2 > 0$ et $\beta_3 < 0$.

Cependant, d'importantes critiques ont reproché aux modèles gravitationnels d'être dépourvus de fondements théoriques. Les travaux de Anderson (1979), suivis de ceux de Baier et Bergstrand (2007 ; 2009), Hummels et Levinsohn (1995), Deardorff (1998), Evenett et Keller (2002) et Anderson et van Wincoop (2004), Feenstra (2004), montrèrent que le modèle gravitationnel peut émerger des différents modèles théoriques du commerce international que sont les modèles ricardien, de dotations factorielles, de concurrence monopolistique, d'hétérogénéité des firmes.

Une contribution notable est celle de Anderson et van Wincoop (2003), qui montrent que le commerce bilatéral entre deux pays coéchangistes dépend également des prix offerts par les autres partenaires commerciaux possibles. L'inclusion de ces indices de prix dénommés les résistances multilatérales a conduit à envisager un modèle de gravité structurelle qui a été d'un apport théorique véritable par rapport au modèle traditionnel initial.

Le modèle de gravité est devenu depuis son élaboration un outil essentiel de modélisation du commerce international, avec de nombreuses applications empiriques qui analysent les impacts de plusieurs déterminants majeurs des flux commerciaux bilatéraux. Ainsi, un nombre considérable de travaux ont utilisé une équation de gravité pour étudier les effets de la distance géographique, de la démographie, des coûts de transport et de transaction, de la corruption, des tarifs douaniers, des sanctions commerciales, des accords commerciaux régionaux et des unions monétaires sur le commerce international.

La littérature relève des problèmes d'ordre économétrique à surmonter au risque de biaiser les estimations (Baltagi, Egger et Pfaffermayr, 2015). Un premier défi est la prise en compte des résistances multilatérales qui existent par construction théorique mais ne peuvent être directement observées.

L'estimation des équations de gravité par les moindres carrés ordinaires et ses variantes a été largement utilisée dans la littérature empirique bien que cette méthode soulève deux problèmes majeurs dus à la transformation logarithmique du modèle de gravité et à l'impossibilité de prendre en compte les flux de commerce nuls. L'inégalité de Jensen est violée par la transformation logarithmique (Silva et Tenrayo, 2006). Aussi, la suppression des flux nuls conduit-elle à des pertes d'information, et les remplacer par une très faible valeur n'est pas cohérent avec la théorie, et conduit à des coefficients de gravité erronés (Head et Mayer, 2014). Une solution pertinente proposée par Silva et Tenreyo (2006) consiste à appliquer l'estimateur du Pseudo Maximum de Vraisemblance de Poisson (PPML) à la forme multiplicative du modèle de gravité. Il est robuste à l'hétéroscédasticité et traite naturellement les valeurs de flux nulles.

La question de savoir si des accords de libre-échange (ALE) ou des accords monétaires sont conclus entre des pays ayant déjà une forte propension à commercer entre eux a été soulignée par Baier et Bergstrand (2007). Les auteurs mettent en évidence un biais d'endogénéité inhérent aux accords commerciaux ou monétaires à prendre en compte. Baier et Bergstrand (2009) proposent en outre une méthode permettant de capter les résistances multilatérales par l'approximation d'ordre 1 de la série de Taylor des termes de résistances multilatérales.

Parmi les études portant sur les flux agro-alimentaires dans la zone ouest-africaine, figurent celles de Cissokho et al. (2013) et d'Arawomo et Badejo (2015). Cissokho et al. privilégient dans un cadre statique un Tobit log-linéaire avec l'inclusion des résistances multilatérales comparé aux modèles Poisson PPML et Heckman à 2 étapes sans inclusion de résistances multilatérales. Leurs résultats indiquent que la CEDEAO a le plus faible effet créateur de commerce intra-zone sur les 7 blocs commerciaux régionaux considérés. L'étude d'Arawomo et Badejo (2015) n'inclut également pas de résistances multilatérales aux estimations de l'étendue et des déterminants du commerce intra-régional dans la CEDEAO et dans ses deux zones monétaires, l'UEMOA et la ZMAO. Par conséquent, leurs résultats souffrent de ce biais d'omission des résistances multilatérales.

La contribution de notre étude est justement de spécifier un modèle de gravité structurel (avec inclusion des résistances multilatérales) contrôlant l'effet de la multi-appartenance des partenaires à d'autres accords commerciaux régionaux, et contrôlant l'effet de la gouvernance politique et du climat des affaires. En outre, sur le plan analytique, la relation entre le potentiel de commerce intra-régional de la zone CEDEAO et l'accès au bien-être alimentaire de cette zone n'a pas encore été explorée.

2.2. Contribution du commerce international à la sécurité alimentaire

Selon la Déclaration de Rome sur la sécurité alimentaire mondiale de 1996, « la sécurité alimentaire existe lorsque tous les êtres humains ont, à tout moment, un accès physique, social et économique à une nourriture suffisante, saine et nutritive leur permettant de satisfaire leurs besoins énergétiques et leurs préférences alimentaires pour mener une vie saine et active » (FAO, 1996). Cette définition englobe les trois dimensions que sont la disponibilité, la stabilité et l'accès. La disponibilité des denrées alimentaires signifie qu'en moyenne l'offre doit être suffisante pour répondre aux besoins de consommation. La stabilité suppose une réduction au minimum du risque de tomber en insuffisance alimentaire pendant les années ou les saisons défavorables. Quant à la notion d'accessibilité, elle fait référence à la nécessité de garantir l'accès des plus pauvres aux denrées alimentaires. En effet, la disponibilité est indispensable mais ne garantit pas l'accès à la nourriture des individus à faible pouvoir d'achat.

Il existe deux grandes voies pour assurer la sécurité alimentaire au niveau national : l'autosuffisance et l'autosubsistance alimentaires. Les stratégies de sécurité alimentaire fondées sur l'autosubsistance ont pour composante essentielle le commerce. Et le commerce agricole favorise la sécurité alimentaire de deux façons : d'abord une croissance économique permettant un accroissement de revenus donnant un accès accru aux aliments et inputs agricoles qu'on ne produit pas et une disponibilité alimentaire plus grande grâce aux importations alimentaires réduisant la variabilité de l'offre et le prix des aliments (Dithmer et Abdulai, 2017).

En outre, l'intégration commerciale des pays d'un espace régional minimise les coûts de la fragmentation de leurs marchés (Mattews, 2003). Le développement du commerce intra-régional de produits agricoles renforce ainsi la sécurité alimentaire. Herath et al. (2014) montrent par exemple que l'accord de libre-échange des pays de l'Asie du Sud-Est a augmenté l'offre d'énergie alimentaire journalière par habitant de ces pays.

À l'inverse, Tinta et al. (2018) indiquent que l'appartenance à la CEDEAO n'a aucun effet direct sur la sécurité alimentaire représentée par la disponibilité énergétique alimentaire par habitant, même si elle lui est bénéfique indirectement via la croissance de la richesse nationale par habitant. Cette situation peut s'expliquer par le fait que la CEDEAO n'est pas un espace suffisamment intégré comme l'UEMOA (Njinkeu et Powo, 2006). Toutefois, plusieurs critiques peuvent être faites à cette étude. D'une part, il peut exister une probable causalité inverse entre la disponibilité alimentaire et l'ouverture commerciale dans leur modèle (Dithmer et Abdulai, 2017) qui n'a pas été traitée. D'autre part, le choix de l'indicateur d'offre alimentaire pour représenter la sécurité alimentaire ne semble pas pertinent (cf. Sen, 1981). On peut noter, sur ce plan, que notre étude retient la mesure de sécurité alimentaire la plus utilisée qui est du côté de la demande : l'indicateur de sous-alimentation de la FAO.

3. MÉTHODOLOGIE

Nous présentons dans un premier temps le modèle de gravité structurel augmenté et dans un second temps le modèle de sécurité alimentaire.

3.1. Spécification du modèle de gravité structurel augmenté

Le modèle de gravité standard explique les flux des échanges bilatéraux entre deux pays i et j par la taille des économies mesurée par le produit intérieur brut par tête des pays coéchangistes (pib_{it} , pib_{jt}), la distance entre les pays i et j ($dist_{ij}$) et le partage d'une frontière et d'une langue commune.

Une relation positive entre le PIB par tête et le commerce est attendue. Les coûts de transport sont habituellement captés par la distance entre les pays coéchangistes à laquelle on ajoute une variable muette relative à l'enclavement. La distance et l'enclavement sont des facteurs de résistance qui accroissent les coûts de commerce et sont a priori en relation inverse avec le volume des échanges. En revanche, il est attendu une liaison positive entre le volume des échanges et l'existence d'une langue et d'une frontière communes.

Nous utilisons la forme fonctionnelle multiplicative de la distribution de Poisson. En effet, l'estimateur PPML (Pseudo Poisson Maximum de Vraisemblance) est une solution pertinente au problème généré par la présence des flux de commerce nuls (Silva et Tenreyo, 2006).

Afin de capter les effets spécifiques des variables d'intérêt, en l'occurrence les politiques de facilitation des échanges et les effets de l'union économique et monétaire sous-régionale UEMOA, nous estimons un modèle de gravité augmenté. Des facteurs comme l'accès aux infrastructures de télécommunication ($cell_{it}$, $cell_{jt}$) et des facteurs de gouvernance comme le contrôle de la corruption ($ccor_{it}$, $ccor_{jt}$), la stabilité politique ($psta_{it}$, $psta_{jt}$) et la qualité de l'administration ($qadm_{it}$, $qadm_{jt}$) sont utilisés pour appréhender les politiques de facilitation du commerce. Les variables UEMOA_{ijt}, Imp_{ijt}^{UEMOA}, Exp_{ijt}^{UEMOA}, $Multiap_{ijt}$ sont destinées à capter les effets de l'UEMOA, en contrôlant la multi-appartenance à des accords régionaux :

- UEMOA_{ijt} prend la valeur 1 lorsque les pays coéchangistes appartiennent tous deux à l'UEMOA et 0 autrement. Un coefficient positif révèle une augmentation du commerce intra-UEMOA.

- Imp_{ijt}^{UEMOA} prend la valeur 1 si l'importateur appartient à l'UEMOA et l'exportateur non, et 0 autrement. Cette variable capte l'effet de détournement de trafic, un coefficient négatif mettant en évidence l'existence d'une substitution des importations provenant des pays tiers par des importations en provenance des pays membres de l'UEMOA.

- Exp_{ijt}^{UEMOA} prend la valeur 1 si l'exportateur appartient à l'UEMOA et l'importateur non, et 0 autrement. Cette variable capte l'effet de détournement de commerce, un coefficient négatif indiquant une substitution des exportations à destination des pays tiers par des exportations à destination des pays membres de l'UEMOA.

- $Multiap_{ijt}$ indique le nombre de groupements d'intégration régionale auxquels les pays coéchangistes appartiennent simultanément.

RM_{ijt} indique les effets fixes importateur et exportateur variant dans le temps (à intervalle de 5 ans) ; ils sont introduits pour contrôler les termes de résistance multilatérale (Florensa et al., 2015, et Gylfason et al., 2015).

Le modèle de gravité à estimer intégrant les variables de contrôle et les variables d'intérêt s'écrit :

$$Imp_{ijt} = e^{\alpha_0+\alpha_1 lnpib_{it}+\alpha_2 lnpib_{jt}+\alpha_3 lndist_{ij}+\alpha_4 encl_i+\alpha_5 encl_j+\alpha_6 comlang_{ij}+\alpha_7 contig_{ij}}$$
$$\times e^{\alpha_8 UEMOA_{ijt}+\alpha_9 Imp_{ijt}^{UEMOA}+\alpha_{10} Exp_{ijt}^{UEMOA}+\alpha_{11} Multiap_{ijt}+\alpha_{12} cell_{it}+\alpha_{13} cell_{jt}+\ \alpha_{14} psta_{it}}$$
$$\times e^{\alpha_{15} psta_{jt}+\alpha_{16} ccor_{it}+\alpha_{17} ccor_{jt}+\alpha_{18} qadm_{jt}+\alpha_{19} qadm_{it}+\alpha_{20} RM_{it}+\alpha_{21} RM_{jt}} + \varepsilon_{ijt} \quad (1)$$

Les sources des données et la description des variables sont présentées dans le Tableau A1 en annexe.

3.2. Spécification du modèle de sécurité alimentaire

Pour le modèle explicatif de la sous-alimentation, nous avons une variable d'intérêt (l'offre alimentaire) et trois principales catégories de variables de contrôle : la qualité de la gouvernance, la disponibilité des infrastructures économiques et le revenu par tête des États.

Offre alimentaire

L'offre alimentaire ne provient pas uniquement du commerce intra-CEDEAO. Outre les importations venant de la CEDEAO (Imp^{CEDEAO}), on considère aussi les importations issues des pays hors CEDEAO (Imp^{Monde}). Cette dissociation permet d'apprécier le degré d'interdépendance des pays de la CEDEAO pour leur sécurité alimentaire.

Le second élément de la disponibilité alimentaire, en plus des importations, est la production alimentaire nationale qui dépend de la disponibilité des terres arables (*ter*) et surtout de la productivité agricole (*pda*) (Dithmer et Abdulai, 2017). L'aide alimentaire reçue lors d'événements désastreux ou autres est également incluse ($foodais$).

Qualité de la gouvernance

Suivant Sen (1983, 1999), l'amélioration de la sécurité alimentaire des populations d'un pays dépend de l'effectivité des libertés civiles (*lib_civ*), du contrôle de la corruption (*cor*), du respect des droits de propriété (*dpte*) et de la stabilité politique (*psta*) (Wiesmann, 2006).

Disponibilité et qualité de l'infrastructure économique

La qualité et la disponibilité du réseau routier ($road$) ainsi que les facilités de communication en termes de pénétration de la téléphonie mobile (cel) sont bénéfiques à la production agricole et à la commercialisation interne à chaque pays.

Revenu par habitant et taux de croissance de la population

La disposition d'une alimentation suffisante et adéquate est liée au pouvoir d'achat de la population exprimé par le PIB par habitant (*pib*) (Sen,1981 ; Wiesmann, 2006 ; Dithmer et Abdulai, 2017 ; Tinta et al., 2018). Le taux de croissance annuel de la population (*pop*) permet de rendre compte de la pression démographique exercée sur la sécurité alimentaire (Dithmer et Abdulai, 2017 ; Tinta et al., 2018).

Spécificités des pays et tendances annuelles globales

Chand et Jumrani (2013) font remarquer, dans le cas de l'Inde, que des facteurs historiques et culturels sont liés à la sécurité alimentaire. Nous incorporons donc des effets fixes pays, comme dans Tinta et al. (2018), pour tenir compte de ces facteurs, et d'autres variables invariantes dans le temps, telle la géographie de chaque pays, qui influencent la production agricole. En outre, à l'image de Dithmer et Abdulai (2017), nous insérons un effet temporel qui capture les changements dans les prix mondiaux et les chocs communs à tous les pays.

Nous incluons aussi la variable ($desaster$) pour saisir l'effet éventuel de désastres naturels d'ordre géophysique/géologique, hydrologique, biologique et climatique, qui peuvent endommager les récoltes et réduire les revenus (Dithmer et Abdulai, 2017).

Notre spécification empirique s'inspire de Dithmer et Abdulai (2017) qui estiment l'impact de l'ouverture commerciale et d'autres variables de contrôle sur la consommation énergétique alimentaire. Contrairement à ces auteurs qui ont choisi la disponibilité de l'offre, notre variable dépendante de sous-alimentation (SA) reflète l'accès aux produits alimentaires du côté de la demande. Le modèle empirique s'écrit comme suit :

$$\begin{aligned} SA_{it} = \vartheta_i + \varphi_t + \gamma_{SA} SA_{it-1} + \gamma_1 lnImp_{it}^{CEDEAO} + \gamma_2 lnImp_{it}^{MONDE} + \gamma_3 lnter_{it} \\ + \gamma_4 lnpda_{it} + \gamma_5 dp_{it} + \gamma_6 lp_{it} + \gamma_7 lc_{it} + \gamma_8 psta_{it} + \gamma_9 dpte_{it} \\ + \gamma_{10} ccor_{it} + \gamma_{11} road_{it} + \gamma_{12} cel_{it} + \gamma_{13} lnpib_{it} + \gamma_{14} lnfoodais_{it} \\ + \gamma_{15} desaster_{it} + \varepsilon_{it} \qquad \varepsilon_{it} \sim N(0, \sigma_\varepsilon^2) \end{aligned} \tag{2}$$

avec SA_{it} la prévalence de la sous-alimentation dans le pays i à l'année t.
Les variables de ce modèle et leurs sources sont décrites dans le Tableau A6 en annexe. Un résumé statistique des données les renseignant est présenté dans le Tableau A7 en annexe.

Pour le choix de la méthode d'estimation, le problème posé à la régression de notre panel dynamique à effets fixes est la corrélation entre les effets fixes et les valeurs de la variable dépendante « sous-alimentation » (*SA*). Avec une dimension temporelle (*T*) courte, l'estimateur des moindres carrés du coefficient de la variable dépendante retardée (γ_{SA}) est non-convergent. Ce biais du (*T*) court de l'estimateur à effets fixes, communément appelé « biais de Nickell »[2], disparaît seulement quand (*T*) tend vers l'infini. Ce qui n'est pas le cas de notre panel de dimension temporelle qui comprend 16 années. Aussi, en présence d'un petit nombre d'individus (15 pays), les méthodes des moments généralisés (GMM) sont biaisées. Kiviet (1995), Judson et Owen (1999), Bruno (2005) suggèrent donc un estimateur à effets fixes corrigé de l'approximation de ce biais pour le rendre convergent, vu sa petite variance comparativement aux autres estimateurs de moments généralisés et de variables instrumentales.

Par conséquent, notre modèle dynamique à effets fixes de la sous-alimentation est estimé par les moindres carrés corrigés du biais (*bias-corrected least squares dummy variables*).

3.3. Méthode de simulation du niveau de sous-alimentation induit par le potentiel estimé de commerce

Une fois le modèle gravitationnel estimé, nous obtenons les valeurs ($\widehat{\mathrm{Imp}}_{\mathrm{ijt}}$) du potentiel de commerce bilatéral prédites par le modèle pour chacune des 4590 observations. Nous cumulons ces flux potentiels bilatéraux d'importations de chaque pays i sur l'ensemble de ses 14 partenaires j de la CEDEAO, pour chacune des années considérées, comme suit :

$$\widehat{\mathrm{Imp}}_{\mathrm{it}}^{\mathrm{CEDEAO}} = \sum_{\mathrm{i \neq j}}^{14} \widehat{\mathrm{Imp}}_{\mathrm{ijt}} \tag{3}$$

Pour obtenir les niveaux de sous-alimentation induits par les potentiels estimés de commerce, nous introduisons les valeurs prédites cumulées ($\widehat{\mathrm{Imp}}_{\mathrm{it}}^{\mathrm{CEDEAO}}$) de la sommation ci-dessus dans le modèle de sécurité alimentaire (équation 2).

4. STATISTIQUES DESCRIPTIVES

Nous présentons quelques statistiques descriptives sur les échanges agricoles intra-CEDEAO avant l'estimation empirique de l'équation de gravité.

L'échantillon utilisé pour estimer le modèle de gravité augmenté est constitué des 15 pays membres de la CEDEAO observés sur la période 1995-2015 et de la

[2] Qui fut l'un des premiers à le formuler explicitement en 1981.

Mauritanie observée sur la période de son appartenance à la CEDEAO 1995-2000. L'on obtient ainsi un panel de 240 paires de pays en relation commerciale bilatérale pour un nombre total de 4590 observations de flux d'échange.

Nos observations se caractérisent cependant par une proportion significative de flux de commerce bilatéral nuls sur la période d'analyse, soit 2568 zéros représentant 55,95% des observations.

Notre échantillon du second modèle portant sur la sécurité alimentaire est, contrairement au premier, un panel cylindré des 15 pays de la CEDEAO observés sur la période 2000-2015.

Graphique 5. Importations agricoles et prévalence de la sous-alimentation dans l'espace CEDEAO

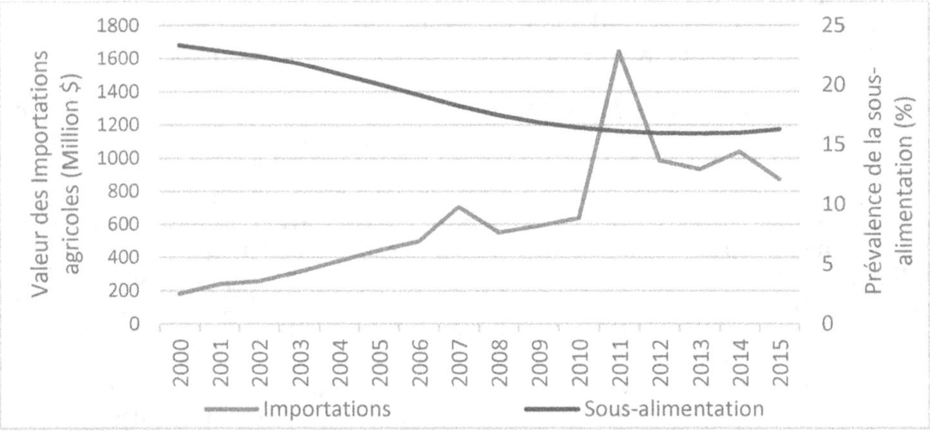

Source : auteurs.

Les Tableaux A2 et A6 en annexe donnent les résumés statistiques des variables utilisées respectivement dans le modèle de gravité et dans l'équation de sécurité alimentaire.

Sur la période étudiée 1995-2015, la valeur moyenne des flux bilatéraux d'importations agro-alimentaires à l'intérieur de l'espace CEDEAO a été de 1,5 million US$, avec une forte dispersion de ces flux allant d'une valeur minimale nulle à une valeur maximale de 215 millions US$ (Tableau A2). La prévalence de la sous-alimentation dans la zone est en moyenne d'environ 18,7% avec une prévalence minimale de 5,3% et une prévalence maximale de 40,7% (Tableau A6). Le faible niveau de vie mesuré par le revenu annuel par tête, qui est à la base de l'insécurité alimentaire chronique, est en moyenne de 944 US$ dans l'espace CEDEAO sur la période d'étude. Les variables de production agricole montrent une disponibilité des terres arables relativement limitée dans la région avec une moyenne de 0,3 ha par habitant. La productivité agricole est aussi relativement faible avec une moyenne de 1,1 tonne par hectare. En ce qui concerne les variables de gouvernance, l'espace CEDEAO présente des indices de performance peu élevés.

Le graphique 5 croise l'évolution de la sous-alimentation à celle des importations dans l'espace CEDEAO. Le graphique montre que les mouvements d'importations de biens agricoles semblent avoir un effet positif sur la sécurité alimentaire. En effet, la croissance des importations agricoles s'est accompagnée d'une baisse de la prévalence de la sous-alimentation, passant d'environ 23% en 2000 à près de 16% en 2015. Les tendances observées suggèrent un lien plus ou moins étroit entre les importations agricoles et l'amélioration de la sécurité alimentaire.

5. ESTIMATIONS ET ANALYSE DES RÉSULTATS

5.1. Résultats de l'estimation du modèle de gravité

Le résumé statistique des variables (Tableau A2 en annexe) montre que l'écart-type de la variable « importations » est largement supérieur à sa moyenne suggérant une surdispersion des observations, confirmée par le test du ratio de vraisemblance LR sur le paramètre de dispersion (Tableau A3 en annexe).

D'autre part, le Tableau A4 (en annexe) montre l'évidence d'un excès de zéro dans les observations (55,95%) dont il est essentiel de tenir compte dans l'analyse. Dans un tel cas, la technique d'estimation qui permet de prendre en compte à la fois la surdispersion et l'excès de commerces nuls est la régression binomiale négative avec inflation de zéro. Nous utilisons donc comme technique d'estimation du modèle de gravité une régression binomiale négative avec inflation de zéro. En outre, nous traitons la question des résistances multilatérales en introduisant des effets fixes exportateur et importateur variant dans le temps pour contrôler l'effet des résistances multilatérales sans absorber les effets des facteurs spécifiques aux pays variants ou invariants dans le temps (Florensa et al., 2015 et Gylfason et al., 2015).

Le Tableau 3 présente les résultats de l'équation de gravité estimée par la régression binomiale négative en présence d'un excès de commerce nul. La première colonne présente les résultats sans la prise en compte des termes de résistances multilatérales. Dans cette spécification, les variables traditionnelles telles que la distance et le partage d'une langue officielle commune ont les signes contraires aux signes attendus montrant l'intérêt de contrôler les facteurs de résistances multilatérales.

Les colonnes 2 à 4 décrivent trois différentes modélisations des termes de résistances multilatérales. Dans la colonne 2, nous utilisons uniquement les effets fixes exportateur et importateur non variant dans le temps pour capter les résistances multilatérales. La modélisation de la colonne 3 ajoute l'effet fixe temporel à la spécification de la colonne 2. La colonne 4, présentant la spécification la plus correcte, contrôle les termes de résistances multilatérales par les effets fixes pays importateur et pays exportateur variant dans le temps à intervalle de 5 ans. Cette dernière modélisation des résistances multilatérales s'accorde avec la théorie sous-jacente à l'équation de gravité qui établit des résistances multilatérales variant dans le temps. Par conséquent, ce sont les résultats du modèle de gravité structurel augmenté présentés à la colonne 4 qui sont particulièrement examinés.

Avant de discuter des variables d'intérêt (les coûts de commerce et l'intégration régionale UEMOA), nous analysons l'effet des variables de contrôle retenues.

Les PIB des pays exportateur et importateur ont une influence positive forte sur les flux d'importation des produits agricoles. Les élasticités sont de 0,147 et 0,67 pour les États exportateurs et importateurs respectivement. Ceci signifie qu'une hausse de 1% du PIB entraîne une augmentation de près de 0,15% de l'offre des biens agricoles à l'exportation et une hausse relativement plus élevée du côté de la demande d'importation de biens agricoles d'environ 0,67%.

Comme attendu, les flux d'échanges agricoles baissent avec la distance entre les pays coéchangistes. L'élasticité de la distance (-0,3) suggère que des efforts dans la réduction de la durée des trajets et des frais de transport de 1% permettent d'accroître de 0,3% les échanges régionaux. L'enclavement constitue également une barrière naturelle qui affecte négativement les échanges. L'effet négatif de l'enclavement est significatif du côté du pays exportateur, impliquant une réduction du potentiel d'exportation des pays enclavés relativement à ceux disposant d'une ouverture maritime. Les affinités géographiques et culturelles, captées respectivement par le partage d'une frontière commune et d'une langue officielle, ont les effets positifs attendus.

Tableau 3. Résultats des estimations de l'équation de gravité

	Variable dépendante : Importations			
Variables explicatives	(1)	(2)	(3)	(4)
Lnpib_o	0.1621536*** (0.0436853)	0.1404569 (0.1237529)	0.2160277 (0.1555925)	0.1471276*** (0.0455195)
Lnpib_d	0.6379955*** (0.0405468)	0.4715322*** (0.1229722)	0.2828149* (0.16589)	0.6724792*** (0.04577)
Lndistw	0.339567*** (0.093461)	-0.0826867 (0.0981267)	-0.0998646 (0.1003191)	-0.3050907*** (0.093807)
Contig	1.337906*** (0.1215209)	1.172176*** (0.1262317)	1.103951*** (0.1267638)	1.374881*** (0.1218118)
Comlang_off	-0.5872134*** (0.1276481)	-0.3607373*** (0.1221168)	0.0471107 (0.1137229)	0.4523335*** (0.1292038)
Enclav_d	-0.1349289 (0.1379702)	-0.0573008 (0.2545752)	-0.5730307** (0.2688827)	-0.1737447 (0.1462005)
Enclav_o	-1.581511*** (0.1436227)	-0.3814767 (0.2622639)	-1.251925*** (0.2771806)	-1.513975*** (0.1512349)
Cell_d	0.0057464*** (0.0014338)	0.0017814 (0.0016271)	0.0070058*** (0.0023232)	0.0075668*** (0.0015956)
Cell_o	0.0058883*** (0.0015354)	0.0042821** (0.00173)	0.0010809 (0.0022561)	0.0073256*** (0.0017364)
Qadm_d	0.1330791** (0.0637358)	0.1426676 (0.0967378)	0.1056208 (0.116826)	0.0640289 (0.0690242)
Qadm_o	0.0877593* (0.0531103)	0.1124309 (0.0970258)	0.208178* (0.1139534)	0.0945094* (0.0555441)
Ccor_o	0.67738*** (0.0690132)	0.1325011 (0.0857677)	0.0921535 (0.0902393)	0.6890881*** (0.0726785)
Ccor_d	0.278073*** (0.0655338)	0.084116 (0.0869486)	0.0708477 (0.1001569)	0.2815405*** (0.0727783)
Psta_o	-0.0533128 (0.0849028)	0.0528252 (0.1090797)	0.1956892* (0.1183063)	0.081102 (0.0888009)
Psta_d	0.0127256 (0.0866667)	0.2215024* (0.1318351)	0.01828 (0.1500627)	0.1300096 (0.1022945)
UEMOA	2.286752*** (0.1768332)	1.365252* (0.5329317)	0.0673448 (0.0690281)	2.104375*** (0.1870513)
Multiap	0.4085476*** (0.0689432)	-0.0524448 (0.0720819)	11.56731** (5.185624)	0.4146229*** (0.0710485)
Exp_^{UEMOA}	0.7905854*** (0.1637745)	-0.1555194 (0.3916726)	0.2160277 (0.1555925)	0.7231936*** (0.166513)
Imp_^{UEMOA}	0.4394889*** (0.1558219)	0.2067131 (0.4149646)	0.2828149* (0.16589)	0.3334148** (0.1654584)
Effets fixes Importer/Exporter	Non	Oui	Oui	Non
Effets fixes temporels	Non	Non	Oui	Non
Effets fixes Importer/Exporter 5 years varying	Non	Non	Non	Oui
Constante	-4.554954** (1.789193)	-0.3169453 (3.112069)	-0.0998646 (.1003191)	-4.956327** (1.970033)

Nombre d'obs. = 4590. Nombre de zéros obs. = 2568.

,,*** Significativité à 10%, 5% et 1% respectivement. Les valeurs entre parenthèses sont les écarts-types.*

Source : auteurs.

Tableau 4. Équation de non-participation au commerce

	(1)	(2)	(3)	(4)
Lnpib_o	-0.5263428*** (0.0312444)	-0.537355*** (0.0314035)	-0.537149*** (0.0313911)	-0.5356523*** (0.0327997)
Lnpib_d	-0.6310582*** (0.033154)	-0.555585*** (0.0336706)	-0.5552572*** (0.0336559)	-0.7013002*** (0.0357286)
Lndistw	0.7219669*** (0.0832015)	0.6813484*** (0.0820024)	0.6810938*** (0.0819733)	0.8192713*** (0.0864749)
Contig	-0.1299637 (0.1218826)	-0.1866958 (0.1222129)	-0.1870607 (0.1221611)	-0.1069279 (0.1276671)
Comla_off	-1.0912*** (0.0913185)	-1.117625*** (0.0915571)	-1.11697*** (0.0915191)	-1.123676*** (0.0945507)
Enclav_d	0.1068832 (0.1153274)	0.0866039 (0.1144634)	0.086442 (0.1144241)	0.0438615 (0.1211046)
Enclav_o	1.248825*** (0.1218661)	1.28204*** (0.1214985)	1.281973*** (0.1214585)	1.258442*** (0.127891)
Cell_d	0.0016028 (0.0011783)	0.0018541 (0.0011727)	0.0018535 (0.0011724)	-0.0005871 (0.001253)
Cell_o	-0.005425*** (0.0011993)	-0.004808*** (0.0011986	-0.004804*** (0.0011983)	-0.0060639*** (0.0012592)
Qadm_d	-0.577442*** (0.0505212)	-0.4240492*** (0.0517575)	-0.423823*** (0.0517351)	-0.6223053*** (0.0535955)
Qadm_o	-0.137185*** (0.0460244)	-0.1233905*** (0.0459913)	-0.123352*** (0.0459718)	-0.1748207*** (0.047735)
Ccor_o	-0.222638*** (0.0553794)	-0.2449821*** (0.0550514)	-0.244932*** (0.055041)	-0.1569104*** (0.0577661)
Ccor_d	-0.092537* (0.0545983)	-0.1092817** (0.0545641)	-0.1092** (0.0545523)	-0.1176887** (0.0565365)
Psta_o	-0.18692*** (0.067321)	-0.2041264*** (0.067873)	-0.203745*** (0.0678448)	-0.0815454 (0.0708132)
Psta_d	-0.434131*** (0.0708536)	-0.350877*** (0.070013)	-0.350558*** (0.0699913)	-0.4219742*** (0.073808)
UEMOA	-1.7698*** (0.1426912)	-1.39335*** (0.1466278)	-1.39341*** (0.1465738)	-1.820644*** (0.1492357)
Multiap	-0.1038469 (0.0690606)	-0.1327247* (0.0693976)	-0.1324399* (0.0693728)	-0.0292333 (0.0714117)
Exp^{UEMOA}	-0.304285** (0.1221528)	-0.2353629* (0.1226285)	-0.2355432* (0.1225926)	-0.3166806** (0.1262244)
Imp^{UEMOA}	-1.05787*** (0.1253398)	-0.7572418*** (0.1272962)	-0.756885*** (0.127254)	-0.9897821*** (0.130125)
Constante	24.3033*** (1.385316)	22.5295*** (1.385612)	22.5167*** (1.385092)	25.0559*** (1.451205)
/Lnalpha	1.07859*** (0.027835)	0.8581909*** (0.0270809)	0.8372542*** (0.0270537)	1.010856*** (0.0275058)
Alpha	2.940531*** (0.0818497)	2.358889*** (0.0638808)	2.310015*** (0.0624944)	2.747953*** (0.0755848)
Vuong test	20.73***	19.43***	18.06***	21.33***

*Nombre d'obs. = 4590. Nombre de zéros obs. = 2568. *;**;*** Significativité à 10%, 5% et 1% respectivement. Les valeurs entre parenthèses sont les écarts-types.*
Source : auteurs.

Outre les facteurs traditionnels influençant le commerce bilatéral, un intérêt est accordé aux coûts indirects de commerce représentés par la déficience des infrastructures et la corruption. Il apparaît, comme indiqué dans la littérature, que les insuffisances quantitative et qualitative dans la fourniture d'infrastructures adéquates de transport et de communication sont une entrave importante au commerce agricole intra-communautaire. Les résultats indiquent qu'une amélioration de l'utilisation des infrastructures de télécommunication de 1% dans le pays importateur respectivement exportateur contribue à intensifier le commerce intrarégional de l'ordre de 6,7% et 5,2% respectivement[3].

La corruption apparaît comme une contrainte forte et significative au développement du commerce intra-CEDEAO. En effet, pour les pays exportateur et importateur, les coefficients estimés de la variable mesurant le contrôle de la corruption sont positifs et significatifs au seuil de 1%. Ainsi, toutes choses égales par ailleurs, une réduction de la corruption de 1% dans le pays exportateur se traduit par une hausse de ses exportations[4] de 7,8%. De même, une baisse du niveau de corruption de 1% dans le pays importateur induit une hausse de ses importations de 2,9%. Nos résultats confirment ainsi ceux de Longo et Sekkat (2004), Portugal-Perez et Wilson (2008) et Avom et Fankem (2014) qui montrent que la corruption entrave de manière significative les échanges régionaux car elle augmente le coût des transactions. Dans notre cas, elle est nettement plus nuisible aux exportations qu'aux importations.

Pour les variables UEMOA_{ij} , Imp_{ijt}^{UEMOA}, Exp_{ijt}^{UEMOA} et $Multiap_{ijt}$, les coefficients sont positifs et significatifs. Ils indiquent que l'intégration sous-régionale UEMOA a favorisé les échanges agricoles entre les pays membres de plus de 720% [5]. En parallèle, les résultats du modèle ne font apparaître aucun détournement de commerce (importation et exportation) au profit des pays membres de l'UEMOA. Les coefficients positifs et significatifs des variables Exp_{ijt}^{UEMOA} et Imp_{ijt}^{UEMOA} indiquent que les exportations à destination des pays hors UEMOA et les importations en provenance des pays hors UEMOA sont supérieures respectivement de deux fois environ[6] et de 39% à celles prédites par le modèle de gravité en l'absence de l'intégration régionale UEMOA. Ces résultats montrent qu'il existe une création nette de commerce agricole engendrée par l'intégration régionale UEMOA, qui ne serait pas due à un détournement du trafic avec les autres pays de la CEDEAO. La création de commerce intra-UEMOA tient de l'union monétaire qui accorde un avantage en termes de réduction de coûts de convertibilité et de commerce grâce à la stabilité du taux de change qu'elle procure aux partenaires de l'UEMOA. La multi-appartenance ($Multiap_{ijt}$) des partenaires bilatéraux de la CEDEAO à d'autres accords commerciaux a un effet sensible améliorant les échanges bilatéraux de 41,5%[7].

L'importance des flux de commerce nuls (55,9%) reflète la faible capacité de certains pays à participer au commerce extérieur. Ainsi, la régression binomiale négative avec une inflation de zéros permet d'examiner deux aspects : le volume des échanges (Tableau 3) et la non-participation au commerce extérieur à l'aide d'un modèle logit (Tableau 4).

Les résultats du Tableau 4 suggèrent que les variables qui expliquent l'intensité des échanges sont également pertinentes pour expliquer la non-participation au

---

[3] Les effets moyens des variables « Cell » et « Ccor » sont calculés en utilisant leurs écarts-types. Cell_d : (exp(0,0075668 × 63,4866) − 1) ; Cell_o : (exp(0,0073256 × 63,4866) − 1).
[4] Ccor_d : (exp(0,689×0,8188391)-1). Ccor_o : (exp(0,2815×0,8188391)-1).
[5] (exp(2,104375) − 1) = 720,2%.
[6] (exp(0,72319) − 1) = 106,10% et (exp(0,3334) − 1) = 39,57%.
[7] (exp(0,4146 × 0,83698) − 1) = 41,486%.

commerce bilatéral. Les signes attendus de leurs coefficients, contraires à ceux du Tableau 3, sont en conformité avec la littérature économique.

Les PIB des pays coéchangistes, leurs affinités linguistiques, la stabilité politique et une maîtrise de la corruption accroissent significativement la probabilité de participer au commerce bilatéral intra-CEDEAO. En revanche, la distance, l'enclavement et un déficit d'infrastructures réduisent significativement la probabilité de participer au commerce régional.

La qualité de l'administration apparaît comme un déterminant significatif de la participation au commerce régional. Une meilleure qualité de l'administration dans le pays importateur accroît la probabilité de commercer. Il en va de même avec une amélioration de la qualité de l'administration dans le pays exportateur, mais à un moindre degré. Par ailleurs, la stabilité politique, qui apparaissait non significative dans l'explication de l'intensité du commerce bilatéral, se trouve déterminante pour la participation au commerce.

5.2. Analyse de sensibilité

Il est utile de vérifier si nos résultats sont robustes à des spécifications alternatives de l'équation de gravité. Nous examinons, à partir d'un modèle d'Heckman en deux étapes, les effets des barrières non tarifaires (BNT) sur le commerce des produits agricoles désagrégés en 4 principaux groupes (produits d'élevage, produits halieutiques, végétaux et céréales). La spécification fonctionnelle du modèle d'Heckman est décrite par les équations suivantes (4) et (5).

L'équation de participation au commerce :

$$D = 1[D^* \geq 0]$$

avec $D^* = \alpha_1 \text{lnpib}_d + \alpha_2 \text{lnpib}_o + \alpha_3 \text{lndistw} + \alpha_4 \text{Contig} + \alpha_5 \text{Comlang} + \alpha_6 \text{Enclav}_d + \alpha_7 \text{Enclav}_0 + \alpha_8 \text{Qadm}_d + \alpha_9 \text{Qadm}_o + \alpha_{10} \text{IPLcustom}_d + \alpha_{11} \text{IPLcustom}_o + \alpha_0 + \varepsilon$ (4)

L'équation des flux d'échanges bilatéraux pour les participants au commerce :

$$\ln(\text{Imp}) = \beta_0 + \beta_1 \text{lnpib}_o + \beta_2 \text{lnpib}_d + \text{b}_d + \beta_3 \text{lndistw} + \beta_4 \text{Contig} + \beta_6 \text{comlang} + \beta_7 \text{BNT} + \beta_8 \text{qadm}_d + \beta_9 \text{qadm}_o + \beta_{10} \text{ccor}_d + \beta_{11} \text{ccor}_o + \beta_{12} \text{UEMOA} + \beta_{13} \text{Imp}^{\text{UEMOA}} + \beta_{14} \text{Exp}^{\text{UEMOA}} + u_o + u_d + \varepsilon \quad (5)$$

Étant donné le problème de sélection, deux aspects sont examinés dans le processus de commerce : la participation au commerce décrite par la variable muette *D* (Eq. 4) et le volume des échanges $\ln(\text{Imp})$ (Eq. 5), où $\in \{0,\ 1\}$, 0 indiquant qu'aucun échange n'a eu lieu et 1 indiquant la participation au commerce, ln(Imp) est le logarithme du volume des échanges lorsque $D = 1$. d est l'indice du pays importateur; o est l'indice du pays exportateur.

Les résultats de l'équation de la participation au commerce sont présentés dans la Tableau A5 en annexe. Le Tableau 5 présente les déterminants de l'intensité des flux d'échanges bilatéraux. Les variables utilisées dans ces différentes estimations de l'équation de gravité sont décrites dans le Tableau A 1 en annexe.

Le modèle retenu permet de corriger le problème lié à la présence des zéros commerce (Helpman et al., 2008).

Un intérêt essentiel dans ce modèle de gravité alternatif porte sur l'estimation des effets des Barrières Non Tarifaires (BNT). Il s'agit des mesures sanitaires et phytosanitaires (MSP_A), des obstacles techniques au commerce (OTC_B), des inspections avant expédition et autres formalités (IEF_C), des mesures non techniques (MNT) et des mesures liées aux exportations (MLE_P). Les BNT sont mesurées par leur fréquence ou le pourcentage de produits agricoles échangés sur lesquels sont appliquées les mesures non tarifaires. Les données statistiques sur les BNT proviennent de la CNUCED (UNCTAD-NTM).

Graphique 6 : État des mesures non tarifaires (MNT) sur l'ensemble des produits agro-alimentaires dans l'espace CEDEAO

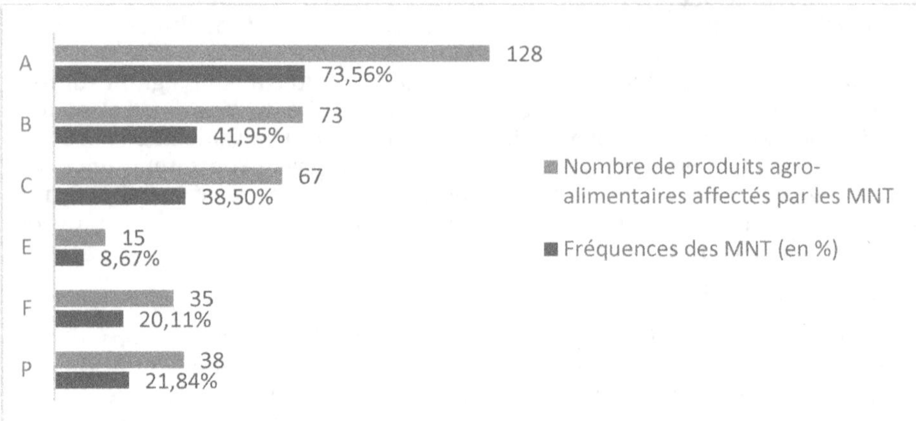

Classification internationale des barrières non tarifaires (BNT)

Code BNT	Description des BNT	Code BNT	Description des BNT
A	Mesures sanitaires et phytosanitaires	E	Licences, quotas, interdictions et autres restrictions quantitatives
B	Barrières techniques au commerce	F	Charges, taxes et autres tarifs parallèles
C	Inspections avant expéditions	P	Mesures liées aux exportations

Source : UNCTAD-NTM.

Les statistiques relatives aux BNT dans l'espace CEDEAO (Graphique 6) montrent la prépondérance des mesures sanitaires et phytosanitaires ainsi que des mesures techniques qui s'appliquent sur 128 et 73 produits agro-alimentaires respectivement sur un total de 174 produits échangés, soit des fréquences d'établissement de ces barrières respectivement de 73,5% et 41,9%. Selon Gebrehiwet et al. (2007), les normes sanitaires et phytosanitaires rigoureuses et les mesures techniques appliquées par les pays seraient conçues pour compenser les pertes liées à la baisse ou à la suppression des tarifs sur le commerce des produits agricoles.

Les colonnes (1) à (4) du Tableau 5 indiquent les résultats du modèle de gravité alternatif estimé par une procédure d'Heckman en deux étapes pour les quatre groupes de produits agroalimentaires considérés. Les coefficients estimés demeurent robustes et les effets restent conformes aux signes attendus pour les variables traditionnelles du modèle de gravité.

Les résultats montrent que les BNT mesurées par leurs fréquences limitent significativement les échanges intrarégionaux des produits agroalimentaires. L'incidence des mesures sanitaires et phytosanitaires (MSP_A) et des normes et règlements techniques (OTC_B) apparaît importante sur les produits d'élevage et les produits halieutiques. La nature de ces produits qui présentent des exigences plus fortes en matière de normes sanitaires et de santé animale expliquerait ce résultat. En outre, les résultats montrent que les mesures restrictives liées aux exportations (MLE_P) réduisent particulièrement les échanges dans le secteur céréalier. L'effet négatif de ces mesures sur le commerce des produits céréaliers est d'autant plus pertinent que plusieurs pays de l'espace CEDEAO imposent en violation des textes des restrictions saisonnières sur les exportations des produits céréaliers pour des motifs de sécurité alimentaire.

Tableau 5 : Analyse de sensibilité : modèle d'Heckman et effets des BNT sur les échanges désagrégés par catégorie de produits agro-alimentaires

Variables explicatives	Heckman Model			
	(1) Produits d'élevage	(2) Produits halieutiques	(3) Végétaux	(4) Céréales
Lnpib_o	0.2657** (0.1108)	0.3224*** (0.0722)	0.1408* (0.081)	0.1301*** (0.1203)
Lnpib_d	0.191* (0.1047)	0.855*** (0.0905)	0.2207*** (0.0607)	0.3767*** (0.0722)
Lndistw	-1.0224*** (0.3227)	-1.8226*** (0.2188)	0.7519*** (0.1993)	-0.011 (0.2707)
Contig	0.9729*** (0.3888)	0.7856*** (0.275)	0.4242** (0.2039))	2.3606*** (0.2374)
Comlang	1.2436*** (0.4852)	1.5191*** (0.2845)	1.7024*** (0.2771)	0.9245** (0.378)
Qadm_d	0.6539*** (0.1735)	0.6492*** (0.1639)	0.0614 (0.1448)	0.4155** (0.1665)
Qadm_o	0.1559 (0.1818)	0.2215* (0.1327)	0.5562*** (0.1055)	0.3199*** (0.1222)
Ccor_d	1.325*** (0.1861)	0.6032*** (0.1387)	0.2427** (0.1073)	0.0951 (0.1426)
Ccor_o	0.0672 (0.1746)	0.2654** (0.1259)	0.0496 (0.1167)	0.1313 (0.1329)
UEMOA	1.8098*** (0.6573)	1.897*** (0.3996)	1.9139*** (0.324)	1.1035*** (0.3883)
Imp^{UEMOA}	0.1927 (0.8618)	0.8931** (0.4058)	-0.2856 (0.3559)	0.3111 (0.4399)
Exp^{UEMOA}	1.2735* (0.6846)	1.2128*** (0.3214)	0.36 (0.2796)	0.9913*** (0.3423)
Les Barrière Non Tarifaires				
MSP_A	-0.0045** (0.0023)	-0.0174*** (0.0017)	0.0016 (0.0015)	-0.0094*** (0.0019)
OTC_B	-0.0071** (0.0028)	-0.01182*** (0.0014)	-0.00017 (0.0014)	-0.0016 (0.0016)
IEF_C	-0.00204 (0.0029)	-0.007*** (0.0019)	-0.0029** (0.0014)	0.0026 (0.0019)
MNT	-0.0053* (0.003)	-0.003 (0.0021)	-0.0017 (0.002)	-0.0041* (0.0023)
MLE_P	0.00032 (0.002)	-0.0023* (0.0012)	-0.0018* (0.0011)	-0.0041*** (0.0013)
Constante	14.669*** (3.4718)	10.8283*** (3.0344)	10.1458*** (2.2209)	12.9611*** (3.3157)

Notes : MSP_A : Mesures sanitaires et phytosanitaires ; OTC_B : obstacles techniques au commerce ; IEF_C : Inspections avant expéditions et autres formalités ; MNT : Mesures non techniques ; MLE_P : Mesures liées aux exportations.

*La variable dépendante est Log (Importations agricoles en $ US). Les écarts-types sont entre parenthèses : *p<0.1, significatif à 10% ; **p<0.05, significatif à 5% ; ***p<0.01, significatif à 1%. Effets importateur-année; exportateur-année.*

5.3. Résultat des estimations du modèle de sécurité alimentaire

Dans notre étude, les estimateurs GMM et IV ne sont pas appropriés en raison de la faible dimension individuelle (N=15 pays). Bruno (2005) démontre que dans le cas d'une faible dimension individuelle la méthode *biased-corrected least square dummy variable* (LSDVC) avec correction des biais apparaît comme le meilleur estimateur des modèles à effets fixes en panel dynamique. Avec une petite dimension temporelle comme la nôtre (T=16), Kiviet (1995) et Judson et Owen (1999), au travers de simulations de Monte Carlo, concluent à la meilleure performance de cet estimateur. Ainsi, l'estimateur LSDVC est utilisé pour examiner l'impact des importations agro-alimentaires sur la prévalence de la sous-alimentation. Les résultats sont résumés dans le Tableau 6.

Tableau 6. Résultats des estimations de l'équation de sécurité alimentaire

Variables	(1)	(2)
Lag (SA)	0.9956277*** (0.0248606)	0.9955181*** (0.0289206)
Ln (Imp^{CEDEAO})	-0.1509075** (0.0754821)	-0.1515154* (0.0813714)
Ln (Imp^{Monde})	-0.1623506** (0.0755471)	-0.1635188** (0.0812654)
Ln (pda)	0.0974454 (0.193446)	-0.001798 (0.207418)
lib_civ	-0.154523* (0.0804445)	0.1133626 (0.0938164)
dpte	-0.0159113** (0.0079359)	0.0121162 (0.0082998)
Cor	-0.0099294 (0.0070478)	-0.0125472 (0.0084261)
Cel	0.0021221 (0.0025224)	-0.0054887 (0.0045596)
road	-0.0795342** (0.0316875)	-0.0809533** (0.0334773)
psta	-0.6197772*** (0.2279169)	-0.4127773 (0.2784739)
Lag (Ln Pib_tête)	-2.18689*** (0.593307)	-1.871336*** (0.6393667)
Ln (Foodaids)	0.0323412 (0.0226451)	-0.0495565** (0.0246599)
Ln (Desaster)	0.0004271 (0.0108232)	0.0025187 (0.0120917)
Effets fixes pays	Oui	Oui
Effets fixes années	Non	Oui
Nombre de pays	15	15
Nombre d'années	16	16

*Notes : les écarts-types "boostrappés" sont entre parenthèses et sont robustes à l'hétéroscédasticité et à l'autocorrélation. *,**;*** significativité statistique à 10%, 5% et 1% respectivement.*

Les estimations empiriques de l'équation de sécurité alimentaire contrôlent les effets spécifiques pays (colonne 1) et les effets spécifiques pays et temps simultanément (colonne 2).

La prévalence de la sous-alimentation de l'année courante, *Lag (SA),* a une liaison positive forte avec la prévalence de la sous-alimentation de l'année antérieure (variable dépendante retardée). Ce résultat traduit un certain effet de persistance de la sous-alimentation. Ce phénomène s'expliquerait par la pauvreté structurelle des populations pour lesquelles une situation initiale de sous-alimentation réduit les capacités de production et accroît leur vulnérabilité aux pénuries alimentaires dans les périodes suivantes. La variable *Lag (SA)* traduit aussi un effet retardé des variables de contrôle qui apparaissent significatives dans l'explication de la sous-alimentation : « liberté civile », « droit de propriété », « infrastructures routières », « stabilité politique » et « revenu par tête ».

La variable « liberté civile » (*lc*) capte les libertés d'action de la société civile et en particulier en faveur du droit à l'alimentation. Le coefficient négatif et significatif de cette variable indique que la capacité de la société civile à mettre en place des systèmes d'information permettant d'identifier, d'alerter et suivre les populations en insécurité alimentaire, réduit significativement la prévalence de la sous-alimentation. Comme attendu le respect des droits de propriété et en particulier de la propriété foncière (*dpte*) réduit significativement la prévalence de la sous-alimentation. Un meilleur accès aux infrastructures routières (*road*) permet d'améliorer la distribution des denrées alimentaires et baisse significativement la prévalence de la sous-alimentation. Une élévation des revenus par tête diminue de manière significative la sous-alimentation comme prédit par les modèles. Ce résultat confirme la forte corrélation entre la pauvreté et l'insécurité alimentaire. Le coefficient négatif et significatif de la stabilité politique (*psta*) en colonne (1) montre que les tensions politiques et les conflits armés ont un impact sérieux sur les ressources humaines et économiques permettant d'assurer la sécurité alimentaire.

Les variables d'importations agricoles intra-CEDEAO (Imp^{CEDEAO}) et d'importations en provenance du reste du monde (Imp^{MONDE}) constituent nos variables d'intérêt. Les coefficients de ces variables sont significatifs et montrent qu'un accroissement des importations agricoles intrarégionales et du reste du monde de 1% engendre une réduction significative de la sous-alimentation respectivement de 0,15% et 0,16%. Ce résultat montre que le développement du commerce agricole régional est un élément décisif pour la sécurité alimentaire compte tenu des complémentarités agricoles entre les pays de la région.

Tableau 7 : Moyennes sur 2000-2015 des potentiels de commerce et de la prévalence de la sous-alimentation induite pour les 15 pays de la CEDEAO

Pays	Importations (1 000 000 $)			Prévalence de la Sous-Alimentation		
	Observées	Potentielles	Ratios	Observées	Induites	Ratios
Bénin	14,73	17,88	1,21	14,19	12,16	0,86
Burkina Faso	24,77	37,65	1,52	23,03	20,76	0,90
Côte d'Ivoire	28,8	357,48	1,24	15,06	13,03	0,87
Cap Vert	0,901	1,73	1,93	21,11	15,51	0,73
Ghana	21,42	39,76	1,86	11,91	8,98	0,75
Guinée	5,24	12,18	2,32	8,43	7,11	0,84
Gambie	0,815	1,05	1,29	20,26	17,97	0,89
Guinée-Bissau	1,32	6,98	5,28	24,03	8,6	0,36
Liberia	0	0,87		38,39		
Mali	12,13	21,38	1,76	9,34	7,03	0,75
Niger	31,66	36,67	1,16	14,09	12,18	0,86
Nigeria	26,44	110,05	4,16	7,31	1,03	0,14
Sénégal	32,8	34,3	1,05	18,29	16,65	0,91
Sierra Leone	0,447	2,87	6,43	32,11	5,95	0,18
Togo	10,007	12,81	1,28	23,66	21,8	0,92

Source : auteurs.

5.4. Simulation des niveaux de sécurité alimentaire induits par le potentiel estimé de commerce agro-alimentaire intra-CEDEAO

Les écarts entre les importations observées et les importations potentielles prédites par le modèle de gravité donnent une évaluation des performances commerciales des pays de la CEDEAO. Nous présentons les importations prédites par le modèle de gravité en comparaison des données observées, et les niveaux de sous-alimentation qui en résultent. Les moyennes sont calculées sur les 16 années pour chacun des 15 pays dans le Tableau 7.

Le rapport des importations potentielles sur les importations observées indique des valeurs supérieures à 1. Ce rapport est particulièrement élevé en Sierra Leone, en Guinée-Bissau et au Nigeria. Il apparaît donc que tous les pays de la CEDEAO sont en deçà de leur potentiel de commerce intra-régional. Comme suggéré par le modèle de sécurité alimentaire, les pays ont un niveau de prévalence de la sous-alimentation induite inférieur au niveau observé, autrement dit il est possible pour les pays de réduire le niveau de la sous-alimentation par l'intensification des échanges agricoles intra-régionaux.

CONCLUSION

Cet article a analysé le lien entre les échanges agricoles intra-régionaux et la sécurité alimentaire dans l'espace CEDEAO. Un modèle de gravité augmenté a d'abord été estimé sur les valeurs annuelles des importations agricoles bilatérales des pays membres de la CEDEAO sur la période 1995-2015. L'effet du commerce régional sur la prévalence de la sous-alimentation a ensuite été évalué pour les 15 pays membres sur la période 2000-2015.

Les résultats des estimations de l'équation de gravité indiquent, en accord avec la littérature, que l'évolution des PIB des pays partenaires, la proximité géographique et les affinités linguistiques ont un effet positif sur les échanges bilatéraux et que les barrières naturelles telles que la distance et l'enclavement ont des effets négatifs sur le commerce.

Les variables d'intérêt de notre analyse de gravité sont les coûts de commerce et l'effet de l'appartenance à d'autres accords sous-régionaux, en particulier l'ensemble sous-régional UEMOA. L'étude montre que les coûts de divers ordres (lourdeur et coût des procédures administratives, contrôles routiers et corruption, déficiences des infrastructures de transport et de télécommunication) tendent à accroître les coûts de transaction et à limiter les échanges agricoles intra-régionaux. L'article montre également l'importance de la zone UEMOA en tant que catalyseur du commerce intra-régional : les résultats mettent en évidence un supplément significatif de commerce de biens agricoles intra-UEMOA et l'absence de détournement de commerce. Ainsi, la stabilité des taux de change que confère le partage d'une monnaie unique a favorisé des flux additionnels d'échanges entre les pays membres de l'espace UEMOA qui ne résultent pas d'un détournement de commerce.

L'analyse de la sécurité alimentaire suggère que la capacité de la CEDEAO à assurer l'essentiel de ses besoins alimentaires dépend dans une large mesure du développement des échanges agricoles régionaux. Compte tenu des complémentarités entre régions agricoles, les politiques visant à promouvoir le commerce intra-régional peuvent contribuer à améliorer la sécurité alimentaire.

RÉFÉRENCES

Anderson, E., 1979, "A theoretical Foundation for the Gravity Equation", *American Economic Review*, 69(1), 106-116.

Anderson, J. et Van Wincoop, E., 2003, "Gravity with gravitas: A solution to the border puzzle", *American Economic Review*, 93, 170-192.

Anderson, J. et Van Wincoop, E., 2004, "Trade Costs", *Journal of Economic Literature*, 42, 691-751.

Arawomo, F.D. et Badejo, A.A., 2015, "Extent and drivers of intra-regional trade in food products in ECOWAS", *International Journal of Trade and Global Markets*, 8(4), 310-323.

Avom, D et G. Fankem, 2014, "Qualité du cadre juridique, corruption et commerce international: le cas de la CEMAC", *Revue d'Économie politique* 124(1), 101-128.

Baier, S.L. et Bergstrand, J.H., 2007, Do Free Trade Agreements Actually Increase Members' International Trade? *Journal of International Economics*, 71(1), 72-95.

Baier, S.L. et Bergstrand, J.H., 2009, "Estimating the Effects of Free Trade Agreements on International Trade Flows Using Matching Econometrics", *Journal of International Economics*, 77(1), 63-76.

Baltagi, B. H., P. Egger et M. Pfaffermayr, 2015, "Panel data gravty models of international trade", 608-641, chapitre 20, in Baltagi B.H., *The Oxford Handbook of Panel Data*, University Press.

Bonjean, C., Brunelin S., Carrere, C., 2013, *Impact de l'intégration sur le commerce* dans "*Intégration régionale pour le développement en zone franc*", FERDI, Rapport d'étude.

Bruno, G., 2005, "Approximating the bias of the LSDV estimator for dynamic unbalanced panel data models, *Economics Letters*, 87(3), 361-366.

CEDEAO, 2015, Agriculture and Food in West Africa: Trends, Performances and Agricultural Policies. ECOWAS, Abuja (Nigeria), 138 p.

Cissokho, L., Haughton, J., Makpayo, K., and A. Seck, A., 2012, "Why Is Agricultural Trade within ECOWAS so High?", *Journal of African Economies*, 22, 1, 22-51.

Deardoff, A., 1998, "Determinants of Bilateral Trade: Does Gravity Work in a Neoclassical World?" In *The Regionalization of the World Economy*, 7-32, University of Chicago Press.

Dithmer, J. et Abdulai, A., 2017, "Does trade openness contribute to food security? A dynamic panel analysis", *Food Policy*, 69, 218-230.

Evenett, S. et Keller, W., 2002, « On Theories Explaining the success of the Gravity Equation", *Journal of Political Economy*, 110,2, 281-316.

FAO, 1996, La Déclaration de Rome sur la sécurité alimentaire mondiale et le Plan d'action du Sommet mondial de l'alimentation. Sommet mondial de l'Alimentation, novembre, FAO, Rome.

FAO, 2003, Trade Reforms and Food Security: Conceptualizing the Linkages. FAO, Rome.

Feenstra, R.C., 2004, *Advanced International Trade: Theory and Evidence*, Princeton University Press.

Florensa, L., L. Marquez-Ramos, I. Martinez-Zarzoso and M. Recalde, 2015, "Regional versus global production networks: where does Latin America stand?", *Applied Economics*, 47, 3938-3956.

Gebrehiwet, Y., Ngqangweni, S., & J. Kirsten, 2007, "Quantifying the trade effect of sanitary and phytosanitary regulations of OECD countries on South African food exports", *Agrekon*, 46(1), 23-39.

Gylfason, T., I. Martinez-Zarzoso and P. Wukman, 2015, "Free Trade Agreements, Institutions and The Exports of Eastern Partnership Countries", *Journal of Common Market Studies*, 53(6), 1214-1229.

Head, K. et Mayer, T., 2014, "Gravity Equations: Workhorse, Toolkit, and Cookbook", in Gopinath, G., Helpman, E., and Rogoff, K. (eds), *Handbook of International Economics*, Vol. 4, Oxford: Elsevier B.V.

Helpman E., Melitz M. et Rubinstein Y., 2008, "Estimating Trade Flows : Trading Partners and Trading Volumes", *The quarterly Journal of Economics*, MIT Press, 123, 2, 441-487.

Herath, H., Cao, L., et Chen, Y., 2014, "Impacts of regional trade agreements on food security: a case of ASEAN free trade agreement", *International Journal of Social Sciences and Interdisciplinary Research*, 3, 147-157.

Hummels, D. et Levinsohn J., 1995, « Monopolistic Competition and International Trade: Reconsidering the Evidence", *Quarterly Journal of Economics*, 799-836.

Judson, R., Owen, A., 1999, « Estimating dynamic panel data models: a guide for macroeconomists », *Economics Letters* 65, 9–15.

Kiviet, J., 1995, "On bias, inconsistency, and efficiency of various estimators in dynamic panel data models", *Journal of Econometri*cs, 68, 53–78.

Kleiner, J. et Toubal, F., 2010, "Gravity for FDI", *Review of International Economics*, 18, 1, 1-13.

Longo, R. and K. Sekkat, 2004, "Economic Obstacles to Expanding", *World Developmen*t, 32, 8, 1309-1321.

Njinkeu, D., et Fosso, B., 2006, "Intra-African trade and regional integration", Paper prepared for ADB/AERC International Conference on Accelerating Africa's Development Five Year into the 21st Century, Tunis.

Portugal-Perez, A. and J. S. Wilson, 2009, "Trade Costs in Africa: Barriers and Opportunities for Reform." World Bank Policy Research Working Paper 4619, The World Bank.

Sen, A., 1999, Democracy as a Universal Value, *Journal of Democracy,* 10, 3, 3-17.

Sen, A., 1981, *Poverty and famines: an essay on entitlements and deprivation*, ILO 1981, Oxford University Press.

Sen, A., 1983, "Development, which way now?", *Economic Journal*, 93, 372, 745-762.

Silva, J. et Tenreyro, S., 2006, « The Log of Gravity" *Review of Economics & Statistics*, 88, 4, 641-658.

Timbergen J., 1963, *Shaping the World Economy: suggestions for an international Economic Policy*, New York: The Twentieth Century Fund.

Tinta, A. A., Sarpong, B., Ouedrago, I. M., Al Hassan, R., Mensah-Bonsu, A. et Onumah, E., 2018, "Assessing the impact of regional integration and international trade on economic growth and food security in ECOWAS", *Global Journal of Management and Business Research, B Economics and Commerce*, 18, 2, version 1, 32-44.

Wei, S.-J., 1996, "Intra-National Versus International Trade: How Stubborn Are Nations in Global Integration?", Cambridge, MA, National Bureau of Economic Research, *NBER Working Paper* No. 5531.

Wiesmann, D., 2006, Global hunger index: a basis for cross-country comparisons. International Food Policy Research Institute.

ANNEXES

Tableau A1. Description des variables du modèle de gravité et sources des données

Variables	Descriptions	Sources
Imp_{ijt}	Flux des importations agricoles du pays *j* en provenance du pays *i* (en dollar constant)	WITS[a] (UN Comtrade)
pib_{it} , pib_{jt}	PIB du pays exportateur et du pays importateur à prix constant (en dollar constant 2000)	WDI
$dist_{ij}$	Distance pondérée entre les capitales des pays *i* et *j*	CEPII[b]
$contig_{ij}$	Variable binaire décrivant le partage d'une frontière commune	CEPII
$comlang_{ij}$	Variable binaire décrivant le partage d'une langue commune	CEPII
Barrières Non Tarifaires		
MSP_A	Fréquence des mesures sanitaires et phytosanitaires	UNCTAD-NTM
OTC_B	Fréquence des obstacles techniques au commerce	UNCTAD-NTM
IEF_C	Fréquence des inspections avant expédition et autres formalités	UNCTAD-NTM
MNT	Fréquence des mesures non techniques	UNCTAD-NTM
MLE_P	Fréquence des mesures liées aux exportations	UNCTAD-NTM
$UEMOA_{ijt}$	Variable binaire qui décrit l'appartenance des 2 pays coéchangistes à l'accord d'intégration économique et monétaire UEMOA[c]	
Imp_{ijt}^{UEMOA}	Variable binaire qui décrit à la fois l'appartenance de l'importateur à l'UEMOA et la non-appartenance de l'exportateur à l'UEMOA	CEPII
Exp_{ijt}^{UEMOA}	Variable binaire qui décrit à la fois la non-appartenance de l'importateur à l'UEMOA et l'appartenance de l'exportateur à l'UEMOA	CEPII
$Multiap_{ijt}$	Variable qui indique le nombre d'accords régionaux auxquels les 2 pays coéchangistes *i* et *j* appartiennent à l'année *t*	CEPII
$Cell_{it}, Cell_{jt},$	Taux de pénétration de la téléphonie mobile qui indique le nombre d'abonnés pour 100 personnes en âge de travailler des pays exportateur *i* et importateur *j*	ITU
$Psta_{it}, Psta_{jt}$	Moyenne de 4 composantes de risque politique de l'ICRG : stabilité du gouvernement, conflit interne, tensions religieuses et ethniques	ICRG (International Country Risk Guide)
$qadm_{it}, qadm_{jt},$	Qualité de l'administration dans les pays coéchangistes *i* et *j* mesurée sur une échelle d'appréciation de 0 à 4	ICRG
$Ccor_{it}, Ccor_{jt}$	Contrôle de la corruption dans les pays coéchangistes *i* et *j* mesuré sur une échelle d'appréciation de 0 à 4	ICRG
$Encl_i, Encl_j$	Variables binaires indiquant l'absence d'ouverture maritime respectivement du pays importateur *i* et du pays exportateur *j*	CEPII
IPLcustom_d, IPLcustom_o	Indice synthétique d'efficacité des procédures douanières (nombre, coût et durée des procédures)	WDI
RM_{it}, RM_{jt}	Résistance multilatérale des pays exportateur *i* et importateur *j*	Auteurs

[a] *Word Integrated Trade Solution.*
[b] *Gravity dataset, Centre d'études prospectives et d'informations internationales.*
[c] *Pays de la CEDEAO appartenant à l'UEMOA : Bénin, Burkina Faso, Côte d'Ivoire, Guinée-Bissau, Mali, Niger, Sénégal et Togo.*
Source : Auteurs.

Tableau A2. Résumé statistique des variables du modèle de gravité

Variable		*Mean*	*Std. Dev.*	*Min*	*Max*
Imports	*overall*	1507787	6719935	0	2.15e+08
	between		5532745	0	5.79e+07
	within		4915695	-5.64e+07	1.98e+08
Lnpib	*overall*	22.01887	1.501019	18.72079	27.06539
	between		1.373555	19.37943	25.4872
	within		0.5809855	20.42550	23.59706
Lndistw	*overall*	7.028024	0.6195468	5.238067	8.119218
	between		0.6113686	5.238067	8.119218
	within		1.78e-15	7.028024	7.028024
Contig	*overall*	0.2339869	0.4234101	0	1
	between		0.418455	0	1
	within		0	0.2339869	0.2339869
Langoff	*overall*	0.3568627	0.479126	0	1
	between		0.469353	0	1
	within		0	0.3568627	0.3568627
Enclav	*overall*	0.1960784	0.3970718	0	1
	between		3911281	0	1
	within		0	0.1960784	0.1960784
Cell	*overall*	49.89183	63.48663	0	280.5596
	between		22.26296	0	78.28026
	within		60.89074	-28.13618	263.5228
Ccor	*overall*	2.266685	0.8188391	0	4
	between		0.6670455	1.097222	4
	within		0.4928992	0.877796	4.169463
Qadm	*overall*	0.9881627	0.9208987	0	3
	between		0.8594081	0	2.5
	within		0.3506599	-0.970171	3.38102
Psta	*overall*	3.889466	0.6344373	1.807292	5.161458
	between		0.5017337	2.821429	4.790427
	within		0.3733799	2.028107	5.078454
UEMOA	*overall*	0.2470588	0.4313482	0	1
	between		0.4097949	0	1
	within		0.0885711	-0.610084	0.389916
Multiap	*overall*	0.8605664	0.8369807	0	4
	between		0.6357005	0	3.809524
	within		0.5448095	0.003424	3.003424
ExpUEMOA	***overall***	0.2694989	0.4437478	0	1
	between		0.4380068	0	1
	within		0.0745437	-0.682882	1.126642
ImpUEMOA	***overall***	0.2657952	0.4418038	0	1
	between		0.4323086	0	1
	within		0.0915382	-0.686586	1.122938

Source : Auteurs.

Tableau A3. Test LR sur le paramètre de dispersion

Imports	*Coef.*	*Std. Err.*	*z*	*P>|z|*
lnpib_o	0.591706***	0.093431	6.33	0.000
lnpib_d	1.560589***	0.091682	17.02	0.000
lndistw	-0.105097	0.172313	-0.61	0.542
_Icontiga1	1.407274***	0.251066	5.61	0.000
Icomlang_o_1	-0.131835	0.225066	-0.59	0.558
Ienclav_da1	-1.154353***	0.296838	-3.89	0.000
Ienclav_oa1	-2.720526***	0.282291	-9.64	0.000
cell_d	0.010163***	0.002794	3.64	0.000
cell_o	0.001334	0.003047	0.44	0.662
qadm_d	0.98112***	0.123083	7.97	0.000
qadm_o	0.104812	0.096335	1.09	0.277
ccor_o	0.822456***	0.121622	6.76	0.000
ccor_d	0.243024**	0.122829	1.98	0.048
psta_o	0.118102	0.178378	0.66	0.508
psta_d	1.095084***	0.191968	5.70	0.000
IUEMOAa1	3.972893***	0.346526	11.46	0.000
multi_App	-0.085416	0.134961	-0.63	0.527
expUEMOA	0.470649*	0.275754	1.71	0.088
impUEMOA	2.3442***	0.280964	8.34	0.000
Constante	-38.09155***	4.049525	-9.41	0.000
/lnalpha	2.977763	0.023500		
alpha	19.64383	0.461634		

Likelihood-ratio test of alpha=0: chibar2(01) = 1.5e+10 Prob>=chibar2 = 0.000.

Tableau A4. Fréquence des flux de commerce nuls dans l'échantillon

Select.	Fréquence	Pourcentage
0	2568	55,95
1	2022	44,05
Total	4590	100

Tableau A5. Équation de participation au commerce du modèle d'Heckman

	(1) Produits d'élevage	(2) Produits halieutiques	(3) Végétaux	(4) Céréales
Lnpib_d	0.1414***	0.2956***	0.136***	0.1424***
	(0.0246)	(0.017)	(0.0162)	(0.0171)
Lnpib_o	0.3367***	0.1324***	0.3774***	0.3669***
	(0.0257)	(0.0156)	(0.0173)	(0.0181)
Lndistw	-0.5285***	-0.2648***	-0.707***	-0.668***
	(0.0783)	(0.0495)	(0.0506)	(0.0538)
Contig	0.6777***	0.579***	0.2893***	0.1461**
	(0.0905)	(0.0696)	(0.0669)	(0.0697)
Comlang	0.5168***	0.5686***	0.7861***	0.6432***
	(0.0719)	(0.0499)	(0.0491)	(0.052)
Enclav_d	-0.4677***	-0.289***	-0.6534***	-0.7561***
	(0.0747)	(0.0544)	(0.0586)	(0.0647)
Enclav_o	-0.5897***	-0.719***	-0.0212	-0.2843***
	(0.0712)	(0.0654)	(0.0547)	(0.0612)
Qadm_d	0.1653***	0.1599***	0.2426***	0.2514***
	(0.0368)	(0.0264)	(0.0266)	(0.028)
Qadm_o	0.0329	0.1241***	0.0367	0.0621**
	(0.0385)	(0.0264)	(0.0259)	(0.0268)
IPLcustom_d	0.5812***	0.4585***	0.1944***	0.3111***
	(0.0833)	(0.0597)	(0.0594)	(0.0641)
IPLcustom_o	0.2252**	0.139**	0.1975***	0.0577
	(0.0911)	(0.0599)	(0.0576)	(0.0641)
Constante	7.7372***	-8.402***	-7.0189***	-7.4897***
	(0.8205)	(0.5517)	(0.5307)	(0.5645)
/athrho	-1.0763***	-1.3546***	-1.114***	-0.9449***
	(0.1826)	(0.1225)	(0.1206)	(0.1749)
/lnsigma	0.9225***	1.2603***	1.1101***	1.1493***
	(0.0835)	(0.0449)	(0.0426)	(0.0583)
rho	-0.7918	-0.8751	-0.8055	-0.7375
	(0.0681)	(0.0287)	(0.0423)	(0.0798)
sigma	2.5156	3.5266	3.03475	3.156
	(0.2099)	(0.1584)	(0.1294)	(0.1841)
lambda	-1.9919	-3.0863	-2.4444	-2.3276
	(0.3302)	(0.2315)	(0.2257)	(0.3812)

Notes : La variable dépendante est Log (Importations agricoles en $ US).
*Les écarts-types sont entre parenthèses : *p<0.1, significatif à 10% ; **p<0.05, significatif à 5% ; ***p<0.01, significatif à 1%. Effets importateur-année; exportateur-année.*
Source : Auteurs.

Tableau A6. Description des variables du modèle de sécurité alimentaire

Variables	Description	Source
SA_{it}	Prévalence de la sous-alimentation exprimée en % de la population consommant un niveau énergétique calorique inférieur aux besoins requis pour une vie saine et active	FAOSTAT
Imp_{it}^{CEDEAO}	Importations agricoles du pays *i* en provenance des pays de la CEDEAO par habitant	UN Comtrade
Imp_{it}^{MONDE}	Flux des importations agricoles du pays *i* en provenance des pays autres que ceux de la CEDEAO par habitant	UN Comtrade
ter_{it}	Terres arables en hectare par personne	World Development Indicators (WDI)
pda_{it}	Productivité agricole définie par le rendement céréalier en kg par hectare	FAOSTAT
lib_civ_{it}	Indice mesurant la liberté d'agir des peuples indépendamment de leurs gouvernements, mesuré et reajusté de manière croissante sur une échelle de 1 à 7 (1 les pays les moins libres et 7 les pays les plus libres).	Freedom House
$psta_{it}$	Moyenne de 4 composantes de risque politique de l'ICRG : stabilité du gouvernement, conflit interne, tensions religieuses et ethniques	ICRG
$dpte_{it}$	Évaluation sur une échelle de 100 de la capacité du système légal à garantir les droits de propriété privée, à assurer la sécurité juridique des biens et le respect des contrats	Heritage Foundation
cor_{it}	Niveau de perception de la corruption dans l'administration (en %)	Transparency International
$road_{it}$	Indice composite du transport routier (routes bitumées pour 10000 habitants et réseau routier rapporté à la superficie de territoire exploitable)	Africa Infrastructure Development index, African Development Bank
cel_{it}	Nombre d'abonnés à la téléphonie mobile pour 100 personnes	World Telecommunications
pib_{it}	Produit intérieur brut à prix constant par habitant	WDI
$Foodaids_{it}$	Niveau de l'aide alimentaire reçue	FAO
$desaster_{it}$	Occurrence et intensité des désastres écologiques	EM-DAT

Source : Auteurs.

Tableau A7. Résumé statistique des variables de l'équation de sécurité alimentaire

Variable	*Moyenne*	*Std. Dev.*	*Min*	*Max*
SSA *overall*	18.74792	9.117311	5.3	40.7
between		8.748772	7.3125	38.39375
within		3.374636	11.14167	29.15417
$Ln(Imp_{it}^{CEDEAO})$ *overall*	11.68765	5.528865	0	17.0392
between		5.33051	0	16.41639
within		1.984272	8.371343	23.07867
$Ln(Imp_{it}^{MONDE})$ *overall*	13.88864	6.469736	0	20.92932
between		6.230037	0	19.40085
within		2.340965	9.085713	27.37815
ter *overall*	0.2978897	0.213607	0.0938239	1.230955
between		0.2169916	0.1009365	1.005401
within		0.0387003	0.1368388	0.523444
pda *overall*	1174.753	427.5657	34.3	2270.5
between		398.8994	282.2938	1888.606
within		183.5166	705.3596	1717.16
libciv *overall*	3.6375	1.292823	1	6
between		1.19784	1.1875	5.125
within		0.571508	2.5125	5.575
dpte *overall*	31.85417	14.17168	10	75
between		13.55043	10.3125	64.6875
within		5.361537	17.1666	47.79167
ccor *overall*	25.91833	10.04416	10	58
between		7.478764	15.075	42.30625
within		6.961584	5.02458	41.61208
cel *overall*	36.85651	35.6079	0	138.5708
between		11.65287	15.62004	55.8634
within		33.76767	-18.55229	131.9613
road *overall*	7.297517	6.197454	1.075	28.268
between		6.249392	2.009125	27.23088
within		1.343381	2.692392	15.97789
psta *overall*	3.894978	0.6534437	1.807292	5.161458
between		0.6133823	2.569661	4.816732
within		0.2726979	2.877075	4.977986
gdp_cap *overall*	944.2535	714.8297	273.8509	3405.782
between		715.0708	345.3996	2938.487
within		178.1764	185.751	1474.026
Ln(foodaids) *overall*	9.092928	2.836791	0	12.46307
between		2.013196	3.421595	10.96228
within		2.061261	-0.7552114	15.86004
desaster *overall*	215407.4	879396.8	0	7983642
between		366156.2	1487.188	1354888
within		804787.5	-1134922	6844161

Source : Auteurs.

Regional agricultural trade and food security in ECOWAS countries

Abstract - The objective of this paper is to analyze the link between agricultural trade flows and food security in the ECOWAS region. We first estimate an augmented gravity model based on panel of the 15 ECOWAS member countries observed over the period 1995 – 2015, to assess factors influencing intra-regional agricultural trade. We then investigate the impact of intra-ECOWAS agricultural trade on food security measured by food undernourishment over the period 2000-2015. A simulation makes it possible to assess the difference between the prevalence of undernourishment observed and that would be induced by the potential level of trade. The results indicate that all measures aimed at facilitating intraregional agricultural trade contribute to improving food security in the ECOWAS region.

Key-words

Agricultural trade
Food Security
Regional Integration
Gravity Model
Panel data Econometrics
Africa
CEDEAO
UEMOA

Région et Développement
n° 54-2021

www.regionetdeveloppement.org

Les déterminants de la croissance des exportations de biens culturels au Togo

Victor NYATEFE*
Mawussé Komlagan Nézan OKEY**

Résumé - Cet article analyse les déterminants des exportations des biens culturels togolais vers le reste du monde à partir d'un modèle de gravité sur la période 2002 à 2015. Le Togo a fortement accru ses exportations de biens culturels dans les années récentes, auprès notamment de pays en développement situés en Afrique, et en premier lieu dans le secteur du design. La taille des économies des pays partenaires, une langue commune, mais surtout le niveau d'éducation, la liberté d'expression et un environnement institutionnel favorable (qualité de la réglementation, contrôle de la corruption…) au Togo sont les principaux déterminants de la croissance des exportations des biens culturels.

Classification JEL
N33, Z10, C23

Mots-clés
Biens culturels
Exportation
Modèle de gravité
Togo

Les auteurs remercient les rapporteurs anonymes et la direction de la revue pour leur importante contribution à l'amélioration de cet article.

* Équipe de Recherche en Economie Institutionnelle (ERECI), Université de Lomé, Togo ; vnyatefe@gmail.com ; vnyatefe@otr.tg
** Équipe de Recherche en Economie Institutionnelle (ERECI), Université de Lomé, Togo ; mawusseo2000@gmail.com

1. INTRODUCTION

Les entreprises culturelles peuvent contribuer au développement du commerce international et à la croissance économique dans les pays en développement (Dong et Truong, 2020). L'économie culturelle peut accroître les capacités productives, les emplois décents, la compétitivité, l'innovation et encourager la formalisation et la croissance des petites et moyennes entreprises (UNCTAD, 2015).

Le marché mondial des biens culturels a connu une croissance substantielle ces dernières années, passant de 208 milliards en 2002 à 509 milliards de dollars US en 2015, avec une croissance annuelle moyenne de 7% entre 2002 et 2015 (UNCTAD, 2015). Selon la même source, la participation des pays en développement au commerce des biens culturels progresse plus que celle des pays développés. Passé de 84,3 milliards de dollars en 2002 à 265 milliards de dollars en 2015, le taux de croissance annuel moyen du volume du commerce des biens culturels de l'ensemble des pays en développement a tourné autour de 9% au cours de la période. Plusieurs études montrent les progrès réalisés par certains pays en développement (Dong et Truong, 2020). Par exemple, la Chine, la Thaïlande et la Malaisie sont souvent présentées comme des modèles ayant construit des entreprises culturelles capables d'influencer le marché mondial des biens culturels à travers leurs exportations (UNIDO, 2006). Dès lors, le commerce des biens culturels pourrait constituer un potentiel de croissance pour les pays en développement qui cherchent à diversifier leurs économies afin d'atteindre les objectifs de développement durable.

Dans les études empiriques, le poids économique des pays (Schulze, 2011), le niveau d'éducation (Niu, 2017), la différence de langue, la distance culturelle (Liu et al., 2018) par exemple sont cités comme déterminants du commerce des biens culturels. Cependant, il existe peu d'études empiriques sur les déterminants des exportations des biens culturels dans les pays en développement (Dong et Truong, 2020) et en particulier dans les pays africains où ces biens sont hétérogènes (Fongue, 2002). Et ces travaux empiriques n'ont pas analysé les exportations des biens culturels togolais. Par ailleurs, la qualité des institutions semble être largement ignorée dans les analyses sur le sujet. C'est en ce sens que ce travail cherche à analyser les déterminants des exportations des biens culturels dans un pays africain comme le Togo.

Le Togo, conformément à la convention 2005 sur la diversité culturelle, a adopté en 2011 une politique dont l'un des piliers est de rendre plus visible la culture nationale à travers la promotion des exportations des biens et services culturels, tout en renforçant l'effet du secteur culturel sur l'économie du pays. Cependant il faut noter que malgré la plus grande importance prise par l'industrie culturelle dans l'économie au cours de ces dernières années, elle reste encore d'un poids marginal dans la balance commerciale. En conséquence, analyser les exportations des biens culturels togolais paraît nécessaire afin de cibler les produits culturels sur lesquels le pays est le plus compétitif et de déterminer les facteurs qui influencent ces exportations.

Les apports de cet article à la littérature sont de plusieurs ordres. Le premier apport réside dans l'approche d'analyse. Contrairement aux travaux précédents qui se sont limités au commerce international des œuvres d'art (Schulze, 1999; Fongue, 2002), cet article considère différentes catégories de biens culturels en s'appuyant sur le système international de classification des matières premières et les bases de données de l'UNCTAD, de l'UNESCO, du CEPII et de la Banque mondiale sur la période 2002 à 2015. Du point de vue méthodologique, ce travail utilise un modèle de gravité sous sa forme augmentée avec des techniques d'estimation plus robustes (notamment la méthode du Pseudo Maximum de Vraisemblance de Poisson) corrigeant les biais d'hétéroscédasticité, de valeurs nulles et omises dans les estimations souvent relevées dans les travaux antérieurs. Un autre apport concerne la prise en compte de la qualité des institutions parmi les déterminants identifiés dans la littérature (Rose, 2000; Disdier et Mayer, 2007; Disdier et al., 2010; Niu, 2017; Dong et Truong, 2020). Puisque les différences institutionnelles peuvent provenir des différences culturelles et que les institutions structurent les transactions, alors le cadre institutionnel devrait jouer un rôle important dans les échanges de biens culturels entre nations (Anderson et Marcouiller, 2002).

L'article est structuré comme suit. La section 2 dresse une synthèse de la littérature sur les déterminants des exportations des biens culturels. La section 3 présente les faits stylisés, la section 4 l'approche méthodologique et les données utilisées. La section 5 présente et discute les résultats.

2. REVUE DE LA LITTÉRATURE

Deux grandes approches théoriques permettent d'analyser le commerce des biens culturels. Ces approches cherchent à analyser les facteurs explicatifs de la structure du commerce des biens culturels.

La première approche est celle par la demande. Elle provient de la théorie de l'addiction positive (Becker et Murphy, 1988; Stigler et Becker, 1977). Selon cette théorie, l'utilité marginale de la consommation des biens culturels augmente à mesure que l'habileté d'apprécier ces biens augmente. En conséquence, plus les cultures sont proches entre deux pays, plus le commerce bilatéral des biens culturels devient important (Schulze, 2011). Il en découle que le premier déterminant des échanges de biens culturels entre deux nations est la proximité culturelle.

La seconde approche est celle par l'offre. Elle considère que les déterminants des échanges des biens culturels varient en fonction de la catégorie de biens culturels considérée. Elle classe donc les biens culturels en biens culturels uniques et en biens culturels reproductibles (Schulze, 2011).

Il est argumenté que le commerce international des biens culturels uniques est essentiellement lié à l'approche par la demande. De ce fait, ils dépendraient du niveau de revenu et de la proximité culturelle. Schulze (1999) montre que le commerce international des biens culturels peut être analysé avec un modèle de gravité en intégrant les variables liées au niveau de revenu et à la proximité culturelle. Comme *proxy*, l'auteur a utilisé le PIB par tête pour le niveau de revenu, la distance et la langue commune comme mesure de la proximité culturelle entre deux pays. À l'inverse, les biens culturels reproductibles n'obéissent pas à cette théorie. Le commerce international de ce type de biens dépendrait plutôt de la culture du premier producteur et des consommateurs (Schulze 2011).

Plusieurs versions de la classification des biens culturels existent dans la littérature. Selon Howkins (2001) et Hesmondhalgh (2002), la publicité, l'architecture, l'art, l'artisanat, le design, la mode, les films, la musique, le spectacle vivant, l'édition, la recherche et développement, les logiciels, les jouets et jeux, télévision/radio et jeux vidéo relèvent du secteur culturel. Cependant, la classification la plus récente est celle fournie par l'UNCTAD (2008, 2013). Elle considère les biens culturels comme ceux relevant de l'artisanat, de l'audiovisuel, du design, des nouveaux médias, de l'art performant, de l'édition et des arts visuels.

Quelle que soit la classification considérée, la littérature sur les déterminants du commerce international des biens culturels cherche à appliquer les théories économiques du commerce international aux échanges des biens culturels. Se basant sur ces différentes théories et concepts, plusieurs travaux ont tenté d'apprécier les déterminants des exportations des biens culturels dans plusieurs pays.

Schulze (1999) fut l'un des premiers à appliquer le modèle de gravité au commerce international des biens d'art. Dans ses travaux, l'auteur estime un modèle de gravité en régressant le commerce bilatéral des biens culturels sur le PIB, la distance géographique entre les deux pays, le niveau de revenu, la frontière commune, la langue commune et l'appartenance à une même communauté commerciale. Les résultats montrent que le poids économique du pays importateur exerce un effet plus prononcé sur les exportations des biens culturels de même que certaines variables relatives à la proximité culturelle, favorisée par une histoire et une langue communes (Niu, 2017 ; Takara, 2018).

D'autres travaux se sont intéressés aux déterminants des exportations des biens culturels. Par exemple, Frontier Economics (2012) et l'Union européenne (2014) ont analysé le commerce des biens culturels dans les États membres de l'Union européenne. Les résultats montrent que les exportations européennes des biens culturels sont notamment limitées par la prédominance de très petites entreprises, la faiblesse des intermédiaires et une mauvaise gestion des droits. KEA European Affairs (2013) montre aussi que le principal obstacle à l'exportation des biens culturels européens vers l'Afrique du Sud est l'absence de politique de soutien aux industries culturelles. De ces deux études, il en résulte que des facteurs comme la taille des entreprises culturelles, la qualité de la gouvernance économique et politique apparaissent aussi déterminants dans les exportations des biens culturels.

Certains travaux ont analysé les effets du niveau d'éducation et de la distance culturelle sur les exportations des biens culturels. Par exemple, Tadesse et White (2010) ont montré que la proximité culturelle est un facteur inhibiteur du commerce de biens homogènes et de biens culturellement différenciés. Pour Felbermayr et Toubal (2010) à l'inverse, plus les pays sont proches culturellement plus ils ont tendance à échanger des biens différenciés. Toutefois, ces auteurs ne tiennent pas compte des non-linéarités dans leurs analyses. Ce manquement a été comblé par Lankhuizen et de Groot (2016) qui montrent que le commerce international diminue avec la distance culturelle, mais si et seulement si les différences culturelles dépassent un seuil donné. Liu et al. (2018) ont testé cette non-linéarité en Chine et trouvent une relation curviligne (relation en U) entre la distance culturelle et le commerce des biens culturels. À l'inverse, Quer et al. (2017) montrent que face à une plus grande diversité culturelle, la distance culturelle semble n'exercer aucun effet sur le comportement des entreprises chinoises. Au regard de ces approches empiriques, il ressort que l'effet de la distance culturelle sur les exportations des biens culturels paraît encore ambigu.

Le niveau d'éducation dans les pays partenaires joue également un rôle prépondérant dans les exportations des biens culturels d'un pays. Le comportement de consommation nécessite une certaine connaissance culturelle qui augmente à mesure que le niveau d'éducation formelle augmente. Niu (2017) montre que les biens culturels attirent plutôt les consommateurs des pays et régions qui disposent d'un niveau d'éducation élevé. Cependant, le travail de Niu (2017) souligne aussi l'existence d'une relation non significative entre le niveau d'éducation du pays exportateur et le volume des exportations de ses biens culturels. En effet, les biens culturels contiennent une part de créativité qui n'est pas forcément liée au niveau d'éducation. En conséquence, l'effet de l'éducation du pays exportateur sur ses exportations de biens culturels reste assez mitigé.

Par ailleurs, Anderson et Marcouiller (2002) ont montré qu'une faible qualité des institutions réduit les échanges bilatéraux car elle augmente les risques et l'incertitude liés aux transactions internationales. Pour ces auteurs, ces incertitudes constituent des coûts additionnels pour l'opérateur économique et pénalisent les exportations. Cette théorie met en exergue l'effet de la qualité des institutions du pays sur ses exportations. Par exemple, la corruption peut agir comme une taxe cachée, augmentant ainsi les coûts des transactions et les prix des marchandises, ce qui à terme tend à contraindre les exportations et les importations (De Jong et Bogmans, 2011).

Les travaux empiriques spécifiques sur les déterminants des exportations des biens culturels dans les pays africains sont rares et aucune étude empirique n'a encore abordé le sujet pour le Togo. Les quelques travaux existants ont plutôt tenté de montrer la contribution réelle du secteur culturel dans l'économie de quelques pays en développement (UNCTAD, 2010, 2013, 2015).

3. FAITS STYLISÉS SUR L'EXPORTATION DES BIENS CULTURELS DU TOGO

3.1. Commerce extérieur des biens culturels togolais

Les exportations des biens culturels togolais vers le monde ont substantiellement augmenté durant la période 2002-2015 (Graphique 1). Ces exportations se sont multipliées par plus de 27 au cours de la période considérée, atteignant les 16,79 millions de dollars US en 2015. Comparé aux autres pays de l'Union Economique et Monétaire ouest-africaine (UEMOA), le Togo est passé de la 6e position en 2002 à la première position en moyenne entre 2011et 2015, devant la Côte d'Ivoire, le Sénégal, le Mali et le Burkina Faso en termes de valeur des exportations des biens culturels (Graphique 2).

Graphique 1: Togo, commerce des biens culturels vers le monde (valeurs en millions USD)

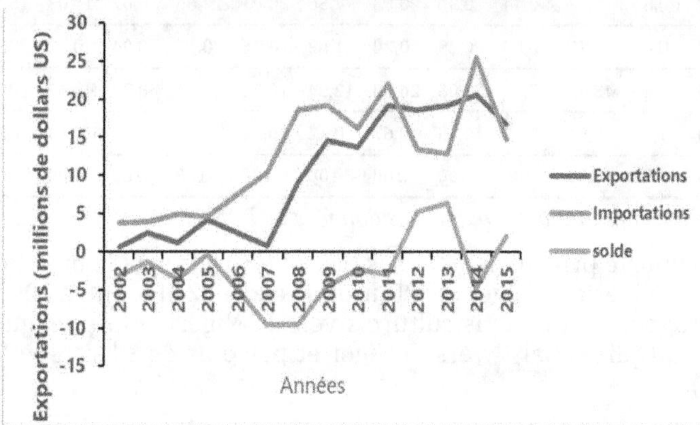

Graphique 2: Togo, exportations des biens culturels comparées aux autres pays de l'UEMOA (valeurs en millions USD)

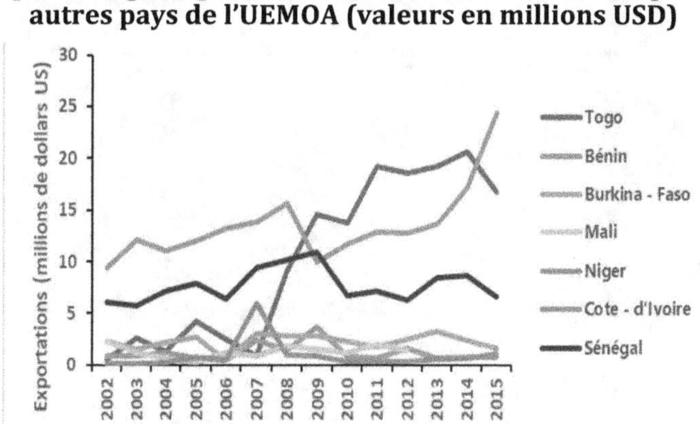

Source : Creative Economy Outlook, UNCTAD.

3.2. Structure des exportations et destination des biens culturels du Togo

Les exportations des biens culturels du Togo vers le monde portent essentiellement sur le design. Le secteur du design, qui représentait 36,6% en 2002, se situe entre 40 et 60% entre 2003 et 2007, à environ un tiers entre 2008 et 2011 et atteint environ 60% de la valeur totale des exportations des biens culturels en 2015 (Tableau 1). À l'inverse, la contribution des secteurs de l'artisanat et de l'édition ont significativement diminué entre 2002 et 2015. Les parts des secteurs comme l'audiovisuel, les arts visuels, les arts de scène sont restés relativement faibles. La forte concentration des exportations togolaises de biens culturels dans le design n'est pas surprenante. Le Togo est un important producteur de coton et où le commerce du pagne africain est en pleine croissance.

Tableau 1: Togo, distribution sectorielle des exportations des biens culturels vers le monde (pourcentage, 2002-2015)

Produits	2002	2003	2004	2005	2006	2007	2008	2009	2010	2011	2012	2013	2014	2015
Artisanat	12,28	14,45	4,98	7,17	11,02	12,71	30,30	21,64	13,53	60,25	4,94	20,69	49,63	6,48
Audio-visuel	1,88	1,52	3,44	1,60	1,16	0,96	14,41	12,85	3,93	1,63	3,95	1,33	1,32	1,45
Design	36,60	41,65	46,39	56,87	59,20	60,23	33,12	36,35	41,63	20,00	31,62	33,84	33,84	59,61
Nouveaux médias	0,92	0,89	0,64	0,44	0,50	0,53	7,50	10,01	12,66	8,67	14,03	15,38	7,98	10,91
Arts de scène	0,08	0,09	0,17	0,50	0,29	0,20	1,62	0,06	0,11	0,04	0,12	0,03	0,07	0,02
Édition/ publication	47,34	39,45	43,47	32,50	27,08	24,70	12,94	18,76	27,87	8,70	44,69	28,08	6,82	20,10
Arts visuels	0,89	1,94	0,91	0,92	0,75	0,67	0,12	0,32	0,27	0,71	0,64	0,66	0,33	1,42
Total	100	100	100	100	100	100	100	100	100	100	100	100	100	100

Source : Estimations des auteurs à partir des données de l'UNCTAD.

Le Togo a exporté principalement ses biens culturels vers le marché africain notamment vers le Nigeria, le Niger et le Burkina Faso en 2014. Entre 2005 et 2014, les exportations togolaises de biens culturels vers le Nigeria ont plus que quadruplé, elles ont été multipliées par 7 vers le Niger et par plus de 14 vers le Burkina Faso (Graphique 3).

Figure 1: Togo, répartition des exportations des biens culturels selon les continents (en pourcentage, 2002 et 2014)

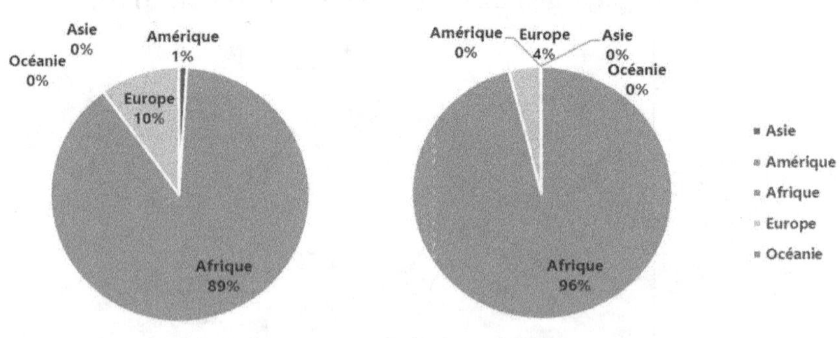

2002 2014

Source : Creative Economy Outlook, UNCTAD.

Graphique 3 : Togo : exportation des biens culturels vers les 10 principaux partenaires en 2005 et en 2014 (valeurs, en millions USD)

2005

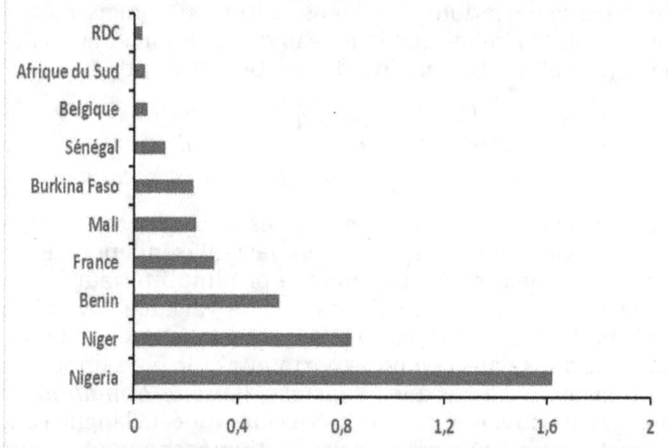

2014

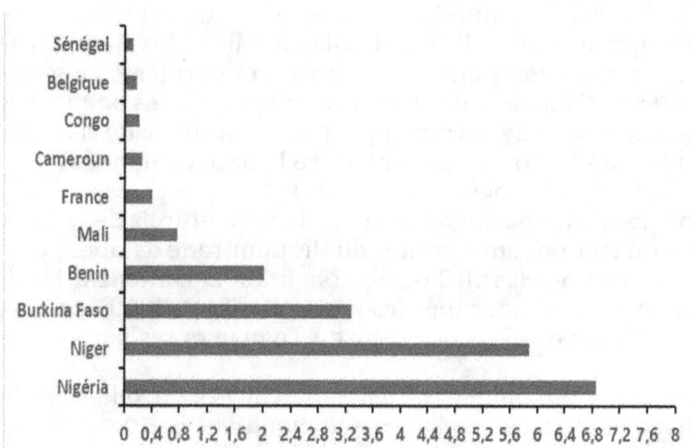

Source : Auteurs à partir de la base de données de l'UNCTAD.

La figure 1 montre que le marché africain a consommé jusqu'à 96% des biens culturels togolais en 2014 contre 4% pour les marchés européens et américains.

4. APPROCHE MÉTHODOLOGIQUE

4.1 Modèle empirique

Selon Anderson et Wincoop (2003), le modèle de gravité peut être estimé, au-delà du poids économique et de la distance, en incluant différentes variables en fonction de l'objectif de l'étude. Selon l'UNCTAD (2008), EY (2015) et Niu (2017), les facteurs principaux qui influencent l'industrie culturelle sont d'ordre économique, culturel et organisationnel. En conséquence, le modèle de gravité standard à retenir pourrait être présenté comme suit :

$$lnExport_{ijt} = a_0 + a_1 lnPIB_{it} + a_2 lnPIB_{jt} + a_3 lndistance_{ijt} + a_4 Frontière_{ijt} + + a_5 Langue\_Commune_{ijt} + a_6 Lien\_Colonial_{ijt} + a_7 RTA_{ijt} + \varepsilon_{ij} \quad (1)$$

En suivant les enseignements de la revue de la littérature, d'autres variables pouvant déterminer les exportations des biens culturels togolais méritent d'être incluses dans l'équation (1), telles que le niveau d'éducation et la qualité institutionnelle de l'exportateur et des partenaires. L'équation devient :

$$lnExport_{ijt} = a_0 + a_1 lnPIB_{it} + a_2 lnPIB_{jt} + a_3 lndistance_{ijt} + a_4 Frontière_{ijt} + a_5 Langue\_Commune_{ijt} + a_6 Lien\_Colonial_{ijt} + a_7 RTA_{ijt} + a_8 Instit_{it} + a_{13} Instit_{jt} + a_9 edu_{it} + a_{10} edu_{jt} + a_{11} lntaux\_change_{ijt} + \varepsilon_{ij} \quad (2)$$

Dans ces équations, i et j représentent respectivement le pays exportateur (Togo) et le pays importateur et t l'année. Les variables indépendantes telles que le PIB et la distance désignent respectivement le produit intérieur brut et la distance géographique entre les deux pays partenaires. La variable edu désigne le niveau d'éducation de la population, $taux\_change$ symbolise le taux de change réel et $Instit$ la qualité des institutions dans le pays exportateur et le pays importateur au temps t. Les variables indicatrices telles que $Frontière, Langue\_Commune, Lien\_Colonial, et\ RTA$ désignent respectivement la frontière commune, la langue commune, le lien colonial et l'appartenance à une même organisation économique régionale.

4.2. Données et source

L'analyse des activités culturelles se heurte à deux problèmes : la difficulté de classer les entreprises culturelles et la disponibilité des données (Van der Pol, 2007). Cependant, des efforts ont été entrepris ces dernières années par des instituts nationaux de statistique et des institutions spécialisées pour collecter des données dans le secteur. Nous avons ainsi opté pour le système de classification harmonisé des biens de l'UNCTAD afin de construire la base de données des exportations des biens culturels pour le Togo.

L'utilisation de la base de données sur les biens culturels de l'UNCTAD se justifie du fait que les données ont été extraites du UN Comtrade database qui utilise le système harmonisé (HS) de classification, version 2002, contenant les données agrégées comme individuelles pour tous les pays (UNCTAD, 2010), ce qui permet d'obtenir les exportations des biens culturels du Togo vers ses partenaires (exprimées en dollar US).

Les variables conventionnelles de l'équation de gravité telles que le PIB sont extraites de la base de données de la Banque mondiale. Les variables comme la distance géographique, le taux de change réel et le niveau d'éducation sont issues respectivement de la base GeoDist du CEPII, de la Banque mondiale et de l'UNESCO. Les variables liées à la qualité institutionnelle sont extraites du Worldwide Governance Indicators (WGI), du Polity-IV, du Freedom House, couvrant la période 2002 à 2015. Les variables indicatrices telles que la frontière commune, le lien colonial, la langue commune et l'appartenance à une même organisation économique régionale proviennent essentiellement de GeoDist du CEPII.

4.3. Technique d'estimation

Nous adoptons une estimation en panel afin de régler partiellement les problèmes d'endogénéité, de colinéarité et d'estimer les effets individuels (Egger, 2002; Wooldridge, 2013). Cependant, les estimateurs à effet fixe ou à effet aléatoire n'ont pas été utilisés car (i) l'estimateur à effet fixe ne permet pas d'estimer les variables invariantes dans le temps (Rahman, 2009), (ii) les observations hétérogènes conduisent souvent à la violation de l'hypothèse d'homoscédasticité des erreurs, (iii) les estimateurs des moindres carrés, à effet fixe ou à effet aléatoire, ne tiennent pas du compte des biais liés à la présence des valeurs nulles dans l'estimation de la forme logarithmique du modèle de gravité standard.

Tableau 2: Description des variables explicatives et effets attendus

Variables	Description	Effets attendus
Produit Intérieur Brut (*PIB*)	Le Produit Intérieur Brut mesure la taille de l'économie des pays. Il est pris en Parité de Pouvoir d'Achat pour des motifs de comparaison internationale entre les pays.	+
Distance géographique (***distance***)	Mesurée par la distance physique entre les capitales du Togo et du pays partenaire. Elle représente à la fois les coûts de transports et les coûts de négociation commerciale entre les pays partenaires.	-
Frontière commune (*frontière*)	Variable indicatrice prenant la valeur 1 si le Togo partage la même frontière avec le pays partenaire et 0 sinon.	+
Lien colonial (*Lien colonial*)	Variable indicatrice prenant la valeur 1 si le Togo a eu le même pays colonisateur que le partenaire commercial et 0 sinon.	+
Langue officielle commune (***Langue_Commune***)	Variable indicatrice prenant la valeur 1 si le Togo partage la même langue officielle que le partenaire commercial et 0 sinon.	+
Appartenance à une même organisation économique régionale (*RTA*)	Variable indicatrice prenant la valeur 1 si le Togo appartient à une même organisation économique régionale que le partenaire commercial et 0 sinon	+
Liberté d'expression et d'association (*VA*)	Indice de performance en termes de gouvernance classé de -2,5 (faible) à 2,5 (fort).	+
Stabilité politique et absence de violence (*PS*)	Indice de performance en termes de gouvernance classé de -2,5 (faible) à 2,5 (fort).	+
Efficacité de la gouvernance (*GE*)	Indice de performance en termes de gouvernance classé de -2,5 (faible) à 2,5 (fort).	+
Qualité de la réglementation (*QR*)	Indice de performance en termes de gouvernance sur l'échelle de -2,5 (faible) à 2,5 (fort)	+
Exercice du droit (*RL*)	Indice de performance en termes de gouvernance sur l'échelle de -2,5 (faible) à 2,5 (fort).	+
Contrôle de la Corruption (*CC*)	Indice de performance en termes de gouvernance sur l'échelle de -2,5 (faible) à 2,5 (fort).	+
Polity 2	Indice composite de démocratie et d'autocratie du projet POLITY IV sur l'échelle -10 (fortement autocratique) à +10 (fortement démocratique).	+
Libertés politiques (*POL*)	Indice de droit politique mesuré sur une échelle de 1 à 7, avec 7 représentant le plus haut degré de liberté et 1 le plus faible.	+
Libertés civiles (*CIV*)	Indice des libertés civiles mesuré sur une échelle de 1 à 7, avec 7 représentant le plus haut degré de liberté et 1 le plus faible	+
Éducation (*edu*)	Taux brut de scolarisation secondaire mesuré par la part des personnes recevant une éducation secondaire (quel que soit leur âge) dans la tranche d'âge de population officiel correspondant au niveau secondaire.	+
Taux de change réel (***taux_change***)	Mesuré par le taux de change moyen du dollar par rapport à une unité monétaire du Togo, divisé par les unités monétaires du pays j.	+

Pour contourner ces problèmes, les données peuvent être tronquées en supprimant les observations contenant les valeurs nulles, ajouter une petite constante (1 dollar par exemple) à la valeur de l'échange commercial avant l'application du logarithme ou estimer le modèle en niveau (United Nations/WTO, 2012). Cependant, si les valeurs nulles ne sont pas aléatoirement distribuées, les supprimer conduit à des estimations biaisées (United Nations/WTO, 2012). De plus, les valeurs nulles peuvent signifier des coûts de transports prohibitifs, un faible rendement des investissements liés au commerce ou une taille relativement faible du partenaire commercial et doivent être incluses dans les estimations.

L'estimateur Tobit est souvent utilisé pour estimer les équations dans lesquelles la variable dépendante est nulle pour une part non négligeable des observations (Semykina et Wooldridge, 2010). Ces modèles appliqués aux données censurées peuvent être utilisés pour les pays où les données peuvent ne pas être exactes (Nakhoda, 2016). Toutefois, si les données sont relativement fiables, l'estimation par un modèle Tobit élimine des informations cruciales qui entrent dans la détermination des partenaires commerciaux.

Ce travail adopte alors l'estimateur du Pseudo Maximum de Vraisemblance de Poisson (PPML). Cet estimateur permet de régler les problèmes de censure (Semykina et Wooldridge, 2010). Cette méthode est appliquée directement à la forme non linéaire du modèle de gravité et est robuste pour traiter les problèmes d'hétéroscédasticité (Silva et Tenreyro, 2006).

4.4. Description des variables et effets attendus

Notre variable dépendante est l'exportation des biens culturels (*Export*). Elle mesure la valeur nominale des exportations des biens culturels exprimée en millions de dollars US du Togo vers ses partenaires pris un à un. Les différentes variables explicatives considérées, leur description et les effets attendus sont présentés dans le Tableau 2.

Tableau 3 : Statistiques descriptives

VARIABLES	N	Moyenne	Écart-type	Minimum	Maximum
Exportations	252	0.508	1.265	0	7.338
Artisanat	123	0.888	1.648	4.20e-05	7.242
Audiovisuel	84	0.00542	0.00667	0.000391	0.0170
Design	177	0.0738	0.181	0.000103	1.456
Nouveau média	65	0.00539	0.00302	0.00142	0.0107
Arts de scène	100	0.00612	0.0108	4.20e-05	0.0413
Édition et publication	54	0.0267	0.0501	9.00e-06	0.311
Arts visuels	58	0.0215	0.0350	0.000274	0.164
PIB exportateur	252	7.553e+09	2.052e+09	4.898e+09	1.148e+10
PIB importateur	252	1.034e+12	2.851e+12	7.795e+09	1.982e+13
Distance	252	2,547	2,752	162.8	11,657
Taux de change réel	250	540.5	160.3	312.2	1,726
VA importateur	252	-0.229	0.945	-1.749	1.496
PS importateur	252	-0.428	0.926	-2.400	1.264
GE importateur	252	-0,295	0,9782	-1,746	1,978
QR importateur	252	-0,246	0,851	-1,684	1,723
CC importateur	252	-0.323	0.947	-1.525	1.939
RL importateur	252	-0.341	0.960	-1.715	1.857
POL importateur	252	3.762	2.150	1	7
CIV importateur	252	3.540	1.768	1	6
Polity2_importateur	252	3.599	5.176	-7	10
VA exportateur	252	-1.034	0.185	-1.384	-0.701
PS exportateur	252	-0.327	0.339	-1.446	0.0545
GE exportateur	252	-1.389	0.111	-1.553	-1.193
QR exportateur	252	-0.843	0.0958	-0.998	-0.643
CC exportateur	252	-0.943	0.0874	-1.040	-0.724
RL exportateur	252	-0.917	0.0913	-1.115	-0.784
POL exportateur	252	5.143	0.744	4	6
CIV exportateur	252	4.500	0.501	4	5
Polity2 exportateur	252	-2.714	0.960	-4	-2
Éducation exportateur	126	45,717	4,983	39,212	55,763
Éducation importateur	204	62,886	41,101	6,547	163,93

Source: auteurs.

Les statistiques descriptives sont présentées dans le Tableau 3. L'échantillon est composé d'un exportateur (le Togo) et de 18 partenaires commerciaux dont les données sont disponibles sur la période considérée : Afrique du Sud, Allemagne, Belgique, Bénin, Burkina Faso, Cameroun, Chine, RDC, Congo, Côte d'Ivoire, Gabon, France, Ghana, Guinée, Mali, Niger, Nigeria, Sénégal. La période d'étude couverte est 2002 à 2015 compte tenu de la disponibilité des données.

5. RÉSULTATS ET DISCUSSIONS

Nous estimons d'abord l'équation (1) pour les exportations agrégées à l'aide des estimateurs des moindres carrés ordinaires (colonne 1), Tobit (colonne 2 et 3) et la méthode PPML (Pseudo Poisson Maximum Likelihood). Ensuite, l'équation (2) est estimée avec la méthode PPML. Les résultats sont présentés dans les Tableaux 4, 5 et 6.

5.1. Résultats de l'estimation du modèle de base

Les résultats du modèle de gravité standard (équation 1) sont donnés dans le Tableau 4. De manière générale, la taille des économies des partenaires favorise les exportations de biens culturels. La distance physique défavorise les exportations[1]. L'appartenance à une même communauté économique régionale est significative seulement avec les estimations MCO et Tobit.

Tableau 4 : Résultats de l'estimation du modèle standard de gravité

	(1)	(2)	(3)	(4)
VARIABLES	(MCO)	(TOBIT)	(XTOBIT)	(PPML)
Log PIB Importateur	0.238***	0.358***	0.482***	1.310***
	(0.0608)	(0.0823)	(0.174)	(0.235)
Log Distance	-0.648***	-0.707***	-0.836***	-2.306***
	(0.157)	(0.137)	(0.295)	(0.424)
Frontière Commune	-1.074***	-1.036***	-1.099*	-1.376***
	(0.409)	(0.265)	(0.571)	(0.260)
Lien Colonial	-0.259	-0.0609	0.132	0.324
	(0.257)	(0.224)	(0.484)	(0.600)
Langue Commune	0.0744	0.328	0.501	1.377***
	(0.150)	(0.257)	(0.543)	(0.417)
RTA	0.391**	0.618***	0.574	0.0983
	(0.156)	(0.217)	(0.461)	(0.562)
Constante	-1.307	63.60	63.84	76.94
	(1.221)	(124.3)	(105.3)	(103.8)
Observations	252	252	252	252
R^2	0.353			0.772
EF_t	Oui	Oui	Oui	Oui
Nombre de paires			18	

*EF : effets fixes. Écart-type entre parenthèses ; *** p<0.01, ** p<0.05, * p<0.1.*

L'effet de l'utilisation d'une langue commune paraît plus significatif avec la méthode PPML. Cette différence est due à la correction des biais liés à la violation de

[1] L'effet négatif de la distance implique que l'éloignement des partenaires commerciaux du Togo tend à limiter ses exportations. Si cet effet est attendu, on peut noter qu'aujourd'hui internet et la digitalisation peuvent amoindrir les effets négatifs de la distance physique sur les exportations de certains biens culturels. Toutefois, il est difficile de faire apparaître cet aspect à cause de la non-disponibilité des données, par exemple en musique, dans le modèle.

l'hypothèse d'homoscédasticité et à la prise en compte les valeurs nulles de la variable dépendante par la méthode PPML. Cette méthode étant plus robuste, seuls les résultats obtenus par cet estimateur sont présentés par la suite.

Les résultats obtenus en colonne 4 du Tableau 4 sont consistants avec les aspects théoriques du modèle de gravité à l'exception du partage d'une frontière commune dont le signe négatif laisse entendre qu'indépendamment de la distance, il n'aiderait pas nécessairement le Togo dans le développement de ses exportations en biens culturels.

5.2. Analyse sectorielle des exportations des biens culturels togolais

Le Tableau 5 montre que les effets de certaines variables explicatives sur les exportations togolaises diffèrent selon le type de biens culturels. Ainsi, le lien colonial entre le partenaire commercial et le Togo contribue positivement à ses exportations dans l'artisanat mais négativement dans le design, alors que cet effet ne semble pas exister dans les arts visuels et dans l'édition. Le Togo commerce aussi moins avec les pays partageant la même frontière dans les secteurs de l'artisanat, du design et des arts visuels, ce qui n'est pas le cas dans l'édition où cette variable n'a pas d'effet significatif. Partager une langue commune soutient les exportations togolaises dans le design et les arts visuels mais limite les exportations des produits artisanaux et est sans effet dans l'édition. La taille de l'économie de l'importateur aide les exportations togolaises dans l'artisanat, les arts visuels et le design mais pas dans l'édition.

La valeur du taux de change apparaît importante dans l'édition mais pas le PIB du pays importateur, complètement à l'inverse des autres catégories de biens culturels. De manière générale, il est net que l'édition/publication dont les exportations sont relativement fluctuantes forment un cas assez à part par rapport aux autres produits culturels.

Tableau 5 : Résultats de l'estimation du modèle standard de gravité par secteur culturel

	(1)	(2)	(3)	(4)
VARIABLES	Artisanat	Design	Édition/Publication	Arts Visuels
Log PIB importateur	1.351***	0.567***	-0.442	1.522***
	(0.500)	(0.130)	(0.477)	(0.215)
Log Distance	-2.568***	-0.802**	-0.580*	-1.770***
	(0.901)	(0.313)	(0.321)	(0.470)
Frontière Commune	-1.274***	-1.743***	0.726	-1.490**
	(0.377)	(0.541)	(0.485)	(0.724)
Lien colonial	2.939***	-1.119**	-1.983	-0.0231
	(1.105)	(0.489)	(2.057)	(0.495)
Langue commune	-1.673**	1.781***	0.549	2.295***
	(0.795)	(0.440)	(1.578)	(0.337)
RTA	0.734	0.652	1.643**	1.541
	(0.923)	(0.769)	(0.796)	(1.036)
Constante	-21.29***	-12.90***	10.22	-34.56***
	(7.469)	(4.057)	(12.51)	(4.713)
Observations	123	177	54	58
R^2	0.819	0.425	0.608	0.901
EF_t	Oui	Oui	Oui	Oui

*EF : effets fixes. Écart-type entre parenthèses ; *** p<0.01, ** p<0.05, * p<0.1.*

5.3. Résultats de l'estimation du modèle de gravité augmenté

L'équation (2) du modèle de gravité a été estimée où figurent, par rapport à l'équation précédente, de nouvelles variables. Les résultats sont reportés dans le Tableau 6.

Tableau 6: Résultats de l'estimation de l'équation de gravité augmentée (Pseudo Poisson Maximum Likelihood Estimator)

	(1)	(2)	(3)	(4)	(5)	(6)	(7)	(8)	(9)
VARIABLES	PPML	PPML	PPML	PPML	PPML	PPML	PPML	PPML	PPML
Log PIB Importateur	1.448***	1.405***	1.418***	1.396***	1.384***	1.387***	1.363***	1.466***	1.254***
	(0.233)	(0.210)	(0.311)	(0.287)	(0.254)	(0.252)	(0.214)	(0.232)	(0.218)
Log distance	-1.650***	-1.651***	-1.410***	-1.389***	-1.303***	-1.354***	-1.776***	-1.569***	-1.673***
	(0.297)	(0.272)	(0.257)	(0.260)	(0.295)	(0.251)	(0.292)	(0.281)	(0.277)
Taux de change réel	-0.00335**	-0.00376***	-0.00336**	-0.00325*	-0.00333**	-0.00340**	-0.00320**	-0.00346**	-0.00332**
	(0.00153)	(0.00146)	(0.00162)	(0.00168)	(0.00161)	(0.00162)	(0.00152)	(0.00150)	(0.00154)
Education exportateur	1.502***	0.356***	0.339***	0.196	0.479***	0.369***	3.588***	0.418***	0.194
	(0.320)	(0.0958)	(0.0957)	(0.123)	(0.0897)	(0.0960)	(0.969)	(0.0917)	(0.124)
Education Importateur	0.00120	0.00312	-0.0311	-0.0280	-0.0193	-0.0185	0.000360	-0.00379	-0.00720
	(0.0161)	(0.0124)	(0.0193)	(0.0214)	(0.0193)	(0.0194)	(0.0134)	(0.0163)	(0.0128)
Frontière Commune	-1.057**	-0.432	-0.986*	-0.939	-0.695	-0.813	-1.555***	-0.774	-1.644***
	(0.517)	(0.496)	(0.561)	(0.582)	(0.681)	(0.572)	(0.447)	(0.545)	(0.499)
Lien Colonial	-0.640	0.606	-0.180	-0.317	-0.533	-0.506	-0.683	-0.604	-1.480*
	(0.767)	(0.890)	(0.791)	(0.789)	(0.731)	(0.746)	(0.786)	(0.791)	(0.852)
Langue Commune	4.099***	3.639***	2.921***	3.039***	3.305***	3.313***	3.904***	3.926***	4.188***
	(0.960)	(0.741)	(0.754)	(0.779)	(0.770)	(0.780)	(0.800)	(0.850)	(0.965)
RTA	2.230***	1.259***	1.619***	1.552***	1.564***	1.563***	2.422***	2.515***	2.602***
	(0.640)	(0.460)	(0.452)	(0.454)	(0.484)	(0.482)	(0.614)	(0.674)	(0.720)
VA Exportateur	54.19***								
	(16.60)								
VA Importateur	-0.943**								
	(0.430)								
PS Exportateur		-1.346***							
		(0.446)							
PS Importateur		-1.119***							
		(0.282)							
GE Exportateur			9.726***						
			(2.950)						
GE Importateur			0.237						
			(0.450)						
QR Exportateur				20.03***					
				(6.121)					
QR Importateur				0.0938					
				(0.576)					
CC Exportateur					7.910***				
					(2.467)				
CC Importateur					-0.326				
					(0.509)				
RL Exportateur						-10.10***			
						(3.233)			
RL Importateur						-0.317			
						(0.440)			
POL exportateur							-15.47***		
							(4.782)		
POL importateur							0.357**		
							(0.145)		
CIV Importateur								0.405**	
								(0.193)	
Polity2 Exportateur									2.665***
									(0.825)
Polity2 Importateur									-0.140**
									(0.0634)
Constante	1,748***	44.84	148.5***	-197.9*	116.0**	-13.21	2,722***	79.57	350.5***
	(486.1)	(64.56)	(52.13)	(116.2)	(54.40)	(75.25)	(797.3)	(62.37)	(81.90)
Observations	98	98	98	98	98	98	98	98	98
R^2	0.857	0.871	0.870	0.862	0.853	0.849	0.866	0.861	0.862
EF	Oui	Oui	Oui	Oui	Oui	Oui	Oui	Oui	Oui

*EF : effets fixes. Écart-type entre parenthèses ; *** p<0.01, ** p<0.05, * p<0.1.*

On retrouve les effets positifs du PIB des pays importateurs et d'une langue commune, l'effet négatif de la distance mais a contrario aussi d'une frontière commune. Il apparaît également que le taux de change réel avec les partenaires tend à limiter les exportations togolaises de biens culturels prises comme un tout, si l'on tient compte de l'effet du niveau d'éducation et de la qualité des institutions. De la même manière, l'appartenance à une même zone d'intégration régionale favorise les exportations togolaises de biens culturels.

Si le niveau d'éducation du Togo affecte positivement ses exportations de biens culturels, le niveau d'éducation des pays partenaires, en revanche, ne semble pas jouer. Comme la plupart des partenaires commerciaux du Togo sont des pays en développement situés en Afrique avec des systèmes éducatifs peu développés, on peut s'attendre à cette absence d'effet significatif, comme l'avaient relevé Dong et Truong (2020) dans le contexte asiatique.

L'effet de la qualité des institutions sur les exportations togolaises des biens culturels est analysé suivant les différents indices de gouvernance.

La qualité de la gouvernance (*GE*), de la démocratie (*Polity 2*), le respect des règles (*QR*), la liberté d'expression (*VA*) et le contrôle de la corruption (*CC*) au Togo favorisent les exportations de biens culturels ; la stabilité (*PS*) et les libertés politiques (*POL*) et le respect du droit (*RL*) n'apparaissent pas agir dans ce sens. Il n'en va pas de même pour les pays importateurs où seule l'amélioration des libertés politiques (*POL*) et civiles (*CIV*) semble pouvoir favoriser les exportations de biens culturels du Togo dans la période étudiée, et certains marqueurs institutionnels semblent même jouer en sens inverse, comme *Polity 2* et *VA*.

6. CONCLUSION

Cet article analyse les déterminants des exportations des biens culturels du Togo vers ses principaux partenaires. Sur la base des données de l'UNCTAD, il ressort que le Togo a connu un accroissement sensible de la valeur de ses exportations dans le secteur culturel au cours de la période 2002-2015 et est devenu le premier exportateur des biens culturels dans la zone UEMOA. Les biens culturels togolais sont particulièrement exportés sur les marchés des pays en développement situés en Afrique. Les exportations sont principalement fondées sur le secteur du design, voire de l'édition et de l'artisanat.

L'analyse économétrique à l'aide d'un modèle de gravité révèle qu'au niveau agrégé, la croissance du PIB et la proximité des partenaires jouent un rôle certain dans les exportations des biens culturels du Togo. Au-delà, le taux de change réel affecte négativement les exportations togolaises de biens culturels. Le Togo tire plus profit de l'élévation de son niveau d'éducation que celle de ses partenaires dans les exportations des biens culturels. Considérant les variables indicatrices, la langue officielle commune améliore les exportations togolaises de biens culturels comme l'appartenance à une même organisation économique régionale alors qu'une frontière commune tend dans la période étudiée à les limiter. Enfin, la considération des variables institutionnelles montre que les pays à degré de liberté civile et politique élevé importent plus les biens culturels togolais mais la qualité institutionnelle de ces pays ne joue pas. Il ressort en revanche que plus l'état de la démocratie, le respect des règles, la liberté d'expression et le contrôle de la corruption s'améliorent au Togo, plus cela favorise ses exportations de biens culturels.

Les résultats montrent aussi que le lien colonial est seulement bénéfique pour les exportations dans l'artisanat. Mis à part l'effet de la distance, le Togo commerce relativement moins avec les pays ne partageant pas la même frontière que lui dans les secteurs de l'artisanat et du design. La taille de l'économie de l'importateur aide les exportations togolaises dans l'artisanat, les arts visuels et le design.

Au regard de nos résultats empiriques, quatre implications de politique économique peuvent en découler. (i) pour aider les exportations de biens culturels, le Togo peut s'attacher à renforcer les mesures de libre circulation des biens et des personnes prônées par la CEDEAO et également activer la mise en place de la Zone de Libre Échange (ZLE) pour l'Afrique. Le pays peut dans ce cadre implémenter des programmes de promotion des biens culturels sur les marchés extérieurs, en particulier sur les marchés africains et dans les pays à revenu élevés. (ii) pour réduire les différences culturelles, le Togo peut adopter des politiques d'attraction des investissements directs étrangers et développer les transferts de fonds des migrants visant à construire des industries culturelles au Togo. Ceci pouvant permettre de consolider les liens entre les offreurs locaux et les demandeurs étrangers. (iii) Le renforcement de la qualité des institutions et la consolidation de l'environnement des affaires s'avèrent être un atout important pour augmenter les exportations des biens culturels togolais. (iv) Enfin, pour accroître la compétitivité des biens culturels sur le marché mondial, le Togo doit promouvoir les investissements dans le système éducatif couplés avec des programmes particuliers d'éducation culturelle.

Il convient de noter enfin que l'étude qui a été menée, même originale et d'un apport certain, présente des limites. Elle analyse un secteur de petite taille, en devenir, soumis à de fortes fluctuations et à des changements de structure, dont les résultats à partir d'une approche macroéconomique mériteraient d'être appuyés et approfondis par des études et des enquêtes plus microéconomiques.

RÉFÉRENCES

Anderson, J.E., 2016. The gravity model of economic interaction. Boston College and NBER.

Anderson, J.E., 1979. A theoretical foundation for the gravity equation. *The American Economic Review* 69, 106–116.

Anderson, J.E., Marcouiller, D., 2002. Insecurity and the pattern of trade: An empirical investigation. *Review of Economics and Statistics* 84, 342–352.

Anderson, J.E., van Wincoop, E., 2003. Gravity with Gravitas: A Solution to the Border Puzzle. *American Economic Review* 93, 170–192.

Batra, A., 2006. India's global trade potential: The gravity model approach. *Global Economic Review* 35, 327–361.

Becker, G.S., Murphy, K.M., 1988. A Theory of Rational Addiction. *The Journal of Political Economy* 96, 675–700.

Bergstrand, J.H., 1985. The gravity equation in international trade: some microeconomic foundations and empirical evidence. *The Review of Economics and Statistics* 474–481.

De Jong, E., Bogmans, C., 2011. Does corruption discourage international trade? *European Journal of Political Economy* 27, 385–398.

Deardorff, A., 1998. Determinants of bilateral trade: does gravity work in a neoclassical world?, in: *The Regionalization of the World Economy*. University of Chicago Press, 7-32.

DEPS, 2007. Les flux d'échanges internationaux de biens et services culturels : déterminants et enjeux. *Culture études* n°2, 1–8.

Disdier, A.-C., Mayer, T., 2007. Je t'aime, moi non plus: Bilateral opinions and international trade. *European Journal of Political Economy* 23, 1140–1159.

Disdier, A.-C., Tai, S.H.T., Fontagné, L., Mayer, T., 2010. Bilateral trade of cultural goods, *Review of World Economics*, 145, 575-595.

Dollar, D., Kraay, A., 2003. Institutions, trade, and growth. *Journal of Monetary Economics* 50, 133–162.

Dong, C.V., Truong, H.Q., 2020. The determinants of creative goods exports: evidence from Vietnam. *Journal of Cultural Economics*, 44, 2, 281-308.

Eaton, J., Kortum, S., 2002. Technology, geography, and trade. *Econometrica* 70, 1741–1779.

Egger, P., 2002. An econometric view on the estimation of gravity models and the calculation of trade potentials. *World Economy* 25, 297–312.

EY, 2015. Cultural times: The frst global map of cultural and creative industries. France: EYCM Limited.

Feenstra, R.C., Markusen, J.R., Rose, A.K., 2001. Using the gravity equation to differentiate among alternative theories of trade. *Canadian Journal of Economics/Revue canadienne d'économique* 34, 430–447.

Felbermayr, G.J., Toubal, F., 2010. Cultural proximity and trade. *European Economic Review* 54, 279–293.

Fongue, J.N., 2002. The market for works of art: the case of African cultural goods. South African *Journal of Economics* 70, 1320–1343.

Foroutan, F., Pritchett, L., 1993. Intra-Sub-Saharan African trade: is it too little? *Journal of African Economies* 2, 74–105.

Frontier Economics, 2012. The value of the cultural and creative industries to the European economy. A report prepared for the European cultural and creative industries alliance (ECCIA).

Hesmondhalgh, D., 2002. *The cultural industries.* USA: Sage.

Howkins, J., 2001. *The Creative Economy, How People Make Money From Idea,* New Edition. Harvard Business Publications.

KEA European Affairs, 2013. Trade in creative and cultural goods and services—In the context of EUSouth Africa development of creative industries in South Africa. Final Report.

Lankhuizen, M.B., de Groot, H.L., 2016. Cultural distance and international trade: a non-linear relationship. *Letters in Spatial and Resource Sciences* 9, 19–25.

Lavallée, E., 2006. Similarité institutionnelle, qualité des institutions et commerce international. *Économie internationale* n° 108, 27–58.

Liu, Y., Ge, Y., Hu, Z., Wang, S., 2018. Culture and capital flows—Exploring the spatial differentiation of China's OFDI. *China Economic Review* 48, 27–45.

Nakhoda, A., 2016. A Practical Guide To Trade Policy Analysis: A case Study on Pakistan.

Niu, J., 2017. A Study of the Influencing Factors of the Export Trade of Beijing's Cultural Creativity Industry. *American Journal of Industrial and Business Management* 7, 69.

North, D., 1990. *Institutions, institutional change and economic performance* Cambridge University Press. N. Y.

Quer, D., Claver, E., Rienda, L., 2017. Cultural distance, political risk and location decisions of emerging-market multinationals: a comparison between Chinese and Indian firms. *Journal of the Asia Pacific Economy* 22, 587–603.

Rahman, M.M., 2009. Australia's global trade potential: evidence from the gravity model analysis, in: Gupta, A. (Ed.), Proceedings of the 2009 Oxford Business and Economics Conference (OBEC 2009), Oxford University Press, United Kingdom, 1–41.

Schulze, G., 2011. International Trade, in: Towse, R. (Ed.), *A Handbook of Cultural Economics,* Second ed., Edward Elgar, Cheltenham, 236–244.

Schulze, G.G., 1999. International Trade in Art. *Journal of Cultural Economics* 23, 109–136.

Semykina, A., Wooldridge, J.M., 2010. Estimating panel data models in the presence of endogeneity and selection. *Journal of Econometrics* 157, 375–380.

Silva, J.M.C.S., Tenreyro, S., 2006. The Log of Gravity. *The Review of Economics and Statistics* 88, 641–658.

Tadesse, B., White, R., 2010. Cultural distance as a determinant of bilateral trade flows: do immigrants counter the effect of cultural differences? Applied Economics Letters 17, 147–152.

Takara, Y., 2018. Do cultural differences affect the trade of cultural goods? A study in trade of music. *Journal of Cultural Economics* 42, 393–417.

UNCTAD, 2008. Creative Economy Report 2008 : The challenge of assessing the creative economy towards informed policy-making.

UNCTAD, 2015. Creative Economy Outlook : Trends in international trade in creative industries.

UNIDO, 2006. Creative industries and micro & small-scale enterprise development a contribution to poverty alleviation. New York: United Nations.

Union européenne, 2014. Good practice report on the cultural and creative sectors' export and internationalization support strategies. Open method of coordination (OMC) working group on cultural and creative sectors' export and internationalization support strategies.

Van der Pol, H., 2007. Key role of cultural and creative industries in the economy. Canada: UNESCO Institute for Statistics.

The determinants of cultural goods exports growth in Togo

Abstract - This article analyzes the determinants of the exports of Togolese cultural goods to the rest of the world based on a gravity model over the period 2002 to 2015. Togo has sharply increased its exports of cultural goods in recent years, in particular to countries in development located in Africa, and primarily in the design sector. The size of the partner countries' economies, a common language, but especially the level of education and a favorable institutional environment (voice and accountability, quality of regulations, control of corruption, etc.) in Togo are the main determinants of cultural goods exports growth.

Key-words
Cultural Goods
Exports
Gravity model
Togo

Région et Développement
n° 54-2021
www.regionetdeveloppement.org

Les effets du capital humain sur l'intégration commerciale en Afrique subsaharienne

Bernard NGUEKENG[1]
Jean-Baptiste Achille NSOE NKOULI[2]
Iréné TIAKO[3]
Augustin NGOMSI[4]

Résumé **-** L'objectif de cet article est d'évaluer les effets du capital humain (en considérant les dépenses en matière d'éducation et de santé) sur le commerce intra-Afrique subsaharienne (ASS). Pour cela, nous avons utilisé un modèle de gravité augmenté des variables liées au capital humain, en retenant comme méthode d'évaluation l'estimateur de Poisson à effets aléatoires. Nous aboutissons à trois grands résultats. (1) le capital humain a un effet positif sur ces échanges. (2) la part des dépenses d'éducation dans les cycles primaire et secondaire a plus d'effet sur les échanges que les dépenses dans le cycle supérieur. De même, les dépenses dans le domaine de la formation professionnelle contribuent plus à développer les échanges que les dépenses dans la formation académique. (3) une forte proportion de la main d'œuvre dans le secteur primaire défavorise les échanges intra-ASS.

Classification JEL
F16, I28, I38, C13, C23

Mots-clés
Intégration commerciale
Capital humain
Afrique subsaharienne
Modèle de gravité augmenté
Estimateur Poisson à effets aléatoire

[1] Chercheur à l'Université de Yaoundé II Soa, Cameroun ; nguekengbernard@gmail.fr
[2] Enseignant-Chercheur à l'Université de Yaoundé II Soa, Cameroun ; jeanbaptistensoe@yahoo.fr
[3] Enseignant-Chercheur à l'Université de Yaoundé II Soa, Cameroun ; tiakonga1@gmail.com
[4] Enseignant-Chercheur à l'Université de Yaoundé II Soa, LAREM, Cameroun ; a_ngomsi@yahoo.fr

INTRODUCTION

L'intégration de l'Afrique fait partie de l'un des cinq éléments[5] (baptisés High 5) définis par la Banque Africaine de Développement pour assurer la transformation économique du continent (BAD, 2017). Selon la BAD, l'intégration est multidimensionnelle : elle tient compte à la fois de la dimension financière et macroéconomique, infrastructurelle, elle participe à la libre circulation des personnes et contribue à la transformation productive et commerciale. Concernant cette dernière dimension qui fait l'objet de la présente étude, l'on constate que si les échanges de l'Afrique subsaharienne (ASS) vers l'étranger ont connu une progression sensible, le commerce intrarégional demeure faible. Selon la CNUCED, les échanges de l'ASS sont passés de 155,42 milliards de dollars en 1995 à 655,13 milliards de dollars en 2016, avec un plafond atteint en 2013 de 848,28 milliards. La part du commerce intra-ASS dans ce commerce total a évolué en dents de scie allant de 14,4 % en 1995 à 20,6 % en 2016 avec une valeur moyenne de 15,1 %. Cette part est largement inférieure à la valeur observée dans l'Union européenne (65,9 %) ou dans la zone ALENA (48,3 %). De même, les importations intra-ASS sont estimées à 4,1 % du PIB de l'Afrique subsaharienne, contre 6,7 % pour les Amériques (du Nord, centrale et du Sud), 17,9 % pour l'Asie et 21 % pour l'Europe (CNUCEDStat, 2017).

Ces échanges au niveau sous-régional sont marqués par d'assez fortes disparités, le meilleur résultat revient à l'Afrique orientale (16,2 % en moyenne) alors que l'Afrique centrale occupe le dernier rang avec 1,4 % seulement. Du point de vue des différentes communautés économiques régionales (CER) reconnues par l'Union africaine, c'est la SADC qui détient la part des importations intra-CER en proportion du PIB la plus élevée (avec une moyenne de 6,6 %), suivie de la CAE (2,5 %), la CEDEAO (2,4 %), la CEEAC connaissant la plus basse avec 0,8 % environ (CNUCEDstat, 2017).

Dans le souci d'intensifier de manière générale les échanges intra-africains, plusieurs mesures ont été adoptées. Au-delà de la zone de libre-échange continentale africaine (ZLECA), dont l'entrée en vigueur est imminente, on peut noter en particulier la baisse importante des droits de douane moyens appliqués aux importations provenant des autres membres de la même CER. Les droits de douane moyens sont de 0,0 % en EAC, 1,86 % dans la CEEAC, 1,89 % dans la COMESA, 3,8 % à la SADC, 5,6 % à la CEDEAO, 7,4 % à la Communauté des États sahélo-sahariens (CEN-SAD).

Pourtant la baisse des barrières tarifaires observée en Afrique subsaharienne n'a apparemment pas contribué à l'intensification des échanges. Ainsi la SADC, qui connaît les importations intra-CER les plus élevées, n'a pas le taux tarifaire le plus faible et la CEEAC, qui applique les droits de douane les plus faibles, ne réalise pas les importations intra-CER les plus élevées. Ce constat est contraire aux travaux des auteurs tels que Anderson et van Wincoop (2004) et Feenstra (2004) qui affirment qu'en général la baisse des barrières tarifaires favorise le commerce entre les États. Cette situation laisse penser que le faible niveau de commerce observé en ASS est attribuable aux obstacles non tarifaires. À ce titre, la Commission de l'Union africaine (CUA), la BAD et la Commission économique pour l'Afrique (CEA) affirment que la levée des barrières non tarifaires et la mise en place de réformes de facilitation du commerce en Afrique pourraient procurer une forte accélération de l'intégration commerciale et de la croissance.

Plusieurs auteurs ont mis en évidence divers facteurs susceptibles d'influencer le commerce entre les pays, comme notamment les institutions politiques et la

[5] Nourrir l'Afrique, éclairer l'Afrique et l'alimenter en énergie, industrialiser l'Afrique et améliorer la qualité de vie des populations sont les quatre autres composantes.

corruption (Gandjon Fankem, 2017 ; Avom et Gandjon Fankem, 2014 ; Kono, 2006 ; Haggard et Kaufman, 1995…), la monnaie (Mignamissi, 2018 ; Glick et Rose, 2016 ; Camarero et al., 2014 ; Sadeh, 2014 ; Avom et Mignamissi, 2013 ; Agbodji Akoété, 2007 ; Avom, 2005 ; Rose, 2000).

De même, le capital humain, appréhendé par l'éducation et la santé (Becker, 1964 ; Schultz, 1961 et Mincer, 1958), a été avancé comme un facteur catalyseur des échanges et ont fait l'objet de nombreux travaux. Certains auteurs ont retenu comme critères d'analyse le niveau et le type de formation et d'autres ont mis en avant l'affectation de la main-d'œuvre à différents secteurs d'activité.

Concernant le premier critère d'analyse, la théorie de la croissance endogène souligne le rôle du capital humain et des connaissances. Lucas (1988) montre par exemple que les disparités internationales de niveaux de production et donc d'échanges peuvent être expliquées par des différences de niveau et d'évolution du capital humain par tête dans les différents pays. De ce fait, plus les individus vivent dans un milieu propice aux échanges d'informations, et donc au développement du capital humain, plus l'efficacité individuelle et collective se renforce et plus la croissance est forte.

L'éducation, comme l'une des composantes du capital humain, a fait l'objet de nombreux travaux. Par exemple, Aghion et Cohen (2004) analysent l'impact de l'éducation suivant deux mécanismes : l'accumulation du capital humain et le progrès technique. L'accumulation du capital humain implique le rôle joué par le système éducatif. L'exemple présenté dans le rapport est celui de la France dont une année supplémentaire d'études permet d'augmenter la productivité d'environ 8%. En ce qui concerne le progrès technique, plus le niveau d'éducation est élevé plus la possibilité de développer ou d'adapter de nouvelles technologies est facilitée. Les auteurs affirment que si la distance entre le pays et la frontière technologique est importante alors ce pays doit investir dans l'enseignement primaire et secondaire et l'activité principale sera l'imitation des technologies découvertes par les pays riches. Par contre, si cette distance est réduite, le pays a plus d'intérêt à innover et à investir dans l'enseignement supérieur (Vandenbussche et al., 2006).

Au-delà du niveau scolaire, le domaine d'étude a également été retenu. Mankiw, Romer et Weil (1992) suggèrent que les étudiants scientifiques ont plus d'effet sur la croissance économique et les échanges commerciaux d'un pays que ceux qui étudient les sciences humaines et juridiques.

Par ailleurs, la Banque mondiale (2019) tient compte du niveau d'accumulation du capital humain et de son affectation dans les différents secteurs d'activité. Elle affirme que l'écart significatif et persistant observé en matière de productivité du travail entre l'ASS et les pays développés est attribuable d'une part au moindre niveau d'accumulation de capital (physique et humain) et d'autre part au transfert à un rythme très lent de la main-d'œuvre du secteur agricole vers l'industrie manufacturière, les technologies de l'information et les services fondés sur la connaissance. Si le taux d'emploi moyen dans l'agriculture en Afrique subsaharienne était de 31 pour cent en 2016, certains pays dépassent la barre des 60 pour cent (Banque mondiale, 2019). Ainsi, la spécialisation dans le secteur agricole et sa faible productivité sont susceptibles de justifier le faible niveau d'échanges commerciaux dans les pays d'ASS. L'économie internationale nous enseigne de manière générale que si le commerce intrabranche est peu développé, une allocation identique de la main-d'œuvre dans les différents secteurs – donc les mêmes spécialisations – peut avoir pour conséquence un faible niveau d'échanges entre les pays.

À la lumière de ce que nous révèle la revue de la littérature évoquée ci-dessus, la question qui se dégage est celle de savoir quels sont les effets du capital humain sur le commerce intra-ASS. L'objectif de cet article est d'évaluer plus précisément les effets de la qualité du capital humain (appréhendée par l'éducation et la santé) sur les échanges intra-ASS d'une part et l'affectation de ce capital humain aux trois grands secteurs d'activité sur ces échanges d'autre part.

L'intérêt de cette étude est double. Tout d'abord, cet article se propose d'enrichir la littérature existante en effectuant une étude empirique du cas spécifique des échanges intra-ASS influencés par le capital humain. Ensuite, sur le plan méthodologique, nous utilisons un modèle de gravité, en référence aux travaux de Head et Mayer (2014), augmenté de variables liées au capital humain. Nous estimons l'équation des exportations par l'estimateur de Poisson à effets aléatoires et nous comparons les résultats aux autres estimateurs concurrents afin de conforter la validité de nos résultats.

L'article est organisé comme suit. La première section présente la méthodologie de l'étude ainsi que les données utilisées. La seconde section propose une discussion des résultats. Enfin, nous concluons en relevant les implications de politique économique.

1. MÉTHODOLOGIE DE L'ÉTUDE

Nous présentons dans cette section le modèle de gravité retenu, les données utilisées et la stratégie d'estimation de ce modèle.

1.1. Spécification du modèle de gravité

Nous utilisons dans le cadre de cette étude le modèle de gravité qui a été appliqué pour la première fois par Tinbergen (1962). Initialement dépourvue de bases théoriques, la première tentative d'explication théorique a été donnée par Anderson (1979). Plusieurs travaux ont également contribué non seulement à renforcer le cadre théorique préalable, mais aussi à proposer d'autres extensions (Anderson et al., 2016; Glick et Rose, 2016 ; Anderson, 2010 ; Bergstrand et Egger, 2009 ; Helliwell et Schembri, 2005 Anderson et van Wincoop, 2003 ; Baier et Bergstrand, 2002...).

Il existe plusieurs spécifications de l'équation de gravité (voir Head et Mayer, 2014). La première spécification est dite « générale », la seconde est dite « structurelle » et la troisième formulation est dite « naïve ». Dans le cadre de cette étude, nous retenons la forme dite « naïve » qui exprime mieux le commerce bilatéral dans la sous-région de l'Afrique subsaharienne. Elle se présente de la manière suivante :

$$X_{ni} = GY_i^a Y_n^b \emptyset_{ni} \quad (1)$$

où le commerce bilatéral est proportionnel à la taille de production des pays. Il est question pour nous d'aller au-delà des éléments explicatifs du simple modèle (taille des pays et distance entre eux) et de prendre en compte les spécificités de l'ouverture entre les pays d'Afrique subsaharienne. Nous adoptons dans cet article la forme log-linéaire augmentée suivante :

$$\begin{aligned} ln(X_{ijt}) &= \beta_0 + \beta_1 ln(PIB_{it}) + \beta_2 ln(PIB_{jt}) + \beta_3 ln(Dist_{ijt}) + \beta_4 ln(For_{it}) + \\ &\beta_5 ln(For_{jt}) + \beta_6 ln(Sant_{it}) + \beta_7 ln(Sant_{jt}) + \beta_8 ln(For * Sant_{it}) + \beta_9 ln(For * Sant_{jt}) + \\ &\beta_{10} ln(EmplPri_{it}) + \beta_{11} ln(EmplPri_{jt}) + \beta_{12} ln(Corrup_{it}) + \beta_{13} ln(Corrup_{jt}) + \\ &\beta_{14} ln(RM_{it}) + \beta_{15} ln(RM_{jt}) + \beta_{16} MU_{ij} + \beta_{17} CER_{ij} + \lambda_t + \lambda_{ij} + \mu_{ijt} \quad (2) \end{aligned}$$

où X_{ijt} représente les exportations du pays i vers j à la date t. PIB $_{i(j)t}$ représente le niveau du PIB du pays i(j) en valeur constante (en dollar US). D_{ij} est la distance géographique entre le pays i et j, cette variable est extraite de la base de données « distance » du CEPII.

En ce qui concerne nos variables d'intérêt à savoir le capital humain, nous retenons la formation ($For_{it\,(jt)}$), la santé ($Sant_{it(jt)}$) et l'interrelation entre ces deux variables ($For*Sant_{it(jt)}$). Pour le cas spécifique de la formation, nous distinguerons d'une part la formation primaire et secondaire de la formation supérieure et d'autre part la formation dans les filières scientifiques des filières de sciences humaines et juridiques.

(EmplPriit(jt)) représente respectivement le pourcentage de l'emploi du secteur primaire dans l'emploi total pour le pays i et j. Cette variable permet de capter la spécialisation des différents pays de l'ASS entre le secteur primaire (marqué par une faible productivité) et les secteurs secondaire et tertiaire (où la productivité est en moyenne plus élevée). (Corrupit(jt)) : représente le niveau de corruption dans les pays i et j respectivement. Les effets de cette variable sont controversés dans la littérature économique. Pendant les années 1960, l'école de pensée associée à la théorie de la modernisation a soutenu que la corruption était souvent positivement corrélée avec la croissance économique (Huntington, 1968, Leff, 1964). Par la suite, la corruption a été perçue comme hostile à la croissance et à une bonne allocation des ressources (Rose-Ackerman, 1978 ; Theobald, 1990). Cette dernière thèse est la plus largement perçue aujourd'hui, en particulier à la suite de « l'éruption de la corruption » des années 1990 (Alam, 1989 ; Leiken, 1997 ; Naim, 1995 et Moran, 1998).

(RM_{ij}) exprime la résistance multilatérale. Elle résume la résistance moyenne au commerce entre un pays et l'ensemble de ses partenaires de l'ASS :

$$RM_{it} = \left[\sum \frac{PIB_{kt}}{PIB_{wt}} lnDist_{ikt}\right] \quad RM_{jt} = \left[\sum \frac{PIB_{kt}}{PIB_{wt}} lnDist_{jkt}\right]$$

La prise en compte de cette variable dans notre étude vise à montrer qu'au-delà de la distance géographique qui sépare les pays, les actions définies et mises en œuvre par un partenaire peuvent favoriser les échanges et réduire l'effet négatif de la distance. C'est le cas par exemple des accords commerciaux préférentiels annulant les barrières tarifaires et jouant sur les prix, les facilités de transport, les modes de paiement... De manière précise, comme le dit Gandjon Fankem (2017), RM_{it} représente l'ouverture du pays i à toutes les importations quel que soit le pays d'origine et RMjt l'ouverture des pays du monde aux exportations du pays j. Ainsi, un pays est d'autant plus incité à commercer avec un partenaire bilatéral donné que sa résistance au commerce avec tous les autres est élevée. Cet effet de résistance multilatérale se traduit par des différences de prix entre les pays.

La variable MU_{ij} indique l'existence d'une monnaie unique pour les deux pays i et j. Elle est égale à 1 si c'est le cas et 0 dans le cas contraire. CER_{ij} indique si les pays i et j appartiennent à une même communauté économique régionale, elle prend la valeur 1 si c'est le cas et 0 sinon (Acemoglu et Robinson, 2008).

Les autres paramètres tels que λ_t représentent les effets spécifiques années. λ_{ij} représente les effets fixes bilatéraux ; ils permettent de contrôler les autres caractéristiques spécifiques aux paires de pays et invariantes dans le temps, notamment le partage d'une frontière ou d'une langue commune (Gandjon Fankem, 2017). μ_{ijt} représente le terme d'erreur.

1.2. Présentation de l'échantillon et sources de données

Les données utilisées dans ce travail couvrent la période 1995-2016 et concernent un échantillon de 42 pays de l'Afrique subsaharienne et leurs principaux partenaires commerciaux que sont 17 pays de l'Union européenne, les États-Unis d'Amérique et 5 pays du groupe BRICS (voir la liste en annexe 1). Elles sont issues des bases d'organismes ou de centres de recherche internationaux. Les informations relatives à la variable expliquée (exportations bilatérales en dollars courants) sont extraites de la base UNCTADSTAT de la CNUCED. Les variables traditionnelles telles que les PIB sont issues du World Development Indicators de la Banque mondiale. Les données relatives à la distance ont été extraites des fichiers du Centre d'études prospectives et d'informations internationales (CEPII). Nos variables d'intérêt à savoir la formation et la santé sont extraites du World Development Indicators.

Le tableau donné en annexe 2 présente les statistiques descriptives des variables considérées. Le tableau en annexe 4 présente les corrélations entre ces variables. Il ressort de ce tableau que les coefficients de corrélation entre les variables explicatives ne sont pas élevés pour causer de sérieux problèmes de multicolinéarité tels que nous spécifions les modèles.

1.3. Stratégie d'estimation

La littérature a identifié trois principaux biais que poserait le modèle de gravité, à savoir un biais lié à la transformation logarithmique des variables, un biais dû à la présence de zéros dans la variable dépendante et un biais lié à l'hétéroscédasticité des résidus (Avom et Mignamissi, 2014). C'est dans cette perspective que Santos Silva et Tenreyro (2006, 2011) ont montré que le problème de l'estimation du commerce dans un modèle de gravité n'est pas forcément l'endogénéité des variables, mais le traitement optimal de ces différents biais. Ils recommandent l'estimateur de Poisson du pseudo maximum de vraisemblance (PPML) permettant de surmonter l'inconsistance des approches log-linéaires en présence d'hétéroscédasticité et de flux nuls des échanges commerciaux.

Le choix entre l'estimateur Poisson à effets fixes et l'estimateur Poisson à effets aléatoires s'impose ici puisque nous effectuons les estimations sur données de panel. L'estimateur Poisson à effets aléatoires, contrairement au premier, permet d'estimer à la fois l'effet de court et de long terme des variables à la fois variantes et invariantes dans le temps. Il permet aussi un traitement efficace des flux nuls de commerce (Gandjon Fankem, 2017). Nous testons par la suite la robustesse de cet estimateur par des estimateurs concurrents, notamment les GMM en différence qui corrigent le biais d'endogénéité.

2. RÉSULTATS

Nous présentons dans cette section les résultats des estimations de l'équation (2) avec l'estimateur de Poisson d'une part et le test de la robustesse de ces résultats d'autre part.

2.1. Analyse des résultats

Le tableau 1 présente les résultats des estimations des exportations des pays de l'ASS. Il apparaît que, pour toutes les estimations, les écarts-types sont robustes à l'hétéroscédasticité et corrigé des effets de cluster au niveau bilatéral. Quatre modèles sont considérés. Les modèles (1) et (3) portent sur les estimations des échanges intra-ASS et les modèles (2) et (4) concernent les échanges entre les pays de l'ASS et l'ensemble de leurs partenaires. Dans le modèle (1), nous utilisons l'estimateur de Poisson à effets fixes. Les coefficients des variables traditionnelles ont des signes conformes à l'intuition économique, avec une forte significativité statistique. Ainsi, la hausse du PIB dans un pays de l'ASS de 1 % entraîne en moyenne une hausse de ses exportations vers son partenaire de l'ASS de 0,54 % et de ses importations en provenance de ce partenaire de 0,61 %. Bien que l'effet soit assez limité, ces résultats sont par exemple conformes aux analyses de Krugman et Obstfeld (2001) et Béraud (1999). La relation négative entre la distance et les échanges est également conforme aux résultats obtenus dans la littérature.

Tableau 1. Résultats de l'équation des exportations avec l'estimateur de Poisson

Variable dépendante : exportations des pays de l'ASS				
	PPML effets fixes		PPML effets aléatoires	
	(1)	(2)	(3)	(4)
Log (PIB$_i$)	0.54***	0.62***	0.53***	0.61***
	(0.00012)	(0.00029)	(0.00011)	(0.00018)
Ln (PIB$_j$)	0.61***	0.50***	0.61***	0.51***
	(0.00022)	(0.00014)	(0.00022)	(0.00023)
Ln (Distance$_{ij}$)	-0.31***	-0.43***	-0.30***	-0.43***
	(0.00024)	(0.00011)	(0.00023)	(0.00011)
Ln (Part dépenses de formation$_i$)	0.53***	0.53***	0.53***	0.53***
	(0.00012)	(0.00002)	(0.00012)	(0.00002)
Ln (Part dépenses de formation$_j$)	0.41***	0.58***	0.42***	0.37***
	(0.00002)	(0.00010)	(0.00002)	(0.00010)
Ln (Part dépenses de santé$_i$)	0.36***	0.38***	0.360***	0.38***
	(0.00017)	(0.00157)	(0.00017)	(0.00157)
Ln (Part dépenses de santé$_j$)	0.42***	0.037***	0.42***	0.037***
	(0.00003)	(0.00023)	(0.00003)	(0.00023)
Ln (Formation*santé$_i$)	0.52***	0.49***	0.52***	0.49***
	(0.00013)	(0.00011)	(0.00013)	(0.00011)
Ln (Formation*santé$_j$)	0.48***	0.51***	0.48***	0.51***
	(0.00012)	(0.00010)	(0.00012)	(0.00010)
Ln (Emploi secteurPrimaire$_i$)	-0.34***	0.46***	-0.33***	0.46***
	(0.00007)	(0.00028)	(0.00006	(0.00028)
Ln (Emploi secteur Primaire$_j$)	-0.32***	0.40***	-0.32***	0.41***
	(0.00003)	(0.00010)	(0.00003)	(0.00021)
Ln (Corruption$_j$)	-0.39***	-0.15***	-0.39***	-0.15***
	(0.00024)	(0.00016)	(0.00024)	(0.00016)
Ln (Corruption$_j$)	-0.23**	-0.35***	-0.231**	-0.34***
	(0.00018)	(0.00032)	(0.00018)	(0.00028)
Ln (Résistance multilatérale$_i$)	-0.35**	0.51**	-0.36**	0.53**
	(0.00071)	(0.00001)	(0.00071)	(0.00008)
Ln (Résistance multilatérale$_j$)	-0.37***	0.46***	-0.38***	0.46***
	(0.00031)	(0.00005)	(0.00022)	(0.00005)
Monnaie unique$_{ij}$	0.56***		0.54***	
	(0.00008)		(0.00012)	
CER$_{ij}$	0.158***		0.159***	
	(0.00038)		(0.00017)	
Constante	1.68***	2.78***	2.47***	2.98***
	(0.00218)	(0.0146)	(0.00324)	(0.0215)
Effets bilatéraux (ij)	Oui	Oui	Oui	Oui
Nombre d'observations	38 795	59123	38802	59130
Nombre de paires de pays	905	1225	916	1320
Tests effets fixes bilatéraux	7.42***	12.58***		
Prob>F	0.000	0.000		
Tests effets aléatoires bilatéraux			84.92***	106.17***
Prob>chi 2			0.0000	0.0000

****, ** et * représentent respectivement la significativité à 1 %, 5 % et 10 % Les chiffres entre parenthèses sont les écarts-types corrigés de l'hétéroscédasticité et ajustés pour les effets de cluster au niveau de la paire de pays.*

Source : calculs des auteurs.

Tableau 2. Résultats de l'équation des exportations distinguant les dépenses de formation avec l'estimateur de Poisson à effets aléatoire

Variable dépendante : exportations des pays de l'ASS				
	Formation par cycle		Formation par nature	
	Cycle 1 (primaire et secondaire) (1)	Cycle 2 (universitaire) (2)	Formation académique (3)	Formation professionnelle (4)
Ln (PIB$_i$)	0.404***	0.706***	0.35***	0.34***
	(0.00042)	(0.00034)	(0.0015)	(0.0014)
Ln (PIB$_j$)	0.26***	0.23***	0.176***	0.176***
	(0.00005)	(0.000258)	(0.00012)	(0.00012)
Ln (Distance$_{ij}$)	-0.429***	-5.197***	-0.290***	-0.290***
	(0.00142)	(0.00630)	(0.00633)	(0.00633)
Ln (Part dépenses de cycle 1$_i$)	0.092***			
	(0.00419)			
Ln (Part dépenses de cycle 1$_j$)	0.063***			
	(0.00023)			
Ln (Part dépenses de cycle 2$_i$)		0.055***		
		(0.00078)		
Ln (Part dépenses de cycle 2$_j$)		0.028***		
		(0.00074)		
Ln (Part dépenses form. acad.$_i$)			0.035***	
			(0.0043)	
Ln (Part dépenses form. acad.$_i$)			0.062***	
			(0.0043)	
Ln (Part dépenses form. prof.$_i$)				0.45***
				(0.0047)
Ln (Part dépenses form. prof.j)				0.28***
				(0.00071)
Ln (Corruption$_i$)	-0.39***	-0.39***	-0.15***	-0.15***
	(0.00024)	(0.00024)	(0.00016)	(0.00016)
Ln (Corruption$_j$)	-0.231**	-0.231**	-0.35***	-0.34***
	(0.00018)	(0.00018)	(0.00032)	(0.00028)
Ln (Résistance multilatérale$_i$)	-0.36**	-0.36**	0.51**	0.53**
	(0.00071)	(0.00071)	(0.00001)	(0.00008)
Ln (Résistance multilatérale$_j$)	-0.38***	-0.38***	-0.46***	-0.46***
	(0.00022)	(0.00022)	(0.00005)	(0.00005)
Monnaie unique$_{ij}$	0.54***	0.54***	0.43***	0. 52***
	(0.00012)	(0.00012)	(0.00158)	(0.00723)
Constante	2.47***	3.14***	2.47***	2.89***
	(0.00324)	29207	25240	25240
Effets bilatéraux (ij)	Oui	Oui	Oui	Oui
Nombre d'observations	38802	38802	38802	38802
Nombre de paires de pays	916	914	912	908
Tests effets aléatoires bilatéraux	84.92***	106.17***	83.70***	92.54***
Prob>chi 2	0.0000	0.0000	0.0000	0.0000

****, ** et * représentent respectivement la significativité à 1 %, 5 % et 10 % Les chiffres entre parenthèses sont les écarts-types corrigés de l'hétéroscédasticité et ajustés pour les effets de cluster au niveau de la paire de pays.*

Source: calcul des auteurs

Concernant nos variables d'intérêt, nous constatons dans le premier modèle que le coefficient de la variable "Part des dépenses de formation" est positif et significatif à 1%. Une hausse des dépenses de formation améliore les capacités et la compétence des individus, et contribue à la hausse de la production et des exportations vers le partenaire africain. Nous constatons que le coefficient de cette variable pour le pays partenaire est aussi positif, significatif à 1%, et plus faible. Ce qui signifie que lorsqu'un pays investit dans la formation de la population, ses importations augmentent. Ces importations concernent davantage les produits intermédiaires et machines. Ces résultats sont conformes aux théories de Keesing (1968) et Wood (1984), de même qu'aux travaux de Duthil (2006), Birdsall et al. (2004), etc.

Le coefficient de la variable "Part des dépenses de santé" est positif et significatif à 1% aussi bien pour le pays exportateur que pour son partenaire. L'amélioration de la santé des populations favorise les échanges intra-ASS. Une main-d'oeuvre en meilleure santé améliore sa capacité de production qui est propice aux échanges. Le coefficient de la variable d'interrelation entre formation et santé est positif et significatif à 1 % aussi bien pour le pays exportateur que pour son partenaire. Nous constatons que les valeurs de ces coefficients sont plus élevées que celles de la formation et santé prises individuellement ; ce qui signifie que les efforts des pays sur cette double dimension du capital humain entraînent des effets plus significatifs.

Une part plus importante de l'emploi dans le secteur primaire influence négativement les échanges entre deux pays. La forte spécialisation des pays de l'ASS dans les activités du secteur primaire inhibe leurs échanges. Ce résultat est conforme à ceux trouvés par la Banque mondiale (2019), Chen et Restuccia (2018) et Chen et al. (2017) qui affirmaient de manière générale que la mauvaise affectation des ressources humaines dans les différents secteurs d'activité est à l'origine d'une productivité globale plus faible et d'un niveau limité des échanges commerciaux.

Il apparaît par ailleurs que le coefficient de la variable "Corruption" a un signe négatif et statistiquement significatif pour les deux pays partenaires. La corruption limite les échanges commerciaux. Ce résultat est conforme à ceux trouvés par Rose-Ackerman (1978), Leiken (1997), Naim (1995) et Moran (1998) qui affirmaient que la corruption est perçue comme un frein à la croissance et par conséquent au commerce. De même, le coefficient de la variable "Résistance multilatérale" a un signe négatif, traduisant l'existence des facteurs inhibant le commerce entre ces pays malgré le fait qu'ils soient géographiquement plus proches que d'autres partenaires commerciaux. L'existence d'une même monnaie entre les pays intensifie leurs échanges. Ce résultat est conforme à ceux trouvés par Avom et Mignamissi (2013) pour la CEMAC. La variable représentant les efforts de rapprochement commerciaux mesurée par l'appartenance à une même CER a un coefficient de signe positif et significatif à 1 %. Les échanges en Afrique subsaharienne sont favorisés par les politiques d'intégration adoptées par les différents pays.

Le modèle (3) dans le tableau 1 est estimé par l'estimateur de Poisson à effets aléatoires. Le test du multiplicateur de Lagrange de Breusch-Pagan confirme la présence des effets aléatoires bilatéraux. La statistique de ce test (chi-2=84,9) montre, en effet, que les effets aléatoires sont globalement significatifs au seuil de 1 %. Les résultats de ces estimations sont pratiquement identiques à ceux du modèle de Poisson à effets fixes aussi bien du point de vue du signe que de la significativité statistique.

Le modèle (2) du tableau 1 estime les échanges de chaque pays de l'ASS avec l'ensemble de ses partenaires de notre échantillon. Deux principales différences s'observent par rapport aux résultats du modèle (1). D'une part, la variable "Part de l'emploi dans le secteur primaire" a un signe positif et significatif à 1%, traduisant le fait que la spécialisation des pays de l'ASS dans le secteur primaire favorise le commerce avec les autres partenaires (l'Union européenne, les États-Unis et les BRICS). D'autre part, le signe du coefficient Résistance multilatérale est également positif et significatif à 1 %. Ceci signifie que malgré la distance géographique, diverses mesures aident à intensifier le commerce entre les pays de l'ASS et les autres partenaires. Ces pays hors ASS proposent des produits compétitifs aussi bien du point de vue de la qualité que du prix. De même, les évolutions des technologies de l'information et de la communication facilitent les échanges[6]. De multiples accords commerciaux qui sont signés intensifient également ces échanges. Les résultats du modèle (4) estimé par l'estimateur de Poisson à effets aléatoires sont pratiquement identiques à ceux du modèle (2).

Le tableau 2 présente les effets de la part des dépenses de formation sur les échanges. Nous retenons deux dimensions de la formation à savoir le cycle d'éducation et la qualification. En ce qui concerne le cycle, le modèle 1 présente les effets des dépenses au cycle 1 (qui correspond au cycle primaire et secondaire) sur le commerce en ASS et le modèle 2 prend en compte les dépenses concernant le cycle 2 (qui correspond au cycle universitaire). Les résultats montrent que la part des dépenses pour les cycles primaire et secondaire a un effet plus élevé que celui des dépenses dans le cycle universitaire. Sachant que la distance technologique est importante, les pays africains s'investissent davantage dans des activités utilisant ou adaptant des technologies découvertes dans les pays riches, qui ne supposent pas souvent un très haut niveau de formation.

Les modèles 3 et 4 estiment les effets des dépenses sur les formations par type. Nous constatons que la part des dépenses en matière de formation professionnelle a un coefficient positif, significatif à 1%, et d'une valeur plus élevée que le coefficient de la part des dépenses en matière de formation académique, qui est aussi positif et significatif à 1%. Ceci se justifie par le fait que la formation professionnelle offre des compétences directement exploitables pour la production des biens et services.

2.2. Sensibilité des résultats aux estimateurs concurrents

Nous comparons les résultats de l'estimateur de Poisson à d'autres estimateurs afin de conforter la validité de nos résultats. Premièrement, conformément à la littérature récente, nous retenons l'estimateur GMM en différence, c'est à dire en utilisant les valeurs retardées de la différence première de la variable endogène comme instruments (Holtz-Eakin, Newey et Rosen, 1988 ; Arellano et Bond, 1991) car dans un modèle de panel dynamique les effets spécifiques aux pays inobservables sont corrélés à la variable dépendante retardée. Ensuite nous utilisons l'estimateur GAMMA à cause de la quasi-similarité de ses conditions de premier ordre de maximisation avec celles du PPML (Head et Mayer, 2014).

Les résultats de ces tests de robustesse donnés dans le tableau en annexe 3 montrent que nos variables d'intérêt gardent le même signe positif. Les coefficients de ces variables avec l'estimateur de Poisson à effets aléatoires sont nettement supérieurs et globalement plus significatifs que les valeurs obtenues par les autres estimateurs.

[6] À titre d'exemple, l'appel téléphonique entre le Cameroun et la France est moins coûteux qu'entre le Cameroun et le Kenya.

CONCLUSION

L'objectif de cet article était d'évaluer l'effet du capital humain sur le commerce intrarégional en Afrique subsaharienne. Pour y parvenir, nous avons utilisé un modèle de gravité augmenté de variables liées au capital humain et en retenant l'estimateur de Poisson à effets aléatoires. Les résultats montrent que le capital humain (évalué à partir des dépenses de formation et de santé) a un effet positif sur les échanges intra-ASS. De manière plus spécifique, la part des dépenses dans les cycles primaire et secondaire favorise plus les échanges que les dépenses dans le cycle supérieur. De même, les dépenses dans le domaine de la formation professionnelle contribuent plus à développer les échanges que les dépenses dans la formation académique. Mais l'usage d'une forte proportion de la main-d'œuvre dans le secteur primaire défavorise de manière générale les échanges intra-ASS. À la suite de ces résultats, nous suggérons aux dirigeants africains de promouvoir des formations qui répondent aux réalités de ces pays. Plus précisément, il est important de revoir à la hausse les dépenses d'éducation qui peuvent aider les jeunes à s'approprier les technologies étrangères et les adapter dans la production des biens et services locaux. De même, les efforts doivent être orientés davantage dans la formation professionnelle. Enfin, il est nécessaire de promouvoir la mobilité de la main-d'œuvre du secteur primaire vers des secteurs à plus forte productivité.

RÉFÉRENCES

Acemoglu D., Robinson J., 2008, The Role of Institutions in Growth and Development, Working Paper N° 10, World Bank.

Agbodji A.E., 2007, Intégration et échanges commerciaux intra sous-régionaux : le cas de l'UEMOA, *Revue africaine de l'Intégration,* 1, 1.

Aghion P., Cohen E., 2004, Éducation et Croissance, Conseil d'Analyse économique.

Aghion P., Bloom N., Blundell R., Griffith G., Howitt P., 2001, Empirical estimates of the relationship between product market competition and Innovation, Department of Economics, Harward University, Cambridge.

Ahn S.C., Schmidt P., 1995, Estimation of Models for Dynamic Panel Data, *Journal of Econometrics,* 68, 5-27.

Alam M.S., 1989, Anatomy of Corruption: An Approach to the Political Economy of Underdevelopment, *American Journal of Economics and Sociology*, 48, 441-456.

Anderson J.E., Vesselovskyc M., Yotov Y.V., 2016, Gravity with Scale Effects, *Journal of International Economics,* 100, 174-93.

Anderson J.E., 2011, The gravity model, *Annual Review of Economics*, 3, 133-160.

Anderson J.E., Marcouiller D., 2002, Insecurity and the Pattern of Trade: An Empirical Investigation, *The Review of Economics and Statistics*, 84, 2, 342-352.

Anderson J.E., 1979, A Theoretical Foundation for the Gravity Equation, *American Economic Review,* 69, 106-116.

Avom D., 2005, Les Déterminants des Échanges dans la CEMAC : une évaluation empirique, *Économie Appliquée,* tome LVIII, 2, 127-153.

Avom D., Mignamissi D., 2013, Évaluation et analyse du potentiel commercial dans la communauté économique et monétaire de l'Afrique centrale (CEMAC), *Revue d'analyse économique*, 89, 2.

Avom D., Gandjon F.G., 2014, Qualité du cadre juridique, corruption et commerce international : le cas de la CEMAC, *Revue d'économie politique*, 124, 101-128.

Banque Africaine de Developpement (BAD), 2017, Rapport annuel, Groupe de la Banque Africaine de Développement.

Banque mondiale, 2019, Africa's Purlse : une analyse des enjeux façonnant l'avenir économique de l'Afrique, rapport préparé par C. Calderon, G. Kambou, V. Korman, M. Kubota, C. Cantu Canales.

Becker G.S., 1964, Investment in human capital: A Theoretical Analysis, Journal of Political Economy, 70, 9-49.

Bergstrand J.H., Egger P., 2009, Gravity Equations and Economic Frictions in the World Economy, in Bernhofen D., Falvey R., Greenaway D. and Krieckemeier U. (eds.), *Palgrave Handbook of International Trade*, Palgrave-Macmillan Press.

Birdsall N., Subramanian A., 2004, Saving Iraq from Its Oil, *Foreign Affairs*, 83, 4, 77-89.

Camarero M., Omez E.G. Tamarit C., 2014, Is the "Euro Effect" on Trade so Small after All? New Evidence Using Gravity Equations with Panel Cointegration Techniques, Economics Letters, 124, 140-42.

Chen C., Restuccia D., 2018, Agricultural Productivity Growth in Africa, Document de travail préparé pour le projet Boosting Productivity in Sub-Saharan Africa de l'AFRCE. Département d'économie, Universite de Toronto, Canada.

Chen C., Restuccia D., Santaeulalia-Llopis R., 2017, The Effects of Land Markets on Resource Allocation and Agricultural Productivity, Document de travail 24034 du NBER, Cambridge, MA.

CNUCED, 2010, La coopération sud-sud : l'Afrique et les nouvelles formes de partenariat pour le développement, *Le développement économique en Afrique, rapport 2010,* Genève.

Commission de l'Union Africaine (CUA), Banque Africaine de Développement (BAD) et Commission économique pour L'Afrique (CEA), 2011, Programme de développement des infrastructures en Afrique : interconnecter, intégrer et transformer un continent, Addis-Abeba.

Feenstra R., 2004, Advanced International Trade, Theory and Evidence, Princeton University Press.

Gandjon Fankem G.S., 2017, La prolifération des communautés économiques régionales constitue-t-elle une barrière aux échanges pour les pays d'Afrique Centrale ?, Région et Développement, 45.

Glick R., Rose A.K., 2016, Currency Unions and Trade: APost-EMU Reassessment, *European Economic Review*, 87, 78-91.

Haggard S., Kaufman R.R., 1995, *The Political Economy of Democratic Transitions*, Princeton University Press.

Head K., Mayer T., 2014, Gravity Equations: Workhorse, Toolkit, and Cookbook, *Handbook of International Economics*, 4, 131-195.

Helpman E., Krugman P., 1985, *Market Structure and Foreign Trade*, Cambridge, MA, MIT Press.

Krugman P., 1980, Scale economies, product differentiation, and the patterns of trade, *American Economic Review,* 70, 5, 950-959.

Kono D.Y., 2006, Optimal Obfuscation: Democracy and Trade Policy Transparency, *The American Political Science Review*, 100, 3, 369-384.

Leiken, R., 1997, Controling the Global Corruption Epidemic, *Foreign Policy*, 105, 55-73.

Lucas R., 1988, On the Mechanics Development, *Journal of Monetary Economics,* 22, 3-42.

Mankiw N.G., Romer D., Weil D.N., 1992, A Contribution to the Empirics of Economic Growth, *Quarterly Journal of Economics*, 107, 2, 407-437.

Mignamissi D., 2018, Monnaie unique et intégration par le marché en Afrique : le cas de la CEEAC et de la CEDEAO, *African Development Review*, 30, 1, 71-85.

Mincer J., 1958, Investment in Human Capital and Personal Income Distribution, *Journal of political Economy*, 66, 281-302.

Moran J., 1998, Corruption and NIC development: A case study of South Korea, *Crime, Law and Social Change*, 29, 161-177.

Murphy K., Shleifer A., Vishny R., 1991, The Allocation of Talent: Implications for Growth, *Quarterly Journal of Economics*, 106, 503- 530.

Naím, M., 1995, The Corruption Eruption, *Brown Journal of World Affairs*, 2, 2, 245–261.

Rose-Akerman S., 1978, *Corruption: A study in political economy,* Academic Press.

Rose A.K., 2000, One Money, One Market, Estimating the Effect of Common Currencies on Trade, *Economic Policy*, 30, 9-45.

Sadeh T., 2014, The euro's effect on trade, *European Union Politics*, 15, 2.

Schultz T., 1961, Investment in Human Capital, *American Economic Review*, 51, 1-17.

Vandenbussche J. Aghion, P., Meghir, C., 2006, Growth, distance to frontier and Composition of Human Capital, *Journal of Economic Growth*, 11, 97-127.

ANNEXES

Annexe 1: Liste des pays

Sous-régions	*Pays*
Afrique subsaharienne	Angola, Cameroun, République centrafricaine, Tchad, Guinée équatoriale, Gabon, République du Congo, République démocratique du Congo et Sao Tomé et Principe, Bénin, Burkina Faso, Cap-Vert, Côte d'Ivoire, Gambie, Ghana, Guinée, Guinée-Bissau, Libéria, Mali, Mauritanie, Niger, Nigeria, Sénégal, Sierra Leone et Togo, Burundi, Comores, Djibouti, Érythrée, Éthiopie, Kenya, Madagascar, Malawi, Île Maurice, Mozambique, Rwanda, Seychelles, Somalie, Swaziland, Ouganda, Zambie, Zimbabwe
Union européenne	Allemagne, Autriche, Belgique, Espagne, Finlande, France, Irlande, Italie, Luxembourg, Pays-Bas, Portugal, Grèce, Slovénie, Chypre, Malte, Slovaquie et Grande-Bretagne
BRICS	Brésil, Russie, Inde, Chine et Afrique du Sud
USA	États-Unis d'Amérique

Annexe 2: Statistiques descriptives des variables de l'étude

Variables	Observations	Moyenne	Écart type	Minimum	Maximum
Commerce bilatéral (en million de dollars)	59123	21596.14	162033.1	0	5433502
PIB $_i$ (en million de dollars)	59123	7292417	2.18e+07	111.6689	1.58e+08
PIB $_j$ (en million de dollars)	59123	7512096	2.20e+07	111.6689	1.58e+08
Distance $_{ij}$	59123	105.3564	18.54223	74.72004	152.1556
Part des dépenses publiques pour la formation (en pourcentage)	59123	84.18373	6.908982	41.33139	75.99514
Part des dépenses publiques dans les cycles primaire et secondaire (en pourcentage)	59123	83.73027	9.74883	47.99604	77.99514
Part des dépenses dans le cycle supérieur (en pourcentage)	59123	10.35446	10.82987	4.525023	34.2364
Part des dépenses pour la formation académique (en pourcentage)	59123	86.78351	12.94949	13.09703	61.8233
Part des dépenses de formation professionnelle (en pourcentage)	59123	65.14722	19.43493	24.52502	49.2598
Part des dépenses de santé (en pourcentage)	59123	5.744823	2.394723	0.838727	19.72749
Interrelation formation-santé	59123	5.985674	43.351	0	440.8634
Part de l'emploi primaire $_i$ (en pourcentage)	59123	31.35214	16.82987	25.52521	65.2548
Part de l'emploi primaire $_j$ (en pourcentage)	59123	31.35214	16.82987	25.52521	65.2548
Corruption $_i$	59123	2.285215 2	0.977012	-2,32	1,82546
Corruption $_j$	38795	2.285215 2	0.977012	-2,3214	1,82546
Résistances multilatérales $_i$	59123	0.012402	1.51423	0,005243	0,215145
Résistances multilatérales $_j$	59123	0.012402	1.51423	0,005243	0,215145

Source: calcul des auteurs.

Annexe 3: Sensibilité des résultats aux estimateurs concurrents

	Variable dépendante : exportations entre les pays de l'ASS		
Variables	Estimateur GAMMA	Estimateur GMM en différence	Estimateur de Poisson à effets aléatoires
Log (PIB_i)	0.223**	0.32***	0.53***
	(0.00113)	(0.00029)	(0.00011)
Ln (PIB_j)	0.00103***	0.50***	0.61***
	(0.000228)	(0.00014)	(0.00022)
Ln ($Dist_{ij}$)	-0.279***	-0.43***	-0.30***
	(0.00670)	(0.00011)	(0.00023)
Ln (Part dép. $formation_i$)	0.289***	0.21***	0.53***
	(0.00365)	(0.00002)	(0.00012)
Ln (Part dép. $formation_j$)	0.218***	0.37***	0.42***
	(0.0196)	(0.00010)	(0.00002)
Ln (Part dép. $santé_i$)	0.123***	0.19***	0.36***
	(0.00113)	(0.00057)	(0.00017)
Ln (Part dép. $santé_j$)	0.181*	0.037***	0.42***
	(1.368)	(0.00023)	(0.00003)
Ln (Formation*$santé_i$)	0.251*	0.49***	0.52***
	(1.368)	(0.00011)	(0.00013)
Ln (Formation*$santé_j$)	0.284*	0.51**	0.48***
	(1.368)	(0.00010)	(0.00012)
Ln ($EmplPri_i$)	-0.34**	-0.27**	-0.33***
	(0.00007)	(0.00028)	(0.000068)
Ln ($EmplPri_j$)	-0.32***	0.40***	-0.32***
	(0.00003)	(0.00010)	(0.00003)
Ln ($Corrup_i$)	-0.22***	-0.15***	-0.39***
	(0.00024)	(0.00016)	(0.00024)
Ln ($Corrup_j$)	-0.23**	-0.35***	-0.40**
	(0.00018)	(0.00032)	(0.00018)
Ln (RM_i)	-0.35**	-0.12**	-0.36**
	(0.00071)	(0.00001)	(0.00071)
Ln (RM_j)	-0.37***	-0.46**	-0.38***
	(0.00031)	(0.00005)	(0.00022)
Monnaie $unique_{ij}$	0.56***	0.38***	0.54***
	(0.00008)	(0.00026)	(0.00012)
Constante	1.68***	2.78***	2.47***
	(0.00218)	(0.0146)	(0.00324)
Effets bilatéraux (ij)	Oui	Oui	Oui
Nombre d'observations	38 795	38 795	38802
Nombre de paires de pays	905	908	916
Wald chi^2	214.21		
Prob>chi^2	0.0000		
Test de Wald		0.000	
Test de Sargan		0.054	
Test AR(2)		0.186	
Tests eff. aléat. bilatéraux			84.92***
Prob>chi 2			0.0000

****, ** et * représentent respectivement la significativité à 1 %, 5 % et 10 % Les chiffres entre parenthèses sont les écarts-types corrigés de l'hétéroscédasticité et ajustés pour les effets de cluster au niveau de la paire de pays.*

Source: calcul des auteurs.

Annexe 4: Matrice de corrélation entre les variables de l'étude

	Commerce ijt	PIBi	PIBj	Dij	Dép. For. it	Dép. For. jt	Dép. Santé it	Dép. Santé jt	Dép.For. Cyc1 it	Dép. For. Cyc1 jt	Dép. For. Cyc2 it	Dép. For. Cyc2 jt	Dép. For. Acad it	Dép. For. Acad jt	Dép. For. Prof it	Dép. For. Prof jt
Commerce ijt	1.0000															
PIBi	0.0243	1.0000														
PIBj	0.0015	0.0035	1.0000													
$Dist_{ij}$	-0.0315	-0.0021	-0.0052	1.0000												
Dép. Formation. it	0.0296	0.0731	0.0024	0.0249	1.0000											
Dép. Formation. jt	0.2040	0.0247	0.0012	0.0251	-0.0360	1.0000										
Dép. Santé it	0.0248	0.0238	0.0860	0.0243	0.0885	0.0717	1.0000									
Dép. Santé jt	0.0187	0.0784	0.0052	0.0296	0.0636	0.0652	0.0954	1.0000								
Dép. For.Cyc1 it	0.0861	0.0270	0.0157	-0.2040	0.0060	0.0080	-0.2008	-0.0682	1.0000							
Dép. For.Cyc1 jt	0.0184	0.0691	0.0301	0.0248	0.0104	0.0784	0.0860	0.2296	-0.0316	1.0000						
Dép. For.Cyc2 it	0.6875	0.2415	0.1066	0.0187	0.1559	0.4482	-0.0058	0.0174	0.9845	-0.0015	1.0000					
Dép. For.Cyc2 jt	0.0040	0.0082	0.0361	0.0041	0.0569	0.1043	0.0861	0.0894	0.1544	0.0315	-0.0058	1.0000				
Dép. For.Acad it	0.0630	0.0184	0.0340	-0.0073	0.0731	0.0248	-0.0184	0.0052	0.0636	1.0000	0.0082	0.0784	1.0000			
Dép. For.Acad jt	0.0248	0.6875	0.1765	0.0075	0.0731	0.0187	-0.0875	0.0052	0.0060	0.2040	-0.0184	0.4482	-0.0015	1.0000		
Dép. For.Prof it	0.0187	0.0040	0.0014	0.1010	0.0784	0.0041	0.0040	0.0860	0.0104	0.0248	-0.0875	0.1043	0.2915	0.0058	1.0000	
Dép. For.Prof jt	0.0041	0.0630	0.0790	-0.0042	0.0731	-0.0073	-0.0630	0.0052	0.1559	0.0187	0.0040	0.0248	0.0569	0.0052	0.0058	1.0000

Source : calcul des auteurs.

The effects of human capital on commercial integration in Sub-Saharan Africa

Abstract - This paper aims to examine the influence of human capital (considering the education and health spending) on intra-sub-Saharan Africa (SSA) trade. To achieve this, we used a gravity model augmented by variables linked to human capital, using the Poisson random-effects estimator as the evaluation method. We have three main results. (1) Human capital has a positive effect on these exchanges. (2) The share of education spending in primary and secondary cycles has a greater effect on trade than expenditure in the graduate cycle. Spending on vocational training contributes more to developing exchanges than spending in academic training. (3) A high proportion of the workforce in the primary sector disadvantages intra-SSA trade.

Key-words

Commercial integration
Human capital
Sub-Saharan Africa
Gravity model
Poisson estimator with random effects

Région et Développement

n° 54-2021

www. regionetdeveloppement.org

Untapped export potential in developing countries: evidence from the car industry

Antoine ABI ZEID*

Abstract **–** Car production is moving from North to South, and carmaker ownership is moving from West to East. Meanwhile, new carmakers are arising in China, India, and Iran. Car exports in developing countries increased over the 2007-2015 period. However, their share in global exports is still low. In this sense, exports are the last bastion of the North. The increase in car exports could accelerate the indigenous capacity building, especially in China. In this paper, we identify the determinants of car exports in the case of developing countries. Then, we measure their capacity to increase the latter. The results are discussed in light of various industrial strategies implemented in these countries.

JEL Classification
F140

Keywords
Automotive industry
Developing countries
Export potential
Empirical gravity model
Hausman-Taylor estimator

*Université Sorbonne Nouvelle IHEAL CREDA – UMR 7227, 5 cours des Humanités, 93322 Aubervilliers, France ; antoinegabizeid@gmail.com

INTRODUCTION

The automotive industry is a key sector for industrial development. Its share in global manufacturing is high[1], and its intra-branch trade is growing. Its regional and local roots have proven to be strong under globalization. This industry is relatively fragmented: Design engineering is locally clustered, conceptual design is regionally integrated, and some parts are globally sourced. The production is close to end markets and regionally integrated. The global value chain (GVC) is driven by automakers. However, the power of producers is limited by local realities, political influence, and public policies. The autonomy of suppliers has increased to an unprecedented level (Sturgeon et al., 2009).

The automotive industry is facing many challenges: environmental constraints, digital economy, and emerging economies [2]. Although the rise of digital and eco-friendly vehicles is in its infancy, relocation is already reshaping the geography of the automotive industry [3].

Demand and supply of cars were traditionally located in developed countries. After 2000, they both began shifting toward emerging economies. This global trend is led by both traditional carmakers and newcomers from emerging economies (Traub-Merz, 2017). Car production and carmaker ownership are key elements in the transformation of the automotive geography and depend on factors such as demand, corporate strategies, state policies, and trade. Observations show that car production is shifting from the North to the South, and carmaker ownership is shifting primarily from the West to the East and secondarily from the North to the South. For example, Suzuki, General Motors (GM), Renault, and Volkswagen (VW) are producing around 60% of their production in developing countries. Jaguar ownership, for example, moved to Tata Motors, an Indian automaker. Nevertheless, despite this shift of ownership to the new carmakers, the threat to the hegemony of traditional carmakers remains limited in the absence of a technological catch-up.

Despite this shift in car production and carmaker ownership to emerging economies, their share from global car exports is limited. In fact, car exports from developing countries involve relatively smaller cars. These exports are growing rapidly, but they remain relatively modest compared with those from developed economies. The markets of top exporters from developing countries (Mexico, Central and Eastern European Countries [CEECs], and Thailand) are high-income countries. Other developing countries export elsewhere.

In this context, exports and core technologies could be called the last bastions of the North. The convergence of high levels of production and exports in emerging economies could facilitate the development of indigenous capabilities.

Recent events, such as the enlargement of the European Union (EU), the World Economic Crisis, the rise of major players such as China, and new carmakers and mega-suppliers, affected the automotive industry in developing countries. The new realities make it relevant to track and assess the evolution of key aspects in the automotive industry over a more recent period.

In this paper, we assess the export potential of car producers in the developing world based on the 2007-2015 period. Here, the "export potential" refers to the expected exports measured based on some determinants of car exports. The expected

[1] In 2000-2014, the share of "Motor vehicles, trailers, and semi-trailers" industry in total manufacturing output was 19% in Mexico, 17% in Germany, and 12% in South Africa (UNIDO Statistics).

[2] Many consider that an "automobile revolution" is under development (See Freyssenet 2009). Freyssenet (2011) defines this revolution as an event that "would completely change the architecture, the industry, the geography, the economy, the geopolitics, and the sociology of the automobile."

[3] In this paper, the relocation is defined as being the movement of manufacturing activities from developed countries towards developing countries.

exports are compared with actual exports. Per example, if actual exports are below expected exports, we note that the exports have the potential to increase. We say the export potential is "untapped." Then, we classify this "untapped potential" by country according to three categories: low, moderate, and high. If actual exports are close to expected exports, we indicate that exports might stagnate. We examine the export potential on the country level in the industry of car manufacturing. By car industry, we mean the design, assembly, and distribution of passenger cars (PCs). In 2015, PC production constituted 75% of global vehicle production.

Our findings show that top exporters from developing countries might stagnate, and therefore their industrial model might become unsustainable. The newcomers are located in emerging countries that have high export potential. However, the technology gap from which they suffer might affect their capacity to benefit from this country-level export potential. Most emerging countries have an untapped export potential. This provides multinational corporations (MNCs) with many alternatives and therefore a large margin of maneuver.

In this paper, we present the changing geography of the PC industry through a review of literature and descriptive statistics in the first section. In section two, we present our econometric assessment. This work allows us to measure the expected exports of developing countries and to identify the determinants of their exports.

1. THE CHANGING GEOGRAPHY IN CAR PRODUCTION

1.1. Review of literature

The topic of our research lies at the intersection of several theoretical fields. The main themes of these theories are offshoring, firm strategy, and industrial policies. In this literature review, we present the link between these issues and the automotive industry, and we highlight the architecture of the automotive industry today. Thus, this literature review is essential for the interpretation of quantitative results in section two.

Offshoring

The offshoring phenomenon might not comply enough with the theory of comparative advantage. Recently, offshoring to lower-income countries has been growing. Head and Mayer (2019) studied offshoring in car assembly and examined the comparative advantage based on countries' development level and car models skill intensity. *They showed that the driving force behind offshoring is rather market seeking (host markets and export platforms).* It is driven by foreign market penetration goals rather than by the quest for cost advantages. Thus, the offshoring of automotive MNCs does not occur at the expense of home-country employment. The authors show that in fact, developed countries have a cost advantage over emerging ones as locations for car assembly. Nevertheless, despite cost advantages, producing near final markets increases market shares, whether carried out in the brand's home markets or in the markets of poorer countries. Additionally, proximity and regional trade agreements (RTAs) increase shares in external markets. In this respect, *export platforms in developing countries are key element in offshoring***.** The authors found that low-price and small-sized cars are more offshorable[4]. Thus, they show that the comparative advantage of rich countries is rather in skill-intensive models.

Offshoring is also affected by firms' competitive strategy rather than product cycle. Over time, the well-known Vernon (1966) sequence lost its explanatory power

[4] Smaller cars might be more offshorable because of lower shipping costs and tariffs, and less skill-intensity (Head & Mayer, 2019).

(Michalet, 1999). The localization of new products is international instead of exclusively in the innovative country. Today, electric cars, for instance, are produced in many countries, such as the USA, Europe, and China. Nissan Leaf, a 100% electric car, has been produced in Japan, the USA, and the UK, then exported to other countries. The production of Dacia by Renault started in Romania and was then exported to France. More generally, Head and Mayer found that offshoring probability is greater when years left for a car's model are more important. This reveals the impact of firms' competitive strategy on localization. Different types of offshoring exist, and each reflects a certain strategy at the firm level (Mouhoud, 2006). *The optimization of a company's value chain is achieved when activities are located in top economies in terms of sales, production, and export capacity.*

The headquarters-subsidiaries relationship revolves around internalization of activities and outsourcing. The company retains direct control over its subsidiaries for the production of items containing core technologies and could outsource for standardized items. Carmakers share their control over production with local partner carmakers, notably in China and India. For example, SAIC-GM produces American brands for China. Additionally, outsourcing has increased in auto parts production. Thus, *carmakers focus their activities more on assembly, design, and distribution; they still control production and marketing.*

Foreign direct investment

The localization of production is related to firms' strategies. The internationalization of production can be driven by the complementarity between two strategies: market strategy and cost-reduction strategy. *This approach suggests that a "selected" group of countries is very attractive for foreign direct investment (FDI)* (Michalet, 1999). The countries are selected based on relative market growth and size. Triad countries are both recipients and senders of FDI flows; and emerging countries are recipients of flows. The third group includes countries that can potentially become recipients; finally, peripheral countries are not attractive. This hierarchy is dynamic; however, it did not predict the transformation of emerging countries into FDI senders. FDI by Chinese and Indian automotive companies, for instance, began in the 2000s: SAIC (China) purchased MG Rover, Geely (China) purchased Volvo (Amighini, 2012; Richet, 2015a), and Tata Motors (India) acquired Daewoo Trucks, Land Rover, and Jaguar (Pradhan & Singh, 2008). Richet (2015b) examined the reasons for the early internationalization of Chinese carmakers; the pursuit of strategic assets, such as long-standing car brands, is one of the main motives[5].

State policies

State policies implemented by host countries are key determinants of the role the domestic economy will play for the hosted industry. The role of the domestic economy can be limited to the provision of labor and other services that are not related to the production. However, it could also contribute to the production and technological development. In the first case, governments simply try to improve countries' attractiveness for foreign investors; in the second case, the government becomes directly involved in the production and technological development.

Literature divides catch-up experiences between "integrationist" and "independent" (Amsden, 2001 ; Kohli, 2009). The integrationist strategy relies on MNCs to bring advanced technology; this is the case, for instance, in Brazil (Viotti, 2002). The independent strategy is based on a national process of technological capacity building, as has been the case in South Korea (Amsden, 1989).

[5] In 2014, Tata produced in UK 75152 Jaguar and 374355 Land Rover, and Geely produced 461507 Volvo in China, Malaysia, Belgium, and Sweden.

Automotive-related literature also evokes two different approaches: import substitution (IS) and GVC. The first (IS) revolves around protectionism and local final production, while the second (GVC) is led by MNCs and focuses on free trade, component and intra-firm trade, and FDI. The rise of component trade in the automotive industry might imply that integration into the GVC could be a more appropriate approach. Traub-Merz (2017a) believes, however, that IS is still more relevant because carmakers depend on government protection. IS could be implemented under liberal principles or under a highly interventionist framework. The first aims at replacing imports with local production, while the second tries to build a locally headquartered industry. In addition, according to Traub-Merz, IS can increase prices, but it also leads to income redistribution. More importantly, the rise of monopolies in the context of an IS approach is probable and leads to a lack of market discipline. Impo-sing technological performance and export targets could be a way to overcome this limit. In its broadest sense, IS begins with an import substitution in its strict sense, increases local content, and then must move toward exports. Thus, exports are essential both for integration into the GVC and in the case of IS in its broadest sense. However, the success of outward orientation depends on the development of independent capabilities and on the mobilization of significant resources. *The existence of an export potential on the country level is strategic, whether for building domestic capabilities or integrating into the GVC.*

State policies also shape the ownership structure of automotive industries. The independent strategy favors the existence of public and private-owned firms. For example, in China, SAIC and Dongfeng are state-owned carmakers, whereas Chery and BYD are private firms. The integrationist strategy allows MNCs to dominate the industry; in Brazil, there are no locally headquartered carmakers.

Clearly, the integrationist strategy promotes exports but often risks transforming the country into an "economic territory" for MNCs (Kohli, 2009). *The car exports grew in Mexico, Thailand, and CEECs by virtue of integration into the GVC and RTAs.* The basis of their export platforms are foreign-owned activities, RTAs, and access to high-income markets, high production, and low trade costs. By contrast, the car industry in China and India counts on domestic demand and low costs. These countries dared to implement import substitution industrialization (ISI) *but did not yet seize significant shares in world markets.*

The catch-up strategies at the firm level are as important as catch-up strategies at the country level. The autonomy of Hyundai management allowed the diversification of its technology sources and the achievement of outstanding success. Daewoo, in contrast, was dependent on GM and disappeared after its acquisition by GM (Kim, 1997).

Regional integration

Firms can deploy their value chain activities in the best markets either globally or regionally. The regional path is less complex in terms of specialization and organization (Michalet, 1999), and it is more developed in the automotive industry than global integration (Freyssenet & Lung, 2007). In the case of exporting industries, RTAs increase economies of scale and intra-industry specialization (Siroën, 2004); carmakers lobby in favor of RTAs (Carrillo, Lung & van Tulder, 2004). *RTA membership constitutes the cornerstone of the car export activity for Mexico, CEECs, and Thailand.* The expansion of global scale integration could weaken regional-based exports. Recently, Frigant and Zumpe (2017) studied the trade pattern aspects based on the auto-parts trade of four European countries over the 2000-2012 period. *The authors showed an insignificant progression in the globalization of automotive production networks.*

Peridy and Abedini (2008) showed the untapped export potential of emerging countries in the car industry based on the 1999-2006 period and suggested that exports could increase. In absolute terms, the exports of developing countries have increased, but their global share remains limited. Since 2006, the automotive industry has undergone considerable changes, especially under the effects of the 2008 crisis, the EU enlargement, the rise of China, the increase in Mexico's car exports, etc. The consequences of these events are still unfolding. Therefore, it would be relevant to track and assess the mutations in the automotive industry over a more recent period. In this paper, we track and assess the evolution of the export potential in developing countries based on the 2007-2015 period. We show that untapped export potential for developing countries is still visible. Neither major events nor export increases eliminated this export potential. Our results indicate that offshoring could continue to benefit from the external markets of host countries, MNCs have alternative locations with significant export potential, integrationist strategies risk being unsustainable with export stagnation in sight, and newcomers can seize markets abroad, especially in high-income countries. The countries that take advantage of this potential might solve problems such as unemployment, trade deficits, and technological gaps.

This literature review shows how country-level export potential is an integral element in the strategies of MNCs, countries, and regions. Thus, it plays a role in reshaping the global geography of the car industry. The combination of the existence of this potential and the technological rise of newcomers could be decisive for the future of the automotive industry in developing countries.

1.2. Markets, production, and ownership

Markets for car sales

Figures show a shift of production to the South. This shift has been encouraged by various factors, notably the car sales pattern. In developing countries, demand increased by a growing middle-class, and in developed countries, the demand increased for lower-cost vehicles that are often produced in low-cost countries (Jullien & Lung, 2011).

The world average growth of car sales was equal to 4% during the 2005-2016 period. This growth was boosted by sales in developing countries that were growing more rapidly, when sales in developed countries were decreasing (Table 1). For example, the average growth was equal to 18% in China and 9% in India during this period.

Table 1: Annual Average Growth Rate (AAGR) of world car sales over the 2005-2016 period

Region	AAGR
Asia and Middle East	9.6%
Central & South America	3.2%
Russia, Turkey, & Other Europe	2.7%
Africa	2.5%
Europe new members	2.1%
Oceania	1.7%
Europe 28 + EFTA	-0.1%
NAFTA	-0.1%
Europe 15 + EFTA	-0.2%
All countries (144)	*4.0%*

Source : Author's own calculations, OICA.

Movement of automakers from north to south

Traditional carmakers have been building alliances to facilitate the relocation of their production. In general, alliances and mergers help these firms mitigate costs and maximize size. The destination varied over time: It was Brazil in the 1990s, then China and India in 2000s (Jullien & Lung, 2011).

During the 2000-2014 period, production located in developing countries was increasing. In 2014, seven carmakers were producing half or more of their production in a specific group of developing countries[6]. The top destinations were Mexico, Brazil, Eastern Europe, China, India, and Thailand. China was the first production location for GM, VW, Ford, and Nissan; India for Suzuki; and Brazil for Fiat. Fiat is the exception that proves the rule; it is the only carmaker whose production in developing countries has decreased. In contrast, during the same year (2014), the primary production location for seven carmakers was their country of origin. The country of origin of traditional carmakers is a developed country[7].

Obviously, the countries of destination differ from one automaker to another. Their choice could heavily depend on their production and profit strategies[8]. For example, traditional automakers have been pursuing different quality-centered strategies. Emerging automakers (for example Chery, Tata, Avtovaz and Iran Khodro), and Fiat, implemented volume-centered strategies.

Movement of production from north to south

Over 15 years, the share of developed countries in world production decreased by half. It decreased from 84% in 1999 to 43% in 2015[9]. Japan, USA, France, and many others lost significant shares. In contrast, India's share witnessed a five-fold increase, and the share of China increased from 1% in 1999 to 42% in 2015[10].

During the 2006-2015 period, production grew in developing countries in terms of annual average growth rate (AAGR). Slovakia, China, Thailand, Indonesia, and India recorded the highest rates. For instance, average growth in Thailand was 15%. Brazil and Poland were the exceptions; they missed an opportunity to increase their production. Meanwhile, production growth of most developed countries was either negative or positive but below the world average (3.8%).

Between 2006 and 2015, a specific group of developing countries hosted half (49.3%) of global car production. China hosted 45% of the latter. The combined share of BRIC[11], Mexico, Czech Republic, and Iran reached 79%. In parallel, eight developed countries produced 92% of the second half (50.7%) of global production[12].

Based on the above, we can state that the location of production is shifting from North to South, especially to China. This movement is clearly seen in terms of absolute value, growth, and cumulative value. This phenomenon has affected most traditional carmakers, most developed countries, and a specific group of developing countries.

---

[6] The gap of traditional carmakers production between that located in developing countries and that located in developed countries, in 2014: gap reversed for Suzuki, GM, Renault, VW, Fiat; gap closed for Ford, PSA, Nissan, Hyundai; gap narrowed for Honda, Mitsubishi, Toyota, Mazda, Daimler AG, BMW (in units, author's own calculations, OICA).

[7] Top 1 destination-country by traditional carmakers in 2014: China for GM, VW, Ford, Nissan; India for Suzuki; Brazil for Fiat; Spain for Renault; France for PSA; Germany for BMW, Daimler AG; USA for Honda; South Korea for Hyundai; Japan for Mitsubishi, Mazda, Toyota (in units, author's own calculations, OICA).

[8] For extensive studies on these profit strategies consult Freyssenet (2009).

[9] The distribution of car production share between developed countries and developing countries in 1999, 2006, 2015, respectively, is: 84% versus 17%; 67% vs 33%; 44% vs 56% (author's own calculations, OICA).

[10] Vehicles production in China is composed of two elements: production of foreign firms and production of emerging firms i.e. SAIC group and Great Wall.

[11] Brazil, Russia, India, and China.

[12] Japan, Germany, South Korea, USA, France, Spain, United Kingdom, and Canada.

Movement of ownership from west to east

The ownership of carmakers has been moving from West to East and, secondarily, from North to South. In this sense, two movements are happening simultaneously[13]: the shift of car-making property to Asian countries and the emergence of new carmakers in China, India, and Iran.

Since 2007, in absolute terms, the production of Asian carmakers has surpassed the production of non-Asian carmakers. Between 2007 and 2014, the gap widened. In average terms, the production of Asian carmakers increased remarkably during the 1998-2014 period[14].

The production of Chinese carmakers increased at an annual average of 62% between 2000 and 2014. It reached 8 million units in 2014, compared with 384 thousand in 2002[15]. Similarly, average growth of Indian carmaker production was 25%[16]. Tata car production reached 744 thousand in 2012, compared with 71 thousand in 1999.

The average growth of South Korean carmaker production was 10% between 1998 and 2014. Hyundai caught up with traditional leaders. The AAGR of Japanese carmakers was 4.71%[17] between 1998 and 2014.

Indeed, this movement has been at the expense of non-Asian carmakers. The production of non-Asian carmakers either decreased or increased weakly. The average growth of American and French carmaker production was below 2%[18].The production of Italian and Russian carmakers decreased[19]. The production of German carmakers increased by 3.9%[20].

Average growth of Asian carmakers production was 7%[21] over the 1999-2014 period, whereas average growth of non-Asian carmaker production was 1.9%[22].

The second movement is represented by the emergence of new carmakers in developing countries. AAGR of production by carmakers originating from China, India, and Russia was 19% during the 1998-2014 period. We can add to this two Iranian carmakers (Saipa and Iran Khodro) that were producing around 800 thousand units in 2011 and 2014. In contrast, average growth was limited to 3.5% in the case of carmakers originating from developed countries[23]. Global production grew by 4.2% over this period.

Although emerging carmakers have grown rapidly, they are far from being the driving force in production. In fact, the share of carmakers originating from developed countries was 85% in 2014, compared with 88% in 2007 and 96% in 1998. The driving force is Asian carmakers production, more specifically, that of Japan, China, and South Korea.

---

[13] OICA publishes statistics about vehicles production by manufacturers. In our work, per example, Germany is considered the country of origin of Daimler.
[14] Included Asian countries are China, India, South Korea, and Japan.
[15] In 2014, included Chinese carmakers are 12. The top five among them are SAIC, Changan Automobile, Geely, Dongfeng Motor, and Great Wall. In 2002, included carmakers are CNAIC, Faw, Changan, SAIC, Dongfeng, and BAIC.
[16] Included Indian carmakers are Tata, Tata (Telco), Ashok Leyland, Hindustan, Mahindra, Mahindra & Mahindra.
[17] Included Japanese carmakers are Daihatsu, Fuji, Fuji-Subaru, Honda, Isuzu, Mazda, Mitsubishi, Nissan, Suzuki, Suzuki-Maruti, and Toyota.
[18] Included American carmakers are Chrysler, Ford, and GM. French carmakers are PSA and Renault.
[19] Included Italian carmaker is Fiat. Included Russian carmakers are Avtovaz, Avtovaz-seaz, Gaz, Gaz-Paz, Ijmach Avto, Ijmach-Avto-Roslada, Kamaz, Roslada, and UAZ. Russian carmakers production slumped from 854,559 units in 2008 to 296,898 units in 2009, and stayed low between 2009 and 2015.
[20] Included German carmakers are BMW, BMW Rover, Daimler, DaimlerChrysler, VW, and Porsche.
[21] The countries of origin are China, India, Japan, and South Korea.
[22] In 2014, Tata produced in UK 75152 Jaguar and 374355 Land Rover, and Geely produced 461507 Volvo in China, Malaysia, Belgium, and Sweden.
[23] The countries of origin are France, Germany, Italy, Japan, South Korea, and USA.

Figure 1: The car production of Asian and non-Asian carmakers

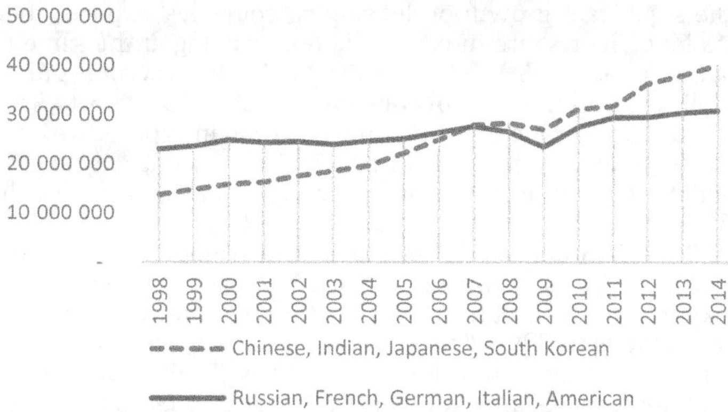

Source : Author's own calculations, OICA.

1.3. Exports as the last bastion of the north

The oligopolistic structure in the automotive industry makes relocation inescapable. To maintain their profitability, carmakers should increase their production in developing countries. Relocation entails risks related to political influence, demand, exchange rate, and interest rate. For instance, demand in many developing countries is sometimes volatile. Therefore, to reduce their dependence on host markets, carmakers try to transform their sites into export bases (Lung, 2000).

The AAGR of car exports over the 2006-2015 period reflects a rapid increase in the car exports of many developing countries such as Romania, India, Indonesia, and Russia, where AAGR was above 20%. On the contrary, Poland, Brazil, and Turkey were among few developing countries to exhibit weak growth. The AAGR was remarkably positive in many developed countries. For example, it was 8% in the USA, 5% in Italy, and 4% in Germany. However, it was negative in many others, such as France, for instance, where the AAGR was -5% over the same period.[24]

Despite a decrease between 2007 and 2015, the share of developed countries in global exports was still high[25] in 2015. The share of top exporters among them dropped from 83% in 2007 to 77% in 2015. Although the share of Germany, the USA, Canada, South Korea, the UK, Spain, and Italy slightly increased during this period, the share of France, Belgium, Sweden, and Austria decreased; the same was the case for Japan, whose share decreased by 5%.

In parallel, the share of developing countries from top exporter countries increased to 18%. Leading exporters were Mexico (4.9%); Eastern European[26] countries, including Turkey (8.6%); and Thailand (1.4%). Their combined share was 13%. The share of countries that are close to advanced economies was high. In contrast, the combined share of BRIC countries was 2.7% in 2015, slightly above their share in 2007, which was 1.9%. In fact, the share of Brazil decreased over the period.

---

[24] AAGR of car exports in the 2006-2015 period: Ukraine -25%, France -5%, Austria -3%, Portugal -1%, Sweden -0.7%, Belgium -0.1%, Poland 0.2%, Brazil 0.4%, Australia 1.5%, Japan 1.8%, Turkey 2.8%, Canada 4%, Spain 4%, Germany4%, Slovenia 4%, Italy 5%, South Korea 5%, Netherlands5%, Malaysia 6%, Argentina 7%, United Kingdom 7%, USA 8%, Czech Republic 8%, Mexico 9%, South Africa10%, Finland 10%, Slovakia 11%, Thailand 17%, Hungary 19%, China 19%, Russia 20%, Indonesia 21%, India 22%, Romania 25% (author's own calculations, UN Comtrade, 2020).

[25] In the years 2007 and 2015, around 95% of world car exports was from 25 countries.

[26] Czech Republic, Slovakia, Hungary, Turkey, Poland, and Romania.

Based on this observation, we can divide developing countries into two groups based on their proximity to developed markets.

Despite the significant growth of developing countries' exports, their combined share remains low. Their share in exports is not growing at the same pace as their share in global car production. While their production level accounts for half of global production, their export level is below one quarter of global exports. This points to a potential for future acceleration of their upward trend in exports. Nevertheless, most developing countries are coming from far and still have a long way to go.

Now we will try to identify where, what, and how much the developing countries export PCs [27].

Over the 2007-2015 period, three-fourths of car export value was destined to high-income economies[28] and two-thirds were destined to developed countries[29]. If we exclude exports originating from Mexico, CEECs[30], and Turkey, the share of developed countries falls to 30%. This shows that developed countries are the main market of top exporters from developing countries. Thailand, exporting mainly to Association of Southeast Asian Nations (ASEAN) countries, is an exception, with a third of its exports destined to developed countries. This rate is close to that of India. As for China, this share is 22%; for Brazil and Russia, it is even lower.[31]

To measure how much of local production is exported, we divide the quantity of exported items (X_i) by that of produced items (P_i)[32]. The coefficient $(\gamma_i = \frac{X_i}{P_i})$ is very high (above 70%) for Mexico, CEECs, Turkey, Thailand, Morocco, and a few other countries. This indicates that the production in these countries is destined for exports and not for domestic demand. The ratio is very low (below 20%) for Brazil, China, Malaysia, Indonesia, Iran, and many other developing countries. The ratios of India and Argentina are in the middle, at 32% and 58%, respectively.

The small car segment is leading Indian production, and India sells small engines to global carmakers (Remesh, 2017). Head and Mayer found that offshoring is higher for smaller cars, and the Harmonized System (HS) 6-digit codes export data (by engine type and displacement[33]) shows that developing countries export smaller cars. Engine displacement, power output, fuel-saving technologies, and other factors, determine cars' fuel economy. Lower displacement means lower fuel consumption. *We assume that cars with low displacement are "small cars."* Figures show that developing countries export relatively smaller cars. The share of spark-ignition (SI) below 1500 cylinder capacity (cc) is 29% for developing countries versus 10% for developed countries; and that of cars above 3000 cc is 4% for developing countries versus 22% for developed countries. The share of compression-ignition (CI) cars above 1500 cc is 21% for developing countries and 27% for developed countries. Thus, developing countries' exports could be differentiated by their cylinder capacity but not by the type of engine

[27] We mean here by the "developing countries" a selection of developing countries that produce passenger cars; according to OICA Production Statistics over the period 2007-2015.

[28] Based on the World Bank yearly country classifications by income level.

[29] Here, the country classification is according to the United Nations (2014); but we excluded the "New EU member states" from the developed countries category.

[30] According to OECD definition, Central and Eastern European Countries (CEEC) are six: Czech Republic, Hungary, Poland, Romania, Slovakia, and Slovenia.

[31] The share of developed countries in exports over 2007-2015 period: Mexico 84%, South Africa 81%, Mexico&CEEC&Turkey 78%, Central and Eastern European Countries (CEEC) 75%, Morocco 70%, Turkey 69%, Developing Countries 64%, India 33%, Thailand 31%, Developing Countries (excl. MEX&CEEC&TUR) 30%, China 22%, Brazil 10%, Russia 1%.

[32] Exports in quantity of items is from UN COMTRADE and production in unites from OICA Production Statistics. Therefore, the calculated ratio (or indicator) measure approximatively the export rate.

[33] Spark-ignition (SI) engine runs on gasoline and compression-ignition (CI) engine runs on diesel. Spark-ignition engine by cc: <1000cc, 1000cc-1500cc, 1500cc-3000cc, >3000cc. Compression-ignition engine by cc: <1500cc, 1500cc-2500cc, >2500cc.

(SI versus CI). This pattern can be related to differences in market structure. The market share of vehicles with high displacement is more significant in OECD countries, notably in North America and Australia (OECD/IEA, 2017). This pattern could also be related to the fact that large cars are more skill intensive.

Generally, the share of smaller cars in exports increased between 2007 and 2015, notably for SI cars. For developing countries, the share of SI cars below 1500 cc increased by 7% and that of cars above 1500 cc decreased by 4%. For developed countries, the share of SI cars below 3000 cc increased by 5% and that of cars above 3000 cc decreased by 5%. In fact, during 2005-2015, engine displacement declined and power output per unit displacement improved. This trend can be favorable to developping countries, especially if they own new technologies that increase the power output per unit displacement.

In section two, we identify the determinants of exports, measure the expected exports, and compare expected exports to actual exports.

2. ECONOMETRIC RESULTS

After a short introduction, we present the model and variables. Then, we show the results of various estimations and measure the expected exports of developing countries. This measurement is based on the results of the Hausman-Taylor estimator (HTM) and on the out-of-sample technique.

Our empirical model is influenced by the gravity empirical approach and trade cost literature. In the gravity equation, bilateral trade is proportional to countries' economic size and inversely proportional to distance (Tinbergen, 1962). New equations appeared with additional independent variables[34]. This approach is recognized for its empirical success, which lasted 25 years before the arrival of theoretical contributions (Anderson, 1979; Anderson & Van Wincoop, 2003). Indeed, this equation has been found to be compatible with different international trade theories[35].

According to Deardroff (2004), the concept of comparative advantage is not sufficient to explain trade. He introduced the concept of "local" comparative advantage that takes into account production costs and trade costs. According to Anderson and Van Wincoop (2004), trade costs "include all costs incurred in getting a good to a final user other than the marginal cost of producing." They also showed that trade costs are higher than production costs, and they suggested a typology of trade costs[36].

Peridy and Abedini (2008) measured the expected car exports of developing countries based on the 1999-2006 period. This measurement was founded on a set of observable characteristics, including gravity variables and trade costs. The level of expected exports can be close, below, or above the actual level of exports. This comparison provides an indication of whether exports might stagnate, increase, or decrease, respectively. In other words, expected exports could be an indicator of the theoretical "export potential" in the car industry. The results show, based on a set of characteristics, that expected exports are above actual exports in the case of developing countries, which means that they could increase their exports.

[34] Egger and Pfaffermayr (2003) classify explanatory variables of the gravity equation in four categories: supply factors (GDP of the exporter country), demand factors (GDP of the importer country), trade facilitators (common language) and trade barriers (tariffs).

[35] It can be derived from the monopolistic competition model (Feenstra, 2004) and from other models. Per example, Feenstra mentioned that it can be obtained from a Heckscher-Ohlin model of a continuum of good. Haveman and Hummels (2004) derived the equation under the assumption of an incomplete specialization. Feenstra, Markusen, & Rose (1998) derived the equation within a reciprocal dumping model and Feenstra et al. (2001) showed empirically the pertinence of this derivation.

[36] Anderson & van Wincoop (2004) distinguish between trade costs determined by policies as tariffs, and costs determined by the environment as transport costs; and between international and local costs.

2.1. The empirical model

The objectives of this econometric work are to identify the determinants of car exports and then to measure the expected exports of developing countries. By "untapped export potential," we refer to when expected exports are higher than actual exports. Identification of the determinants constitutes a basis for the interpretation of export ratio (expected/actual) results. The choice of the model specification and the estimation techniques was made empirically based on the objectives and data characteristics.

Model, variables, data, and specification

The estimation of the equation below allows us to identify the determinants of car exports and to measure the expected exports of developing countries.

$$\text{Ln Exports}_{ijt} = \beta_0 + \beta_1 \text{Ln GDP}_{it} + \beta_2 \text{Ln GDP}_{jt} + \beta_3 \text{Ln Distw}_{ij} + \beta_4 \text{Prod\%}_{oit} + \beta_5 \text{Sales\%}_{ojt} + \beta_6 \text{RQ}_{jt} + \beta_7 \text{Lang}_{ij} + \beta_8 \text{RTA}_{ijt} + \beta_9 \text{GCI}_{it} + \delta_{it} + \varphi_{jt} + \varepsilon_{ijt}$$

This model has three dimensions (i, j, t). In the basic sample, exporter countries include leading car exporters along with developing countries involved in the car industry[37]. Developing countries are selected based on their car export growth rate and PC production level. We selected in total 29 exporter countries[38]. The list of importer countries includes the exporters, the top importers, and a selection of importers. In sum, we have 47 importer countries[39].

In the larger sample, we adopt a different selection criteria. Therefore, the list of exporter countries includes 48 car-producing countries[40] and the list of importers includes 232 countries[41]. The results obtained based on the larger sample are used for sensitivity analysis.

Based on HS 4-digit codes, the traded product 8703 is the "motor vehicles for transport of less than ten persons"[42]. Collected data of variables comes from various sources and covers the 2007–2015 period and the following exporter and importer countries:

Exporters: Argentina, Austria, Belgium, Brazil, Canada, China, Czech Republic, France, Germany, Hungary, India, Indonesia, Iran, Italy, Japan, Malaysia, Mexico, Poland, Romania, Russia, Slovakia, South Africa, South Korea, Spain, Sweden, Thailand, Turkey, UK, USA.

---

[37] A developing country involved in the passenger cars industry should have a high level of production and/or growing exports.

[38] Leading exporters are Germany, Japan, USA, Canada, South Korea, United Kingdom, Spain, Belgium, Mexico, France, Czech Republic, Slovakia, Italy, Poland, Hungary, Turkey, Sweden, Thailand, Austria, Brazil, South Africa, India, and China (despite being a main exporter, United Arab Emirates was excluded because of lack of data about PCs production). Selected developing countries involved in car industry are China, Czech Republic, India, Indonesia, Iran, Mexico, Russia, Slovakia, Thailand, Turkey, Malaysia, Argentina, Romania and Hungary.

[39] It includes the 29 exporter countries, and some leading importers like Russia, Saudi Arabia, Netherlands, Switzerland, Norway, Argentina, Portugal, Denmark, Chile, Israel, and Finland; in addition to a selection importers across the globe: Ukraine, New Zealand, Colombia, Nigeria, Greece, Ireland, Romania, Indonesia, Singapore, and Kazakhstan.

[40] According to OICA production statistics over the 2007-2015 period.

[41] According to OICA definitions, "passenger cars," are road motor vehicles, other than a motor cycle, intended for the carriage of passengers and designed to seat *no more than nine persons* (including the driver). The term "passenger cars", therefore, covers taxis and hired passenger cars provided that they have fewer than ten seats. This category may also include pick-ups or microcars (need no permit to be driven).

[42] Based on the harmonized commodity description and coding system (HS), traded good in our model is the product 8703 which covers: motor vehicles designed for the transport of *less than ten persons* (except buses). Thus, it includes automobiles (SI engine or diesel engine), snowmobiles, golf cars, and similar vehicles.

Importers: Argentina, Austria, Belgium, Brazil, Canada, China, Czech Republic, France, Germany, Hungary, India, Indonesia, Iran, Italy, Japan, Malaysia, Mexico, Poland, Romania, Russia, Slovakia, South Africa, South Korea, Spain, Sweden, Thailand, Turkey, UAE, UK, USA, Saudi Arabia, Netherlands, Switzerland, Norway, Portugal, Denmark, Chile, Israel, Finland, Ukraine, New Zealand, Colombia, Nigeria, Greece, Ireland, Singapore, Kazakhstan.

The theoretical number of observations is 12,267. The number of available observations is 9,876. Based on standardized and studentized residuals criteria, we removed 46 observations. The number of observations increases to 11,264 when the zero-export observations are included. The left side of the equation represents the car exports measured by the value of trade in US dollars. This data comes from UN Comtrade (2020). The right side of the equation is composed of nine variables. They can be grouped in three categories: gravity variables, trade costs, and sectorial aspects.

The variables of gravity approach are gross domestic product (GDP PPP) and geographical weighted distance (Distw). GDPs are proxies for the total demand and supply. Baldwin and Taglioni (2011) showed that GDPs are poor proxies when studied trade flows comprise a significant fraction of intermediate goods. However, we study the trade flows of a final consumer good. The data source is CEPII. We expect a positive coefficient of economic size: $\beta_1>0$ & $\beta_2>0$. For distance, we expect a negative coefficient β_3 between -0.5 and -1.5 ($\beta_3<0$)[43].

Trade costs could be reflected by distance, RTAs, common language (Lang), global competitiveness index (GCI) in the exporter country, and regulatory quality (RQ) in the importer country.

Distance reflects trade costs in different ways. For instance, it has an impact on transport costs and trade risks. Vehicles and some parts[44] are "large, heavy, and fragile." This could explain the high transportation costs in the automotive industry and the production proximity to end markets.

Lang is a dummy variable for two countries with at least nine percent of their population speaking the same language. Thus, it could refer to cultural proximity and communication costs. We expect it to have a positive impact ($\beta_7>0$). RTA is a dummy variable for regional trade agreements such as ASEAN. It is a policy variable that can reflect the level of regional integration and bilateral free trade. We expect it to have a positive impact ($\beta_8>0$). The level of RQ reflects agents' confidence in the capacity of the importer country government to promote the private sector[45]. We expect it to have a positive impact ($\beta_6>0$). GCI in the exporting country ranges between 1 and 7; it reflects countries' competitiveness based on pillars such as institutions, infrastructure, ICT, and innovation capability. We expect a positive coefficient ($\beta_9>0$).

The RTA and Lang data source is CEPII. RQ data is collected from World Bank Worldwide Governance Indicators (WDOP, 2017) and GCI data from the World Economic Forum.

The sectorial aspect is covered by PC production (Prod) and PC sales (Sales) per thousand population, in the exporter and importer countries, respectively. The data source is OICA statistics and World Bank Population Statistics (WBPS). Production is the number of units produced per year in the exporter country.

---

[43] Expected coefficient range [-0.5; -1.5] is based on empirical results either on a macroeconomic scale (Egger & Pfaffermayr, 2003) or sectorial scale (Abedini & Péridy, 2009).
[44] Seats, engines, transmissions, and body panels (Sturgeon et al., 2009).
[45] The Regulatory Quality (RQ) definition, as formulated by the World Bank Data Catalog, is as following: "captures perceptions of the ability of the government to formulate and implement sound policies and regulations that permit and promote private sector development."

Table 2: Estimation Results

	OLS[a]	FE	RE	HT
Ln GDP_{it}	0.86*	-	0.796*	0.799*
	(0.0247)		(0.0618)	(0.0785)
Ln GDP_{jt}	0.659*	0.691*	0.684*	0.687*
	(0.0237)	(0.0213)	(0,0215)	(0.0213)
Ln $Distw_{ij}$	-0.959*	-1.045*	-1.023*	-1.031*
	(0.0326)	(0.0331)	(0.0327)	(0.0327)
PC $Sales‰_{ojt}$	0.0182*	0.0197*	0.0196*	0.0197*
	(0.00276)	(0.0025)	(0.00252)	(0.0025)
PC $Prod‰_{oit}$	0.03*	-	0.0316*	0.0319*
	(0.000777)		(0.00205)	(0.00259)
RQ_{jt}	0.207*	0.311*	0.29*	0.298*
	(0.0422)	(0.038)	(0.0383)	(0.038)
$Lang_{ij}$	0.429*	0.514*	0.509*	0.508*
	(0.0811)	(0.0765)	(0.0766)	(0.0762)
RTA_{ijt}	1.669*	1.087*	1.202*	1.161*
	(0.0674)	(0.0653)	(0.0651)	(0.0649)
GCI_{it}	1.567*	-	1.764*	1.848*
	(0.0528)		(0.133)	(0.168)
Constant	-5.945*	15.1*	-5.883*	-6.313*
	(0.542)	(0.388)	(0.975)	(1.205)
Obs.	9,841	9,841	9,841	9,841
Rsq within	0.4502	0.326	0.325	
Rsq overall		0.21	0.44	
Adj Rsq (in OLS)	0.4997			
Fisher Test	894.55*			
VIF	1.53			
BIC (in OLS)	45219.88			
Groups		256	256	256
Exp-year effects	YES	YES	YES	YES
Imp-year effects	YES	YES	YES	YES
Wald Test			5301.16*	
Rho		0.5	0.15	0.23
BPLM			5147.12*	
Hausman Test			215.68*	
Wald chi2				5110.33*
F Test		770.9*		
F all u_i=0		33.24*		

Dependent variable: Ln $Exports_{ijt}$.
[a] Ordinary Least Squares (OLS) regression.
*Standard errors in parentheses; * p<0.01, ** p<0.05, *** p<0.1.*

We included production per thousand population to avoid multi-collinearity with GDP_{it}. Production would indicate the existence of economies of scale. Therefore, we expect it to have a positive impact ($\beta_4>0$). Sales is the number of new PC registrations per year in the importer country. We included sales per thousand population to avoid multi-collinearity with GDP_{jt}. This variable would measure the market size in the partner country. Unfortunately, the lack of required data[46] on bilateral tariffs prevented us from testing this important variable. Finally, the empirical literature assigns to the constant term an interpretation whereby β_0 is equal to $(1 + \alpha)Y_w$ (Péridy, 2005).

[46] This data is published by the International Trade Center: http://www.macmap.org/.

Table 3: Estimation results (zero observations, larger sample)

	PPML (robust)	***PPML*** (Gamma RE, robust)	**FE** (larger sample)	**HT** (larger sample)
Ln GDP_{it}	-	0.56*	-	1.229*
		(0.075)		(0.0797)
Ln GDP_{jt}	1.095*	1.095*	0.686*	0.684*
	(0.0237)	(0.0237)	(0.00814)	(0.00812)
Ln $Distw_{ij}$	-0.436*	-0.436*	-1.116*	-1.109*
	(0.0362)	(0.0362)	(0.0203)	(0.0202)
PC Sales $\%_{0jt}$	0.0169*	0.0169*	0.0156*	0.0156*
	(0.00217)	(0.00217)	(0.00122)	(0.00121)
PC Prod$\%_{0it}$	-	0.0182*	-	0.0387*
		(0.0023)		(0.00284)
RQ_{jt}	0.405*	0.405*	0.422*	0.422*
	(0.0584)	(0.0584)	(0.0179)	(0.0179)
$Lang_{ij}$	0.366*	0.366*	0.736*	0.724*
	(0.0499)	(0.0499)	(0.0429)	(0.0426)
RTA_{ijt}	1.057*	1.057*	0.921*	0.933*
	(0.0777)	(0.0777)	(0.0376)	(0.0375)
GCI_{it}	-	1.043*	-	1.615*
		(0.216)		(0.168)
Constant		-16.67*	15.38*	-10.99*
		(0.806)	(0.196)	(1.138)
Obs.	11,264	11,484	28,463	28,463
Rsq			0.45	
Rsq overall			0.21	
Log PL	-1.891e+08	-1.891e+08		
Groups	256	261	376	376
Exp-year Effects	YES	YES	YES	YES
Imp-year Effects	YES	YES	YES	YES
Rho			0.58	0.35
Wald chi2	4182.83*	95609.44*		23415.54*
F Test			3830.78*	
F all u_i=0			65.04*	

Dependent variable: Ln $Exports_{ijt}$.
*Standard errors in parentheses; * $p<0.01$, ** $p<0.05$, *** $p<0.1$.*

The model specification has exporter-country-year (δ_{it}) and importer-country-year (φ_{jt}) effects that measure, respectively, the propensity to exports of country i and the propensity to imports of country j in year t. This specification allowed the inclusion of many observable characteristics. Other specifications could have been employed (Egger & Pfaffermayr, 2003) but under which most effects are captured by dummies[47].

Estimation and model selection

We estimated our empirical equation using various econometric models. The stability of our results showed their reliability. In addition, the sign of each coefficient was in-line with theoretical expectations (Table 2, Table 3).

The Hausman specification test showed that independent variables and errors are correlated. The fixed-effects (FE) model is, in this sense, better than the random-effects (RE) model. Among the limitations of both models, we can mention that the

[47] This empirical reasoning is used in empirical literature, as a recent article see Greaney & Kiyota (2020).

first is unable to estimate the coefficients of importer-year-invariant variables GDP Prod, and GCI, and the second is limited by the assumption of absence of correlation between REs and regressors. The Hausman-Taylor estimator takes into account the possibility of correlation between unobservable individual effects and explanatory variables. This is why our analysis is based on the HTM results (Allison, 2009; Davidová, 2015; Sevestre, 2002). RQ in the importer country was selected as an endogenous variable; thus, we assumed it correlated with residuals [48].

The robust regressions provided similar results (Wooldridge, 2001) (Annex: Table 7). This indicates the absence of serious problems of autocorrelation and/or heteroscedasticity. The problem of cross-sectional dependence is ignored because our data is a micro panel[49] (Baltagi, 1995). The variance inflation factor (VIF) value did not indicate the existence of a severe problem of multi-collinearity.

Then, we employ the Poisson pseudo-ML (PPML) estimator to keep the zero-export data in the regression (Santos Silva & Tenreyro, 2006)[50]. The size of the sample increases. In this way, we verify the statistical significance of coefficients after keeping the zero-export observations. We point out that the PPML is consistent under heteroscedasticity.

After that, we verify the statistical significance and stability of coefficients with the larger sample size (including 28,463 observations) (Table 3).

2.2. Results and robustness checks

The explanatory variables were significant in different estimations. The sign of each coefficient was in line with our expectations. Based on HTM results, the GDP has a significant positive impact. When the GDP of the exporter country increases by 1%, exports increase by 0.8%. Additionally, when the GDP of the importer country increases by 1%, exports increase by 0.7%. The impact of the geographical distance was found to be significant and negative. When distance increases by 1%, exports decrease by 1%.

PC sales in the importer country and PC production in the exporter country have a significant positive impact on PC exports. RQ in the importing country has a significant positive impact. Lang and RTAs have a significant impact and a positive coefficient. The GCI score in the exporter country is significant and has a positive impact.

The robustness checks consist of testing the model after replacing one proxy with another. These analyses confirm the stability of the results (WTO UNCTAD, 2012).

Our robustness checks cover the following variables: GDPs, distance, RQ, sales, language, GCI, and the endogenous variable (Annex: Table 8, Table 9). The GDPs are replaced by the economic size of the pairs of countries (sum of GDPs). Weighted distance is replaced by other variables measuring the distance by a modified formula (Distwces) or a different approach (Dist & Distcap) (Mayer & Zignago, 2011). RQ is replaced by political stability, and then by corruption control. Sales per thousand population is replaced by the number of units sold, and language by common official (or primary) langue (CEPII) (Mayer & Head, 2014). GCI score is replaced by the 2012 Knowledge Index (World Bank Institute).

---

48 Hausman-Taylor estimator (1981) is an instrumental variable estimator. Here, it is limited by the arbitrary selection of exogenous variables. As a sensitivity test, we select other variables as exogenous. First we select "corruption control," then "Lang," and after "RTA" (Annex: Table 8, Table 9).

49 Micro panel is composed of many individuals (countries) and few periods (over 20-30).

50 Kareem & Kareem (2014) discuss the various issues of different empirical techniques used to estimate gravity model in the presence of zero trade observations.

Table 4: Exports ratio (expected exports / actual exports) based on out-of-sample results

Exporter Country	Average Exports Ratio	Average Exports Ratio (larger sample)
Hungary	1.01	*0.96*
Turkey	1.01	*0.97*
Poland	1.06	*1.03*
Thailand	1.06	*0.88*
Mexico	1.07	*0.99*
South Africa	1.10	*0.96*
India	1.10	*1.01*
Romania	1.11	*0.97*
Slovakia	1.11	*1.16*
China	1.12	*1.09*
Czech Republic	1.16	*1.17*
Indonesia	1.26	*1*
Argentina	1.28	*1.09*
Brazil	1.32	*1.14*
Malaysia	1.33	*1.19*
Russia	1.39	*1.20*
Iran	1.53	*1.31*

Out-of-sample technique and export ratio

We estimated the model based on a sample including developed countries as exporters. Thus, this sample excluded the observations where developing countries are exporters. The results of this model were similar to previous results. The "out-of-sample" technique consists of projecting these results to the excluded observations. In this way, the advanced countries are considered a benchmark for the "long-term equilibrium" of exports. Then, we created an exports ratio: ln expected exports/ln actual exports. This ratio allowed us to compare the expected exports with the actual exports. We also calculated the in-sample export ratio. We calculated these ratios based on the basic sample and then based on the larger sample. Both the results obtained with the in-sample and those obtained with the larger sample are interpreted as a sensitivity test.

Based on the in-sample export ratios, we classified developing countries in two categories (Table 5). In the first category, the actual exports are below the expected exports. In the second category, the actual exports are above the expected levels. In the case of developed countries, the expected exports are below the actual exports[51], except for France, Sweden, and Canada.

Table 5: Expected exports versus actual exports, groups based on in-sample results

Group (in-sample)	Countries
Expected Exports ≤ Actual Exports	*Italy*, **Turkey**, **Hungary**, *Japan*, **Mexico**, *South Korea*, *United Kingdom*, *Spain*, **Thailand**, *Belgium*, *Germany*, **Poland**, **India**, *USA*, *Austria*, **South Africa**
Expected Exports > Actual Exports	*France*, **Slovakia**, **Romania**, **China**, *Sweden*, **Argentina**, **Czech Republic**, **Indonesia**, **Brazil**, *Canada*, **Russia**, **Malaysia**, **Iran**

[51] Developed countries are: Austria, Belgium, Canada, France, Germany, Italy, Japan, South Korea, Spain, Sweden, United Kingdom, and USA. Developing countries are: Argentina, Brazil, China, Czech Republic, Hungary, India, Indonesia, Iran, Malaysia, Mexico, Poland, Romania, Russia, Slovakia, South Africa, Thailand, and Turkey.

The average ratio increased slightly for most developing countries in out-of-sample results compared with in-sample results. Thus, the expected exports of developing countries are higher in the case of the assumed "long-term trend." In other words, the combination of their current observable characteristics and their current export level might have biased the in-sample results. The same applies to the in-sample and out-of-sample results with the larger sample.

The out-of-sample results indicated that expected exports are above actual exports in the case of the 17 developing countries. This means that their actual exports are below their assumed "long-run exports" equilibrium. In the case of Hungary, Turkey, and Slovakia, however, the expected exports are close to the actual exports.

Grouping the out-of-sample results is possible. Group A is composed of countries where expected exports are close to actual exports, Group B is countries where expected exports are above actual exports, and group C is countries where expected exports are significantly above actual exports.

Table 6: Expected exports vs actual exports, groups of countries based on out-of-sample

Groups (out-of-sample)			Developing countries
A	$1 < ratio \leq 1.09$	Expected Exports ≈ Actual Exports	Hungary, Turkey, Poland, Thailand, Mexico
B	$1.1 \leq ratio \leq 1.19$	Expected Exports ≥ Actual Exports	South Africa, India, Romania, Slovakia, China, Czech Republic
C	$1.19 \leq ratio$	Expected Exports > Actual Exports	Indonesia, Argentina, Brazil, Malaysia, Russia, Iran

Interpretation of results

If the expected exports are above actual exports, we assume the existence of "untapped export potential." The results show that all included developing countries have an untapped export potential. Indonesia, Brazil, Malaysia, Russia, and Iran have the highest untapped export potential. This means that actual exports are very low in comparison with expected exports. Malaysia, Russia, and Iran have local brands. The untapped export potential level for South Africa, India, Romania, Slovakia, China, and Czech Republic is in the middle. India and China also have local brands. Hungary, Turkey, Poland, Thailand, and Mexico have the lowest level of untapped potential, and none of them has local brands.

Exporters among developing countries are large, influential, and emerging. In theory, they should have an export capacity in the car industry. We found that they have an untapped export potential. Thus, their export capacity is visible. The results raise the question of what it means for a country to have an untapped export potential. This complex question can be examined in light of countries' specificities introduced in the literature review, mostly state policies, trade ties with industrialized countries, industrial structure, etc. Thus, our results should be interpreted from a holistic and comparative view instead of focusing on the understanding of each variable separately. We apply this perspective to the following cases: Turkey, Thailand, Mexico, India, China, Indonesia, Brazil, and Russia.

Let us examine first, among this group of countries, the case of top exporters: Mexico, Turkey, and Thailand. Their high level of exports could be attributed to their agreements with the North American Free Trade Agreement (NAFTA), EU, and ASEAN. While Mexico and Turkey are highly dependent on the demand from one market, the US and Europe, respectively, Thailand is characterized by market diversification. In Turkey, Mexico, and Thailand, the export-oriented automotive industry is composed of MNCs, financed by FDI, and there are no locally headquartered carmakers. Tier 1 suppliers exist in Turkey, there are very few in Mexico, and they are nonexistent in Thailand. In Turkey, suppliers achieved progress in items' production but lag behind in production processes and product design. They missed a technology transfer opportunity due to the low absorption capacity (Sönmez, 2013). They are not sufficiently integrated into the GVC and do not export. In Mexico, the role of suppliers is limited to activities unrelated to production (Barragán & Usher, 2009) due to technological backwardness and low-quality products (Carrillo & Contreras, 2008). Thai suppliers have the same problems as those in Mexico and Turkey.

In general, a higher added value in the parts' sector, whether locally headquartered or foreign, improves integration into the GVC and reduces the import of parts. However, to achieve this higher added value, producers need local roots and long-term investments. MNCs' control in these countries over the whole structure reduces the possibilities for local roots and local added value to grow. This situation may delegitimize state policies and increase the vulnerability of investments to technological and political changes. This concern is serious at the dawn of a new industrial revolution and nationalism return. Thus, in these countries, the existence of the automotive industry is fragile, and their export-oriented model could have reached its limits. This is supported by our results showing that actual exports are close to expected exports, which could indicate a risk of export stagnation and an inherent vulnerability. Let us now look more closely at the specificities of each of the three cases.

Mexico witnessed an exponential rise of car production for exports, while production for domestic use remained stagnant. This industry brings jobs, foreign currencies, small and medium-sized enterprise (SME) expansion, and high-tech activities (Ruiz Durán, 2017). Its high performance is attributed to low wages, abundance of skilled labor, and modern infrastructure. However, Barragán and Usher ascribed it to Mexico-USA ties. Paradoxically, this industry is threatened by heavy dependence on the USA and quasi-inexistent locally headquartered tier 1 suppliers and carmakers (Dower, 2014). A higher integration into the GVC, localization, and market diversification could restore its sustainability. Thus, exports would increase if Mexico-Mercosur free trade took off and higher local value were achieved. The latter could be possible thanks to the availability of a skilled and specialized workforce.

In Turkey, the industry is composed of foreign-owned carmakers that highly depend on their parent companies for technology. The low level of research and development (R&D) localization and low market diversification threaten the industry (Sönmez, 2013). The actual exports are close to expected exports. To avoid the risk of export stagnation, Turkey needs new free trade agreements to diversify its external markets and foster integration of direct suppliers into the GVC.

In Thailand, over the last two decades, auto exports increased substantially, and this continued during the 2007-2010 period. Nevertheless, the growth of FDI and exports receded during the 2011-2015 period. Nidhiprabha (2017) explained this slowdown by productivity decline, baht appreciation, and mostly political unrest and bad governance. In addition, we find it important to mention that Thailand is characterized by a scarcity of skilled personnel. If unfavorable factors persist, mostly bad governance, the export model could collapse. In such a situation, Thailand's close neighbors might inherit its export platforms; China and India could also become a strong challenge as destinations for FDI. Thus, Thai export performance requires good governance and internal stability. As mentioned, actual exports are close to expected exports. Therefore, to lower the risk of export stagnation, Thailand should benefit more from ASEAN's major partners. Moreover, exports could be increased if the added value were improved through training more specialized laborers.

Following this comparative assessment of Mexico, Turkey, and Thailand, let us now examine separately the situation in the remaining countries: India, China, Indonesia, Brazil, and Russia.

In India, the automotive industry shifted toward liberalism. Restrictions on ownership and local content were removed. FDI and MNC production increased. Exports of cars increased by 274%, and the export-to-production ratio increased from 14% to 19% (SIAM, 2004-2015). India's advantages are low wages, skilled labor, steel production, clusters and supply chains, and a growing demand. It can export, mostly small cars, to Africa, Southeast Asia, Europe, and the USA (Remesh, 2017). Thus, the untapped export potential implies that exports from India can continue increasing. This could continue as long as liberalization has not reached its maturity. However, we believe that its share from global exports will not increase significantly unless Indian carmakers become among top exporters. This cannot be achieved without indigenous technology. Currently, the Mahindra-Renault joint venture depends on Renault for key parts. In fact, joint ventures with MNCs within a liberal framework might slow down in-house learning. This weakness could be countered by the ongoing early internationalization (FDI outflows) of Indian carmakers that might lead to technology leapfrogging.

China limits access to its market within an interventionist framework. Thus, joint ventures between foreign and national brands are compulsory. China aims to protect its brands and ensure technology transfer; it also invests in independent R&D efforts. However, this path has not yet achieved full access to core technologies. Maybe the ongoing mergers between existing Chinese producers might increase R&D input and resolve the problem. China exports mainly to volatile markets in North Africa, West Asia, and Southeast Asia. According to Head and Mayer (2019), it does not have enough free trade agreements with high-income countries. Paradoxically, the low openness hinders exports while being the core of the Chinese strategy. The low level of actual exports to expected exports could be explained by state policies and technological gap. Certainly, exports can increase if Chinese carmakers achieve higher added value (Yi, Ying, & Xueling, 2017). The exports can also increase if China becomes a member of a regional free trade agreement. China's case raises the question of whether outward orientation accelerates technological learning or threatens its brands.

Soejachmoen (2016) examined the determinants of low auto parts trade in Indonesia. The identified factors were FDI restrictions, shortage of skilled labor, weak infrastructure and low competitiveness. Indonesia seems unprepared to integrate into the GVC, and it does not adopt IS policy. Thus, it is not an essential export platform, nor the land of newcomers. However, Indonesia is, on the other hand, a member of the ASEAN and highly populated. Overall, this would explain why actual exports are very low in comparison with expected exports.

Brazil is specialized in small cars, and the industry is composed of foreign carmakers. The production is destined for domestic markets and threatened by imports. The rise of the small car segment in China and India increased this threat. This industry contributes to GDP, tax revenues, FDI, and employment. During the 2003-2014 period, supply, demand, and imports increased but exports declined. Carmakers transferred their surplus to their home country, while the Brazilian National Development Bank financed their investments (Sarti & Borghi, 2017). Thus, the low actual exports to expected exports is explained by MNCs' discouragement, absence of Brazilian carmakers, low competitiveness, and overvalued exchange rate (Sarti & Borghi, 2017). Brazil's membership in Mercosur would have increased the expected exports. However, regional integration in South America was not very successful, and Mercosur-Mexico free trade did not take off.

In Russia, during the 2005-2012 period, the oil price boom increased income and car demand. The government aimed to substitute car imports with local production. This policy did not seek to protect locally headquartered carmakers but rather increase foreign-owned production. For instance, AvtoVaz ownership shifted to Renault. This path improved productivity at the expense of employment and local content. In 2014, the industry plunged into a crisis because the demand plummeted. In such a case, exports could have mitigated the negative effects of volatile demand. Initially, carmakers did not intend to build export platforms in Russia and state policy prioritized high employment. This internal structure can explain why actual exports are very low in comparison with expected exports. The untapped export potential could be toward Europe and Central Asia. However, the member states of the Eurasian Economic Union have relatively low GDP, and MNCs have built important export platforms in CEECs (Traub-Merz, 2017b).

CONCLUSION

In this paper, we identify the determinants of car exports on the country level. These are economic size, distance, bilateral common language, bilateral regional free trade, production level and GCI score in the exporter country, and regulatory quality and sales level in the importer country. The expected exports for developing countries are above their actual exports. This could indicate the existence of untapped export potential. Thus, exports from developing countries can continue increasing; however, the main challenge is to expand their global shares.

Regionally integrated production surpassed globally integrated production in the USA, Japan, and Europe. In Mexico and CEECs, integration was centered on USA and West Europe, respectively. Thailand benefited from the ASEAN's successful attempt to build a regionally integrated industry, as well as from its proximity to Australia. The trajectory, followed by developed countries, consists of transforming their neighbors into production sites and export platforms. The function of these platforms is to meet the demand for cars in advanced economies (Jullien & Lung, 2011).

Top exporters (Mexico, CEECs, and Thailand) are an integral part of this trajectory. They have the highest shares in global exports. We found that the actual exports of Hungary, Turkey, Poland, Thailand, and Mexico are close to their expected exports. This might be an indicator of a high level in current exports relative to their stage of economic development. However, the non-dependence on local demand and absence of local brands reflect fragile local roots. In Mexico, for instance, Mastretta Cars started production in 2011 and closed in 2014. This failure indicates a weak or unorganized indigenous capability. The state policies do not impose on foreign carmakers the obligation of conducting technology-transfer projects. Enhancement of collaboration with local suppliers is required. Otherwise, the integration process into the GVC and exports might stagnate, which could delegitimize implemented public policies.

The expected exports are above actual exports for India, China, and Iran. Their current exports are relatively low in comparison with their "long-term equilibrium." These countries try to develop indigenous capabilities, and their newcomers show strategic ambitions. On the other hand, traditional carmakers aim vigorously to gain shares in their internal markets, which makes exports a secondary objective. Consequently, competition with external markets is lower. However, low exports slow down the improvement of indigenous capabilities. The increase of exports is inevitable if newcomers, notably in China, seek technological maturity.

Argentina, Indonesia, Brazil, Malaysia, and Russia are characterized by a very low level of actual exports relative to expected exports. Indonesia and Malaysia could learn from Thailand's trajectory in export development. They can benefit from the ASEAN and their proximity to Australia and Japan. For Brazil and Argentina, their weak strategic positioning calls for the adoption of alternative strategies and stronger regional integration. Iran and Russia have the lowest actual exports relative to expected exports. This could be explained by intensified sanctions against them.

Drawing conclusions from our results is complex, but we can make few general statements.

First, the existence of untapped export potential in host countries can promote offshoring that is especially driven by market seeking. The large untapped potential for six countries reflects the existence of a wide margin of maneuver for MNCs. The latter have a wide range of alternative locations. This margin of maneuver seems to exist inside each region. For instance, Romania, Slovakia, and the Czech Republic are characterized by a larger untapped export potential than that of their regional counterparts.

Second, the existence of untapped potential in countries that have locally headquartered carmakers is important. Thus, newcomers should not neglect their capability to conquer external markets.

Third, the top exporters in developing countries are characterized by low untapped export potential. The first interpretation of this low potential could be that exports of these countries might slightly increase. However, more in-depth analysis leads to a different interpretation. The existence of low untapped potential may hide the risk of export stagnation. Eventually, this undermines the implemented strategies in these countries mostly because they are associated with weak local roots.

REFERENCES

Abedini J., Péridy N. (2009), « The Emergence of Iran in the World Car Industry: An Estimation of its Export Potential », *World Economy*, vol. 32, n°5, pp. 790-818.

Allison P.D. (2009), *Fixed Effects Regression Models*, SAGE Publications (Quantitative Applications in the Social Sciences), 136 p.

Amighini A. (2012), « Chinese FDI in the European Automotive Sector », *in* Luciano Ciravegna (dir.), *Sustaining Industrial Competitiveness after the Crisis*, Palgrave Macmillan, pp. 114-133.

Amsden A.H. (1989), *Asia's Next Giant: South Korea and Late Industrialization*, Oxford University Press, 379 p.

Amsden A.H. (2001), *The Rise of The Rest: Challenges to the West from Late-Industrializing Economies*, Oxford University Press, 405 p.

Anderson J.E. (1979), « A Theoretical Foundation for the Gravity Equation », *The American Economic Review*, vol. 69, n°1, pp. 106-116.

Anderson J.E., Van Wincoop E. (2003), « Gravity with Gravitas: A Solution to the Border Puzzle », *American Economic Review*, vol. 93, n°1, pp. 170-192.

Anderson J.E., Van Wincoop E. (2004), « Trade costs », *Journal of Economic Literature*, vol. 42, n°3, pp. 691-751.

Baldwin R., Taglioni D. (2011), « Gravity Chains: Estimating Bilateral Trade Flows When Parts And Components Trade Is Important », NBER Working Paper, n°16672, National Bureau of Economic Research.

Baltagi B.H. (1995), *Econometric Analysis of Panel Data*, Wiley, 239 p.

Barragán S., Usher J. (2009), « The Role Of Multinationals In The Host Country: Spillover Effects From The Presence Of Auto Car Makers in Mexico », *Contaduría y Administración*, n°228, pp. 83-104.

Carrillo J., Contreras O. (2008), « The Historical Evolution Of US Auto Firms In Mexico: Two Models Of Local Development », *International Journal of Automotive Technology and Management*, vol. 8, n°4, pp. 382-400.

Carrillo, J., Lung, Y., van Tulder, R. (dir.) (2004), *Cars, Carriers of Regionalism?*, Palgrave Macmillan, 309 p.

Davidová L. (2015), *Various Estimation Techniques of the Gravity Model of Trade*, Diploma Thesis, Prague, Charles University, 61 p.

Deardorff A.V. (2004), « Local comparative advantage: trade costs and the pattern of trade », Discussion Paper No.500, pp. 1-52.

Egger P., Pfaffermayr M. (2003), « The proper panel econometric specification of the gravity equation: A three-way model with bilateral interaction effects », *Empirical Economics*, vol. 28, n°3, pp. 571-580.

Feenstra R.C. (2004), *Advanced International Trade – Theory and Evidence*, Princeton, NJ, Princeton University Press, 496 p.

Feenstra R.C., Markusen J.A., Rose A.K. (1998), « Undertstanding the Home Market Effect and the Gravity Equation: The Role of Differentiating Goods », NBER Working Paper No. 6804, Cambridge, NBER.

Freyssenet, M. (ed.) (2009), *The Second Automobile Revolution: Trajectories of the World Carmakers in the 21st Century*, Palgrave Macmillan UK, 468 p.

Freyssenet M. (2011), « The start of a second automobile revolution: corporate strategies and public policies », *Economia E Politica Industriale - Journal of industrial and Business Economics*, vol. 38, n°2, pp. 69-84.

Freyssenet M., Lung Y. (2007), « Les stratégies de régionalisation des constructeurs automobiles », *Sciences de la Société*, n°54, pp. 51-79.

Frigant V., Zumpe M. (2017), « Regionalisation or Globalisation of Automotive Production Networks? Lessons from Import Patterns of Four European Countries », vol. 48, n°4, pp. 661-681.

Greaney T.M., Kiyota K. (2020), « The gravity model and trade in intermediate inputs », *The World Economy*, vol. 43, n°8, pp. 2034-2049.

Hausman J.A., Taylor W.E. (1981), « Panel Data and Unobservable Individual Effects », *Econometrica*, vol. 49, n°6, pp. 1377-1398.

Head K., Mayer T. (2019), « Misfits in the car industry: Offshore assembly decisions at the variety level », *Journal of the Japanese and International Economies*, vol. 52, pp. 90-105.

Jullien B., Lung Y. (2011), *Industrie automobile: la croisée des chemins*, La Documentation française, 140 p.

Kareem F.O., Kareem O.I. (2014), « Specification and Estimation of Gravity Models: A Review of the Issues in the Literature », *RSCAS Working Papers*, n°2014/74, European University Institute.

Kim L. (1997), *Imitation to Innovation: The Dynamics of Korea's Technological Learning*, Harvard Business School Press, 301 p.

Kohli A. (2009), « Nationalist Versus Dependent Capitalist Development: Alternate Pathways of Asia and Latin America in a Globalized World », *Studies in Comparative International Development*, vol. 44, n°4, pp. 386-410.

Lung Y. (2000), « Is the Rise of Emerging Countries as Automobile Producers an Irreversible Phenomenon? », *in* John Humphrey, Yveline Lecler et Mario Sergio Salerno (dir.), *Global Strategies and Local Realities*, Palgrave Macmillan UK, pp. 16-41.

Mayer T., Head K. (2014), « Gravity Equations: Workhorse, Toolkit and Cookbook », chapter 3, in G.Gopinath, E. Helpman, K. Rogoff (ed.), *Handbook of International Economics*, Elsevier.

Mayer T., Zignago S. (2011), « Notes on CEPII's distances measures: The GeoDist database », CEPII Working Paper, n°2011-25, CEPII.

Michalet C.-A. (1999), *La séduction des nations ou comment attirer les investissements*, Economica, 134 p.

Mouhoud E.M. (2006), *Mondialisation et délocalisation des entreprises*, La Découverte.

Nidhiprabha B. (2017), « The Rise and Fall of Thailand's Export-Oriented Industries », *Asian Economic Papers*, vol. 16, n°3, pp. 128-150.

OECD/IEA (2017), « International comparison of light-duty vehicle fuel economy 2005-2015 Ten years of fuel economy benchmarking », Working Paper, n°15, International Energy Agency.

OICA (2017), « Organisation Internationale des Constructeurs d'Automobiles | Production & Sales Statistics », *http://www.oica.net/*.

Péridy N. (2005), « Towards a New Trade Policy Between the USA and Middle-East Countries: Estimating Trade Resistance and Export Potential », *The World Economy*, vol. 28, n°4, pp. 491-518.

Peridy N.J., Abedini J. (2008), « The Growing Influence of Emerging Countries in the World Car Industry: An Estimation of Export Potentials in a World Trade Model », *Global Economy Journal*, vol. 8, n°3, pp. 1-26.

Pradhan J.P., Singh N. (2008), « Outward FDI and Knowledge Flows: A Study of the Indian Automotive Sector », SSRN Scholarly Paper, n°ID 1515586, Rochester, NY, Social Science Research Network.

Remesh B.P. (2017), « An "Automotive Revolution" in Neoliberal India », *in* Rudolf Traub-Merz (dir.), *The Automotive Sector in Emerging Economies: Industrial Policies, Market Dynamics and Trade Unions*, Friedrich Ebert Stiftung, pp. 105-126.

Richet X. (2015a), « L'industrie automobile chinoise : de la coopération à l'internationalisation », *in* Huchet J.F., Richet X., Ruet J. (dir.), *Chine, Inde : les firmes au cœur de l'émergence*, Presses Universitaires de Rennes.

Richet X. (2015b), « Les firmes chinoises à l'assaut des marchés », *in* Huchet J.F., Richet X., Ruet J. (dir.), Chine, Inde : les firmes au cœur de l'émergence, Presses Universitaires de Rennes.

Ruiz Durán C. (2017), « Development and Structure of the Automotive Industry in Mexico », *in* Rudolf Traub-Merz (dir.), *The Automotive Sector in Emerging Economies: Industrial Policies, Market Dynamics and Trade Unions*, Friedrich Ebert Stiftung, pp. 65-85.

Santos Silva J.M.C., Tenreyro S. (2006), « The Log of Gravity », *The Review of Economics and Statistics*, vol. 88, n°4, pp. 641-658.

Sarti F., Borghi R.A.Z. (2017), « Evolution and Challenges of the Automotive Industry in Brazil », *in* Rudolf Traub-Merz (dir.), *The Automotive Sector in Emerging Economies: Industrial Policies, Market Dynamics and Trade Unions*, Friedrich Ebert Stiftung, pp. 41-64.

Sevestre P. (2002), *Économétrie des données de panel*, Dunod, 224 p.

Siroën J.-M. (2004), *La régionalisation de l'économie mondiale*, La Découverte, Collection Repères.

Soejachmoen M.P. (2016), « Globalization of the Automotive Industry: Is Indonesia Missing Out? », *Asian Economic Papers*, vol. 15, n°1, pp. 1-19.

Sönmez A. (2013), *Multinational Companies, Knowledge and Technology Transfer: Turkey's Automotive Industry in Focus*, Springer International Publishing, 371 p.

Sturgeon T.J., Memedovic O., Van Biesebroeck J., Gereffi G. (2009), « Globalisation of the automotive industry: main features and trends », *International Journal of Technological Learning, Innovation and Development*, vol. 2, n°1-2, pp. 7-24.

Tinbergen, J. (1962), *Shaping the World Economy: Suggestions for an International Economic Policy*. Twentieth Century Fund, New York.

Traub-Merz R. (2017a), « Emerging Economies and the Global Automotive Industry », in R. Traub-Merz (ed.), *The Automotive Sector in Emerging Economies: Industrial Policies, Market Dynamics and Trade Unions*, Friedrich Ebert Stiftung, pp. 8-40.

Traub-Merz R. (2017b), « The Automotive Sector in Russia », *in* R. Traub-Merz (ed.), *The Automotive Sector in Emerging Economies: Industrial Policies, Market Dynamics and Trade Unions*, Friedrich Ebert Stiftung, pp. 127-147.

UN Comtrade (2020), « United Nations Commodity Trade Statistics Database », *https://comtrade.un.org/*

UNIDO Statistics (2017), « UNIDO Statistics Data Portal », *https://www.unido.org*

Vernon R. (1966), « International Investment and International Trade in the Product Cycle », *The Quarterly Journal of Economics*, vol. 80, n°2, pp. 190-207.

Viotti E.B. (2002), « National Learning Systems: A new approach on technological change in late industrializing economies and evidences from the cases of Brazil and South Korea », *Technological Forecasting and Social Change*, vol. 69, n°7, pp. 653-680.

WDOP (2017), « World Bank Open Data », *https://data.worldbank.org/*

Wooldridge J. (2001), *Econometric Analysis of Cross Section and Panel Data*, Cambridge, MIT Press.

WTO UNCTAD (2012), *A Practical Guide to Trade Policy Analysis*, WTO & UNCTAD, 232 p.

Yi C., Ying H., Xueling G. (2017), « Development and Structure of the Automotive Industry in China », in R. Traub-Merz (ed.), *The Automotive Sector in Emerging Economies: Industrial Policies, Market Dynamics and Trade Unions*, Friedrich Ebert Stiftung, pp. 86-104.

ANNEX

Table 7: Robust Estimation Results

	Robust OLS	Robust FE	Robust RE	Robust HT
Ln GDP_{it}	0.860*	-	0.796*	0.799*
	(0.0245)		(0.0692)	(0.0654)
Ln GDP_{jt}	0.659*	0.691*	0.684*	0.687*
	(0.0273)	(0.0309)	(0.0316)	(0.0313)
Ln $Distw_{ij}$	-0.959*	-1.045*	-1.023*	-1.031*
	(0.0306)	(0.0486)	(0.0468)	(0.0469)
PC Sales$\%_{0jt}$	0.0182*	0.0197*	0.0196*	0.0197*
	(0.00277)	(0.00241)	(0.00242)	(0.00241)
PC Prod$\%_{0it}$	0.03*	-	0.0316*	0.0319*
	(0.000696)		(0.00237)	(0.00232)
RQ_{jt}	0.207*	0.311*	0.29*	0.298*
	(0.0478)	(0.0512)	(0.0517)	(0.0515)
$Lang_{ij}$	0.43*	0.514*	0.509*	0.508*
	(0.0859)	(0.0813)	(0.0852)	(0.0838)
RTA_{ijt}	1.669*	1.087*	1.202*	1.161*
	(0.0709)	(0.105)	(0.106)	(0.105)
GCI_{it}	1.567*	-	1.764*	1.848*
	(0.0531)		(0.173)	(0.158)
Constant	-5.945*	15.10*	-5.883*	-6.313*
	(0.536)	(0.596)	(0.958)	(0.984)
Obs.	9,841	9,841	9,841	9,841
Rsq.	0.45	0.326	0.3254	
Rsq. overall		0.21	0.4457	
Fisher Test	1013.09*			
Groups		256	256	256
Exporter-year Effects		YES	YES	YES
Importer-year Effects		YES	YES	YES
Wald Test			3450.73*	
Rho		0.5	0.15	0.2356
Wald chi2				80243.42*
F Test		335*		

Dependent variable: Ln $Exports_{ijt}$.
*Robust standard errors in parentheses; * p<0.01, ** p<0.05, *** p<0.1.*

Table 8: Robustness Check

	HTM1[a]	HTM2	HTM3	HTM4	HTM5[b]
Ln GDP$_{it}$	0.801*	0.805*	0.792*	0.796*	0.812*
	(0.0779)	(0.0786)	(0.0792)	(0.078)	(0.0781)
Ln GDP$_{jt}$	0.664*	0.691*	0.680*	0.655*	0.668*
	(0.0216)	(0.0213)	(0.0213)	(0.0288)	(0.0213)
Ln Distw$_{ij}$	-0.981*	-1.038*		-1.091*	-1.022*
	(0.0322)	(0.0326)		(0.0318)	(0.0328)
Ln Distwces$_{ij}$			**-0.99***		
			(0.0309)		
PC Sales‰$_{ojt}$	0.0265*	0.0189*	0.02*		0.0222*
	(0.00233)	(0.00249)	(0.00249)		(0.00272)
PC Sales$_{jt}$				**5.10e-08***	
				(1.26e-08)	
PC Prod‰$_{oit}$	0.032*	0.0321*	0.032*	0.0316*	0.0322*
	(0.00257)	(0.0026)	(0.00262)	(0.00259)	(0.00258)
RQ$_{jt}$		0.303*	0.296*	0.481*	
		(0.0379)	(0.0379)	(0.0289)	
PoliticalS$_{jt}$	**0.141***				
	(0.0318)				
CorruptionC$_{jt}$					**0.153*****
					(0.031)
Com Lang$_{ij}$	0.586*		0.469*	0.454*	0.622*
	(0.0759)		(0.0762)	(0.076)	(0.0885)
Com OffLang$_{ij}$		**0.61***			
		(0.088)			
RTA$_{ijt}$	1.3*	1.166*	1.159*	1.107*	1.259*
	(0.0622)	(0.0649)	(0.0644)	(0.0646)	(0.0634)
GCI$_{it}$	1.835*	1.846*	1.855*	1.825*	1.835*
	(0.167)	(0.168)	(0.17)	(0.168)	(0.167)
Constant	-6.373*	-6.381*	-6.505*	-5.031*	-6.206*
	(1.2)	(1.208)	(1.213)	(1.224)	(1.201)
Obs.	9,841	9,841	9,841	9,841	9,841
Rsq (in OLS)	0.4496	0.4499	0.4499	0.4486	0.4496
BIC (in OLS)	45303.35	45297.39	45297.54	45321.57	45303.39
Groups	256	256	256	256	256
Export. year Effects	YES	YES	YES	YES	YES
Import. year Effects	YES	YES	YES	YES	YES
Rho	0.2317	0.2366	0.24	0.234	0.233
Wald chi2	5054.39*	5114.86*	5154.44*	5041.41*	5061.36*

Dependent variable: Ln Exports$_{ijt}$.
*Robust standard errors in parentheses; * p<0.01, ** p<0.05, *** p<0.1.*
[a] Political Stability in the importer country is assumed as an endogenous variable; thus, we assumed it correlated with residuals.
[b] Corruption Control in the importer country is assumed as an endogenous variable; thus, we assumed it correlated with residuals.

Table 9: Robustness Check

	HTM6	HTM7	HTM8	HTM9	HTM10[a]	HTM11b
Ln GDP_{it}	1.119*		0.788*	0.795*	0.797*	0.803*
	(0.0769)		(0.0825)	(0.0828)	(0.0785)	(0.0785)
Ln GDP_{jt}	0.686*		0.677*	0.685*	0.687*	0.686*
	(0.0214)		(0.0215)	(0.0215)	(0.0213)	(0.0213)
Ln $EcoSize_{ijt}$		**1.072***				
		(0.037)				
Ln $Distw_{ij}$	-1.024*	-1.016*			-1.031*	-1.041*
	(0.0328)	(0.0331)			(0.0327)	(0.0328)
Ln $Dist_{ij}$			**-0.952***			
			(0.0308)			
Ln $Distcap_{ij}$				**-0.953***		
				(0.0312)		
PC Sales ‰_{ojt}	0.0197*	0.0275*	0.0175*	0.0178*	0.0197*	0.0195*
	(0.0025)	(0.0024)	(0.0025)	(0.0025)	(0.0025)	(0.0025)
PC Prod ‰_{oit}	0.03*	0.0284*	0.0323*	0.0323*	0.0319*	0.0321*
	(0.00283)	(0.0024)	(0.0027)	(0.0027)	(0.00259)	(0.00259)
$RegulationQ_{jt}$	0.297*	0.118*	0.3*	0.305*	0.299*	0.304*
	(0.038)	(0.0369)	(0.0383)	(0.0383)	(0.038)	(0.038)
Com $Lang_{ij}$	0.516*	0.589*	0.493*	0.501*	0.511*	0.508*
	(0.0763)	(0.0893)	(0.0775)	(0.0775)	(0.0765)	(0.0762)
RTA_{ijt}	1.161*	1.2*	1.164*	1.191*	1.160*	1.129*
	(0.065)	(0.066)	(0.0646)	(0.0643)	(0.0649)	(0.0653)
GCI_{it}		1.901*	1.873*	1.878*	1.844*	1.835*
		(0.163)	(0.175)	(0.176)	(0.168)	(0.168)
$Know_{i2012}$	**0.433***					
	(0.0503)					
Constant	-5.137*	-1.878**	-6.819*	-7.063*	-6.271*	-6.214*
	(1.236)	(0.947)	(1.298)	(1.301)	(1.205)	(1.205)
Obs.	9,841	9,841	9,841	9,841	9,841	9,841
Rsq (in OLS)	0.4391	0.4349	0.445	0.4434	0.4502	0.4502
BIC (in OLS)	45489.5	45554.16	43073.24	43099.37	45291.88	45291.88
Groups	256	256	256	256	256	256
Export. year effects	YES	YES	YES	YES	YES	YES
Import. year effects	YES	YES	YES	YES	YES	YES
Rho	0.2512	0.2361	0.2498	0.251	0.235	0.235
Wald chi2	5028.22*	4695.77*	4797.27*	4773.04*	5109.77*	5091.62*

Dependent variable: Ln $Exports_{ijt}$.
*Standard errors in parentheses; * p<0.01, ** p<0.05, *** p<0.1.*
[a] Common Language is selected as an endogenous variable; thus, we assumed it correlated with residuals.
[b] RTA is considered is selected as an endogenous variable; thus, we assumed it correlated with residuals.

Table 10: Exports ratio based on in-sample results

(Expected Exports / Actual Exports) ratio based on Hausman-Taylor model results

Export Country	Average Expected/ Actual Exports Ratio
Italy	0.92
Turkey	**0.94**
Hungary	**0.94**
Japan	0.95
Mexico	**0.96**
South Korea	0.96
United Kingdom	0.97
Spain	0.97
Thailand	**0.98**
Belgium	0.98
Germany	0.99
Poland	**0.99**
India	**0.99**
USA	1
Austria	1
South Africa	**1**
France	1.01
Slovakia	**1.01**
Romania	**1.02**
China	**1.04**
Sweden	1.04
Argentina	**1.08**
Czech Republic	**1.09**
Indonesia	**1.13**
Brazil	**1.16**
Canada	1.16
Russia	**1.26**
Malaysia	**1.28**
Iran	**1.36**

Un potentiel à l'exportation inexploité dans les pays en développement : le cas de l'industrie automobile

Résumé - La production automobile se déplace du Nord au Sud et la propriété des constructeurs automobiles se déplace de l'Ouest vers l'Est. En parallèle, de nouveaux constructeurs se développent en Chine, en Inde et en Iran. Même si les exportations de véhicules dans les pays en développement ont augmenté au cours de la période 2007-2015, leur part dans les exportations mondiales reste faible. Une hausse de leurs exportations pourrait accélérer le renforcement des capacités locales, en particulier en Chine. En premier lieu, nous identifions les déterminants des exportations de voitures dans le cas des pays en développement. En second lieu, nous mesurons leur capacité à accroître leurs exportations. Les résultats sont discutés à la lumière des différentes stratégies industrielles mises en œuvre dans ces pays.

Mots-clés

Industrie automobile
Pays en développement
Potentiel à l'exportation
Modèle gravitationnel
Estimateur Hausman-Taylor

Région et Développement

n° 54-2021

www.regionetdeveloppement.org

Note on the role of domestic and external demand on the process of premature deindustrialization

Betty ASSE *

Dalila CHENAF-NICET **

Abstract - For some authors (Rodrik, 2015 and 2017), deindustrialization is premature in sub-Saharan countries. This implies that the period of industrialization has been too short, with too little job creation and growth to guarantee a development trajectory. This article studies the impacts of different demands (global/domestic) on industrialization. Our work shows that SSA countries suffer from premature deindustrialization that is rooted in demand mechanisms and not just in supply mechanisms.

JEL Classification

014, 04, 055, F43

Key-words

Structural change
Premature deindustrialization
Demand for services
Sub-Saharan Africa

* Université de Bordeaux – LAREFI ; betty.asse@u-bordeaux.fr

**Université de Bordeaux – LAREFI ; dalila.chenaf-nicet@u-bordeaux.fr

INTRODUCTION

Several countries in sub-Saharan Africa (SSA) are now experiencing a phenomenon of premature deindustrialization: the industrial sector declines at the same time as the agricultural (reprimarization) or service sectors develop. For these countries, industrial declines are occurring at low levels, while the industrialization process takes little time. According to Rodrik (2013), for emerging and developing economies, "premature deindustrialization" offers little opportunity for dynamic long-term growth when it occurs over a short period of time (the turning point occurs in a few decades) and at low rates of industrialization. In particular, this phenomenon can be observed in Ghana, Kenya, Mauritius, Nigeria, Senegal, South Africa, Zimbabwe, etc. Manufacturing output as a percentage of GDP in Ghana for the period 1960 - 2011 was 19% at its highest level, in contrast to its lowest level of 8%. These maximum and minimum percentages were 13% and 6.5% for Kenya, 25% and 16% for Mauritius, 5.5% and 1.3% for Nigeria, 17% and 14% for Senegal, 24% and 15% for South Africa, and 15% and 7%, respectively, for Zimbabwe (Data source –UNSD).

Concerning the futures of developing countries, this point of analysis (premature deindustrialization) remains crucial, as many investigators argue that dynamic growth remains strongly associated with the development of the manufacturing sector and not that of the services sector (Kaldor, 1966; Ghani and O'Connel, 2014; Enache et al., 2016; Baumol, 1967; UNIDO, 2009 and 2018; Winters, 2010; MacMillan and Rodrik, 2011; Vries et al., 2013; Gelb et al., 2014 and Dercon and Gollin, 2014.). For these authors, it is manufacturing industries that allow rapid convergence towards developed countries because services generate few productivity gains (Baumol, 1967). Similarly, manufactured goods can be standardized and traded easily via international trade, which itself generates growth. Services are little affected by these phenomena because they are often nontradable, with low productivity and low technology (Ghani and O'Connell, 2014; Enache et al., 2016 and McCredie and Bubner, 2010).

Several explanations for this phenomenon can be found in the literature. For example, the rise in commodity prices over the last few decades has led countries to reprimarization. In explaining the difficult industrialization in developing countries, recent work has also highlighted the asymmetrical role of international trade (Bourguignon and Verdier, 2005; Galor and Mountford, 2008; Muendler, 2010; Chenaf-Nicet and Rougier, 2011 and Chenaf-Nicet, 2020), specialization in mining or oil resources and the development of new activities that seem too risky to entrepreneurs (Hausmann and Rodrik, 2003; Kangning and Jian, 2006; Dasgupta et al., 2008 and MacMillan and Rodrik, 2011). They also stress the shallow depth of the financial sector (Acemoglu and Zilibotti, 1997; Estrada et al., 2010) in addition to market rigidities, excessive regulation and limited adjustment capacity in developing countries (Hopenhayn and Rogerson, 1993; Bertola, 1994; Rodriguez and Rodrik, 2001; Boeri and Terrel, 2002; Bolaky and Freund, 2004; DasGupta et al., 2008; Chang et al., 2009 and Helpman et al., 2010). There are also empirical studies that highlight the mechanisms by which imperfect institutions affect productivity and capital accumulation (Hall and Jones, 1999; Acemoglu et al., 2005; Chenaf-Nicet, 2020). These points are related to financial development (La Porta et al., 1997 and 1998 ; Alfaro et al., 2004.), comparative advantages in trade (Dollar and Kraay, 2002; Costinot, 2009), and export diversification (Bénassy-Quéré et al., 2007). Authors also argue that weak protection of property rights can discourage investors (Engerman and Sokoloff, 1997; Acemoglu et al., 2003) and thus impose supply-side constraints on manufacturing sectors.

The demand (domestic or foreign) in all the above mentioned analyses is marginal, and, apart from the work of Rodrik (2013, 2015), Subramanian (2014) and Chenaf-Nicet (2020), which correlate demand and structural change, there is, to the best of our knowledge, no in-depth theoretical analysis of the link between deindustrialization and demand. As Alia (2014) noted, the majority of studies have considered productivity growth in the industrial sector as the central channel for reallocating factors of production. Demand factors are then seen more as catalysts for industrialization. The work of Rodrik (2013, 2015) and Subramanian (2014) and the experiences of FICs and NICs thus support the idea that sustained demand, while not always driving structural change and the industrialization process, allows the latter to be self-sustaining and sustainable. It is therefore necessary to study in depth the role of these demands, particularly in the case of sub-Saharan African countries, which are often producers of agricultural products and raw materials and which are struggling to orient their structural change in favour of modern manufacturing sectors. However, the economic literature on structural change often presents the various determinants of structural change and industrialization, focusing on supply rather than on demand mechanisms.

Our objective is to discuss the elements that facilitate understanding of the difficult structural changes and the deindustrialization process not from the supply side but from the demand side. Two factors are of particular concern here. The first relates to the sizes of these countries' domestic markets, which may be too small to serve as bases for industrialization. Similar to the Asian Newly Industrialized Countries (NICs) of the 1960s, SSAs cannot anchor their strategy of structural change based on domestic demand for manufactured goods. Consequently, the process of structural change can be based only on external demand. However, the second factor is that world markets are decreasingly driven by demand for manufactured goods and increasingly by demand for services. The latter would ultimately prevent countries from developing their industries based on external demand due to a lack of opportunities (Rodrik, 2015).

The remainder of the paper is organized into two sections. We present a literature review on the place of domestic demand in the SC in the next section and then review the place of global demand in section two. Finally, we draw conclusions.

1. LINKS BETWEEN STRUCTURAL CHANGE AND DOMESTIC DEMANDS IN THE LITERATURE

As some theories show, structural change also depends on demand mechanisms. It is in the increase in income due to structural change and growth that the first impacts of demand on structural change can be identified. The well-known mechanism is given by Engel's law (1857), according to which the increase in income allowed by industrialization leads to a change in the structure of demand. Households consume more manufacturing and service products and a lower proportion of agricultural goods. This mechanism then reinforces the structural change in favour of the industrial sector.

Nevertheless, debates regarding structural change determinants are more longstanding. Kim (2015) thus indicated that already in "The Wealth of Nations", Smith (1776) stated that a greater proportion of the capital of any growing nation should be directed first to agriculture, then to manufacturing, and finally to trade. The reason cited by Smith (1776) for this three-step reallocation is that agriculture is the most important sector in the early stage of a country's development since food is the priority for a population's subsistence. After this stage, when it is no longer necessary to meet the survival needs of the population and as a country's productive capacities increase, the manufacturing sector can progress and become more important. However, this process is not uniformly observed in all countries. One of the reasons suggested by Kim (2015), again referring to the work of Smith (1776), is that endogenous demand forces play a decisive role in the process of structural change. This point was taken up in the work of Chenery and Syrquin (1975), who classified the factors of structural change into two distinct categories: "universal factors", which can explain the uniformity of certain models of structural change, and "group factors", which rather explain their specificity.

The "universal factors" are essentially supply factors, such as access to capital markets, the state of technology or an increase in the skilled labour force. On the supply side, recent works, such as those of Herrendorf et al. (2014) and Alia (2014), and older works, such as those of Lewis (1954), Rostow (1959), Kuznets (1971), Chenery (1960), and Chenery and Syrquin (1975), have thus indicated that structural change is enabled by a process of reallocation of factors of production among the three sectors of the economy (agriculture, industry, and services) in a manner favourable to industry. In this framework, it is assumed that the most productive modern sectors – namely, those of manufacturing industries – attract labour, especially the most qualified, who then leave the less productive primary activities located in rural areas. Industrialization is accompanied by a rural exodus, strong urban growth and the emergence of a middle class. The modern manufacturing sector, which creates higher added value and more jobs, allows for higher income and thus allows more people to rise out of poverty.

There are three "group factors" that help to explain differences in the structural change pattern. First are the *size of the domestic markets* and then *the stage of development*, both of which impact the structure of domestic demand. Finally, there is *the abundance of natural resources*, which can lock a country into nonindustrial specialization. In Chenery and Syrquin's early work (1975), which gave demand a leading role, group factors can slow structural change, depending on the country. More recent work has also considered these factors but as having the potential to promote structural change. For example, Alia (2014) noted that other forces besides relative labour productivity (Ngai and Pissaradies, 2007), explain structural change, such as the sizes of domestic markets (Leukhina and Turnovsky, 2016), trade openness and global demand (Matsuyama, 1992), access to the international market and proximity to an already industrialized country (Breinlich and Cuñat, 2013), and finally differences in income elasticities (Kongsamut et al., 2001; Murphy et al., 1989).

Similarly, Van Neuss (2017), joining Alia (2014), indicated that if technology (Ngai and Pissaradies, 2007; Acemoglu and Guerrieri, 2008; Alvarez-Cuadrado et al., 2016), sectoral links between inputs and outputs (Berlingieri, 2014),. and international trade (Matsuyama 2009; Autor et al., 2013; Uy et al., 2013) have definite impacts on structural change, the role of agents' preferences should not be neglected (Kongsamut et al., 2001; Foellmi and Zweimuller, 2008). Święcki (2013), who examined the channels that promote structural change, such as differences in factor costs between sectors and technological progress, emphasized agents' nonhomothetic tastes and international trade as driving forces of structural change (Van Neuss, 2017).

Here, we present these studies in greater depth to indicate the mechanisms that link domestic demand to industrialization.

1.1. Nonhomothetic preferences and differences in income elasticity

The process of reallocating economic activities between sectors may result from changes in the structure of demand, which is itself linked to changes in real income (Chenery and Syrquin, 1975; Murphy et al., 1989b; Kongsamut et al., 2001). If income increases, the demand structure changes. Thus, consumer demand for durable goods increases and demand for primary goods decreases.

Foellmi and Zweimuller (2008), who accounted for the nonlinearity of the Engel curve, described how demand changes with income and point out that the structural transformation occurs as a result of changes in consumer demand as households move out of poverty and become wealthier. In their work, they classified goods into luxury goods with high-income elasticities and necessity goods with low-income elasticities. They thus echoed the conclusion of Kongsamut et al. (2001) that changes in the structure of production are caused by differences in the income elasticity of demand for different goods. For Foellmi and Zweimuller (2008), this phenomenon increases as populations become richer. Indeed, in a poor society, most of the income is spent on basic commodities, especially food. As a result, most of the population works in the agricultural sector. However, the richer society becomes, the more consumers devote a growing share of their income to satisfy less-basic needs that are linked to the creation of employment opportunities in the manufacturing sector. Ultimately, the more mature a society becomes, the more consumers will demand goods that are produced by the service sector. The logic that demand is a driver of structural change therefore appeals to Engel's law, which states that the share of expenditure that is allocated to agricultural products will decrease as household income increases. Through this new demand, the production of manufactured goods must increase and accelerate structural change.

Figure 1. Poverty headcount ratio at $1.90 a day (2001 - PPP)

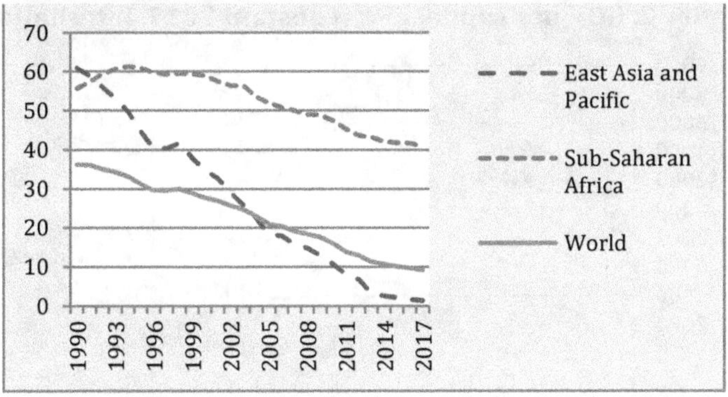

Source: World Bank database.

Thus, there is a body of work (Foellmi and Zweimuller, 2008; Kongsamut et al. 2001), that has emphasized differences in income elasticity to explain increased demand for manufactured goods when incomes rise. These scholars have argued that agents' preferences cause the income elasticity of demand to be less than 1 for agricultural goods, equal to 1 for manufactured goods, and greater than 1 for services. Thus, any income growth has a greater impact on the manufactured goods and services sectors and accelerates structural change.

Van Neuss (2017) also highlighted the nonhomothetic preferences that lead to the existence of a nonlinear Engel's law curve. He indicated that as income increases, the marginal rate of substitution among goods varies, leading to a reallocation of goods production across sectors. The production of goods with higher demand will be prioritized over other goods in less urgent demand (Foellmi and Zweimuller, 2008).

When we examine the evolution of poverty in sub-Saharan Africa, we see that this evolution remains unfavourable to a shift in household consumption from subsistence goods to industrial durable goods. At comparable levels in 1998, the poverty rate in SSA has declined little over the last decade and is at a high level (40% of the population in 2017), while that of Asia was only 1.5% in 2017 (Figure 1).

Extreme poverty and low income of a large part of the population are linked to the small sizes of the markets.

1.2. Domestic market size

The size of a domestic market is often considered one of the channels leading to structural change. For example, Ho (2015) showed in a theoretical model that population growth leads to an increase in manufacturing output relative to agricultural output. In his two-sector (agricultural and manufacturing), two-factor (labour and land) model, where agricultural production shows decreasing returns, the representative household considers agricultural and manufactured products as complementary. When the population increases, manufacturing demand increases relatively more than does agricultural demand. This phenomenon leads to an increase in the relative price of agricultural products. The result is an increase in labour in both sectors that reduces the marginal output in the agricultural sector (relative marginal output effect). According to this work, there is therefore a positive relationship between population size (or the increase in per capita income) and industrialization, whereas a small market can only slow the process. The large size of the domestic market (measured by population size or per capita income) is a catalyst for structural change.

Figure 2. GDP per capita, PPP (constant 2017, international)

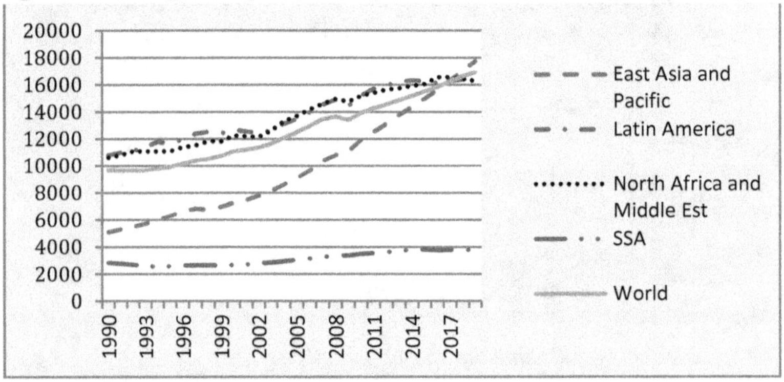

Source: World Bank database.

Similarly, for Leukhina and Turnovsky (2016), the small sizes of domestic markets in developing countries, unable to absorb new supply, may explain the lack of structural change. This idea is similar to the older theoretical work of Krugman (1980), which showed that the larger the sizes of markets, the greater the ability of countries to diversify themselves and expand their manufacturing exports.

However, it is obvious that SSA countries have narrow national markets since 28 of them are LDCs. Indeed, even if the total population of the zone increased by 117% between 1990 and 2017 (World Bank data), it is difficult to imagine that these countries can anchor solid industrialisation on the basis of population income as measured by GDP per capita.

Over the period 1990 - 2020, GDP per capita grew by 247% in Asia, 51% in Latin America, 53% in the MENA region and only 33% in Sub-Saharan Africa (Figure 2), and GDP per capita in SSA is today 4.5 times lower than that in Asia (World Bank data).

1.3. Urban growth rates and demand for services

All the work described above has attempted to explain the demand-driven mechanisms by which a certain structural change can occur: the change involving a decline in the agricultural sector and a growth of the industrial sector. However, other work, mainly empirical, has shown that in resource-rentier countries, industrialization may not take place because there is too great a demand for nondurable goods and services. Thus, in the case of resource-producing and resource-exporting countries, this is partially explained by the development of what Gollin et al. (2016) referred to as "consumer cities". Indeed, in theory, industrialization should be accompanied by greater urbanization because workers leave unproductive agricultural activities for new industrial activities located in cities. This process is accompanied by an increase in income that allows households to consume more tradable industrial goods and services. Urbanization and industrialization go hand-in-hand, and cities that follow this pattern of development were called "production cities" by Gollin et al. (2016).

However, Gollin et al. (2016) and Chenaf-Nicet (2020) have shown that this link does not always exist in resource-producing countries. Urbanization is explained by a growing proportion of the population not seeking urban employment but purchasing nontradable goods and services, which are mainly found in cities. In some resource-producing countries, large urban areas are becoming "consumer cities" in which some households can spend their rent from primary resources. Urbanization and the growth of the service sector then go hand-in-hand. Ghana, Mozambique, Nigeria, Senegal, South Africa, Zambia and Zimbabwe are experiencing this phenomenon (Chenaf-Nicet, 2020). The service sector progressed at the same time as the deindustrialization of the economy was confirmed. However, it is the services sectors with low-skilled job and low value-added creation such as retail trade, that have grown.

Moreover, while the urbanisation rate is rising in SSA (40% of the population will live in cities in 2019, World Bank data), it is nevertheless resulting in a multiplication of disadvantaged neighbourhoods, with high population density and little infrastructure (World Bank Urbanization Report, 2017). Similarly, according to the World Bank's Urbanization Report (2017), which compared the urbanization process in Africa with that observed in other developing regions in the past, the urbanization of the Middle East/North Africa and East Asia/Pacific regions had reached an urbanization level of 40%, but with per capita GDP of $1,800 (in 1968) and $3,600 (in 1994), respectively. In Africa, GDP per capita is only $1,000, which leaves little room for a demand for durable industrial goods, while essential goods consumption or services demand (retail trade) is growing.

2. IMPACTS OF FOREIGN DEMAND ON STRUCTURAL CHANGE

Demand is also highlighted in empirical work on Asian NICs (the four dragons) to characterize their outward-oriented strategy. However, domestic and foreign demand do not play the same role, depending on the size of the country. Thus, according to Kasahara (2004), if it is possible to refer to the "flying geese strategy" developed by Akamatsu (1962) to describe the phenomenon of industrial development of certain economies in the course of catching-up, several versions must be considered according to the places and roles of the different demands. For Kasahara (2004), the first version of this strategy was the one devised by Akamatsu (1962) and applied not only by Japan in the 1960s and 1970s but also by a succession of small countries, such as the Republic of Korea, Taiwan, Singapore, Hong Kong, Malaysia and Indonesia. The model of economic development described by Akamatsu (1962) indicated that countries engage in a process of industrialization and integration into international trade in three stages. First, the country engages in a process of industrialization of low-tech manufacturing products that it has previously imported. In the second stage, it increases its production (learning by-doing) by using domestic demand. Once it has sufficient control over the production and quality of the product, it then becomes an exporter, this time relying on foreign demand. According to Schmiegelow (1991), this development model helps to explain how the Asian region emerged by transferring comparative advantages and complementarities from Japan, South Korea and Taiwan via the relocation of productive segments. However, according to this author, the successes experienced, for example, by South Korea, are not fully explained by the theories of international trade but rather can also be explained by the intervention of the state, which has been able to implement strategies to enhance exports and import substitutes. In the case of large emerging countries such as China, this would rather be a second version of the strategy. Indeed, research has shown that if this country based its industrialization first on external demand, it is now looking for a new lease on life by attempting to conquer its domestic market to reduce its dependence on external markets and sustain its growth model and its structural changes (Artus and Xu, 2014).

Here, we present the theoretical elements of the debate on the place of foreign demand.

2.1. Trade openness and foreign demand

Openness to trade and capital flows, which accelerates the diversification of economies and technology transfers and, according to some, stabilizes the growth process, is often considered a structural change channel ([1] Artus and Xu, 2014). In a globalized world, if an agricultural sector is not productive, trade openness and access to new markets lead the labour force to the manufacturing sectors. Rodrik (2011) thus showed that internationalization accompanied by the removal of trade barriers creates pressure on local producers to bring themselves up to the standards of global competitors. However, if local firms are unable to keep up with global competition, they disappear, but those that manage to keep pace gain productivity. As a result, the opening up of trade increases competition and leads to productivity gains mainly in modern sectors, often manufacturing. Hausmann et al. (2007) noted that trade openness also allows access to new technologies and promotes structural change but only under the conditions of favourable institutions.

Chang et al. (2009) also considered the conditions under which trade openness can affect structural change. They stressed that international integration only exerts positive effects in terms of structural change if complementarities are established such as free entry of firms, labour mobility, investment in education and financial development. International trade can therefore boost productivity in sectors that are exposed to foreign competition. According to Van Neuss (2017), this then promotes income growth, which in turn influences the share of spending in the three sectors of the economy.

It can be noted that the initial context of a country, in terms of specialization, income, factor endowments or protectionist policies, is a determining factor in the more or less favourable impact of international trade. Indeed, according to Matsuyama (2009), international trade can have different impacts on the reallocation of factors depending on whether a country is protectionist or more open. Święcki (2013) showed in fact that rapid growth in manufacturing productivity leads to a decline in manufacturing labour in the case of closed economies, whereas the opposite situation is observed in the case of an open economy because manufacturing employment can grow through specialization according to comparative advantage.

Similarly, according to Galor and Mountford (2008), in high-income countries, income growth generated by international trade is used by the population to extend children's schooling (human capital investment). In low-income countries, this income supplement would allow populations to conceive more children. This would then delay the demographic transition of the poorest countries and explain the "Big Divergence". For Bourguignon and Verdier (2005), opening up to world trade, before protecting skilled labour-intensive activities, can lock poor economies into a low-level equilibrium due to a decrease in both the relative price of skilled labour and investment in human capital. Trade openness may thus discourage the allocation of skills in circumstances where specialization is less export-oriented (Muendler, 2010.). Similarly, a low level of trade diversification has been shown to reduce the impact of foreign direct investments (FDIs) on growth (Alaya et al 2009; Balasubramanyam et al., 1996; Nicet-Chenaf and Rougier, 2011). These previous studies have confirmed the idea that poorly diversified economies face too few complementary factors and too little absorptive capacity to produce positive spillover effects.

Many studies therefore have shown that access to foreign markets cannot be a guarantee of perennial industrialization; this depends on the degree of insertion in global value chains, the proximity of major markets or the nature of global demand.

2.2. Access to the international market and proximity to industrialized countries

Access to the international market and proximity to an already industrialized country are often seen as channels that influence structural change. Thus, within the framework of economic geography and for developed countries, we can cite the theoretical work of Helpman and Krugman (1985), followed by that of Behrens et al. (2014). Within an empirical framework and for OECD countries, there is, in particular, Davis and Weinstein's (2003) work, which showed that home market effects are important for a broad segment of OECD manufacturing. Regarding NICs, we can cite the work of Breinlich and Cuñat (2013), which used an indicator of centrality to markets to construct a simple linear model based on the hypothesis that developing countries in proximity to foreign markets experience greater demand for both agricultural and manufactured products. They showed that higher aggregate demand leads to higher wages, which drive local production into manufacturing when preferences are nonhomothetic and trade costs low. They thus explained that access to the international market and proximity to an already industrialized country are key factors in industrialization, particularly in the cases of Hong Kong, Singapore and Taiwan. These countries have thus benefited not only from their outward-looking trade policy but also from their proximity to the large Japanese market.

Shepard et al. (2016), who compared trade costs between developed countries and several developing countries, showed for countries located in sub-Saharan Africa (SSA) that trade costs are approximately twice as high as in the comparator markets (the UK and the USA), with the exception of South Africa[1]. The study also showed that the main reason SSA countries are integrated into trade networks is for the agricultural sector. The United States and Great Britain are the source of demand for SSA's industrial products only in the textile and clothing sectors[2].

---

[1] In their study trade cost includes the full range of trade frictions, including tariff and non-tariff barriers, regulatory measures, standards, differences in cultural and legal institutions, as well as geographical and historical factors.

[2] For the United States, this can be explained by the signing of the preferential agreement: African Growth and Opportunity Act.

Allard et al. (2016) used a centrality index to show that sub-Saharan Africa remains the least integrated region in the world, with an average centrality of only approximately half of that observed in emerging economies. According to Allard et al. (2016), this partly reflects a relatively lower level of development than in other regions. However, even South Africa, the highest-income country in the region, has a relative position that is lower than those of other emerging markets, such as Brazil and Mexico.

2.3. Global demand for resources

The reallocation of factors towards more productive activities is not systematic when global demand locks a country into resource-based specialization and when new activities appear to be riskier (Hausmann and Rodrik, 2003; MacMillan and Rodrik, 2011). For example, Dasgupta et al. (2008) showed that the low impact of trade and FDI on employment in MENA countries can be explained by a high concentration of exports both in downstream activities, such as capital-intensive energy industries (refined gas, fertilizers and plastics), and in goods with low growth and low value added, as in the case of non-oil products. More recently, for China's resource-rich provinces, Kangning and Jian (2006) suggested that these factors are not conducive to economic development or industrialization because the resource sector concentrates too much capital at the expense of other sectors. Finally, we can mention that Sachs (2003) noted that many resource-producing developing countries have weak institutions that can neither counter rent capture nor ensure a redirection of profits from the primary sector to the secondary sector.

Figure 3. World raw material exports (Md $)

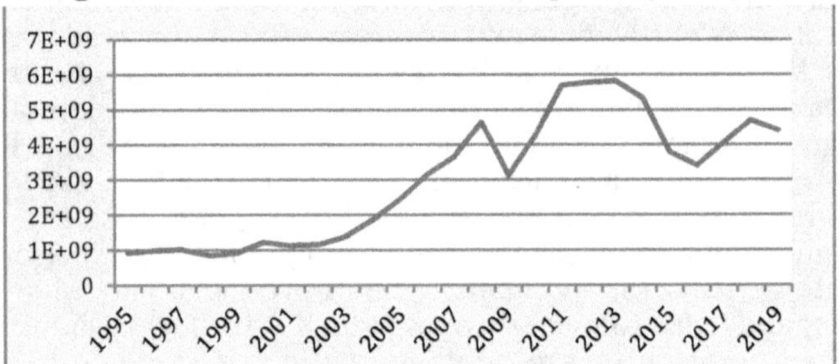

Source: UNCTAD database.

As seen in Figure 3, since the early 2000s, global demand for raw materials (as measured by world exports) has been growing steadily. Although from 2010 onwards this growth is decelerating, it remains at a high level. A very significant component of the increase in exports from sub-Saharan Africa between 2000 and 2012 has been in response to Chinese demand: 50% for minerals and 25% for crude oil (Chevalier and Le Goff, 2016). This growing demand, which has maintained the specialisation of the SSA countries in these sectors, is also accompanied by a rise in prices. Indeed, if we look at the primary commodity price index proposed by the IMF, we note that it increased by 230% between 1990 and 2013 and by 107% between 1990 and 2020. Chenaf-Nicet's work (2020) showed that over the period from 1984-2013, countries such as Angola, Congo, Guinea-Bissau, Liberia and Sierra Leone experienced an episode of reprimarization that can be explained by the rise in commodity prices in the 1990s. Favourable terms of trade for resource-producing countries have encouraged these countries to maintain their primary specializations.

2.4. Global demand for Services

The last hypothesis that can be explored is that of a world demand that is decreasingly directed towards goods production and increasingly towards services, and this leaves little opportunity for growth in the industrial sector, which then declines. Concomitantly, this process offers more opportunities for the service sector.

It can actually be observed that the productive structure of the SSA countries is indeed moving in the direction of deindustrialization and in a manner similar to the global trend. Figure 4 thus shows that the share of value-added industries as a percentage of GDP in this region and in the world has been steadily declining since the 1990s (Figure 4), while the share of services has been growing (Figure 5).

Figure 4. Industrial value-added share as % of GDP in the world and in SSA 1995-2014

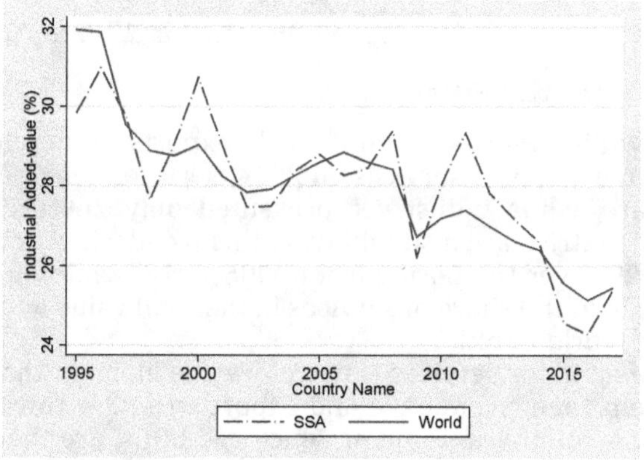

Source: World Bank database.

Figure 5. Service value-added share as % of GDP in the world and in SSA 1995-2014

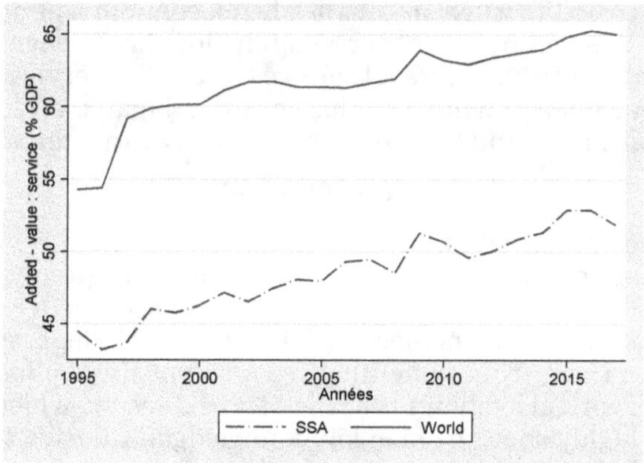

Source: World Bank database.

Likewise, when we observe the evolution of global services exports (Figure 6), we can see that the growth of services exports is indeed sustained. It grew by 210% from 2000 to 2014, while merchandise exports grew by 193% over the same period (UNCTAD data).

Figure 6. World exports of services and goods (millions of US dollars) 1980-2014

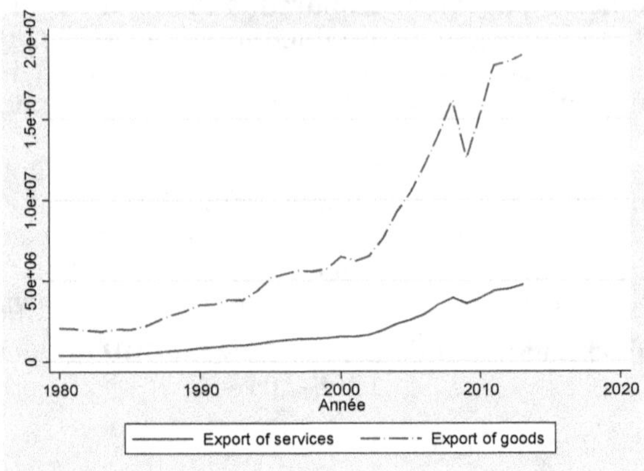

Source: UNCTAD database.

Thus, as shown in Figure 6, even if world exports of merchandise remained 4 times higher than exports of services, in 2014, services represented 64% of world value-added share, while industry represented only 26% (Figure 5). On these points, the SSA countries are also following this trend, since their services exports increased by 120% over the period from 2005-2018, while those of goods increased by only 76%, and the share of services in the total value added was higher than that of industry (World Bank).

The global demand for services is therefore one element that drives developing countries to orient their productive and export structure towards services rather than industry. SSA countries, some of which are LDCs, are therefore struggling to develop the absorptive capacities necessary for the development of an internationally competitive services sector that provides the necessary spillover effects for long-term growth. However, if we analyse services exports by knowledge intensity, we note that developed and emerging countries export mainly knowledge-intensive services (KIS), such as financial, telecommunication, or air transport services, while SSA countries export mainly low-knowledge-intensive services (LKIS), such as postal services, travel services or courier services (WTO data).

One question remains: will sub-Saharan Africa be able to develop without factories (cadot et al. 2015) and only with the services or raw materials sectors?

CONCLUSION

Our work shows that SSA countries suffer from premature deindustrialization that is rooted in demand mechanisms and not simply in supply mechanisms. Tight domestic markets and strong global demand for services leave few growth opportunities for SSA manufacturing sectors. Similarly, their high specialization in resources prevents them from benefiting from the positive effects of international integration. Our work also shows that the services sector, which is growing in this region, remains highly specialized in low-knowledge-intensive services.

REFERENCES

Acemoglu D., Johnson S., Robinson J.A., 2005, *Institutions as a Fundamental Cause of Long-Run Growth.* In Aghion,P., Durlauf, S., (Eds.), *Handbook of Economic Growth*, Volume IA. Elsevier, 385-472.

Acemoglu D., Zilibotti F., 1997, Was Prometheus Unbound by Chance? Risk, Diversification, and growth, *Journal of Political Economy,* 105(4): 709-751.

Acemoglu D., Johnson S., Robinson J.A., Thaicharoen T., 2003, Institutional causes, macroeconomic symptoms: volatility, crises and growth, *Journal of Monetary Economics,* 50(1): 49-123.

Acemoglu D., Guerrieri V., 2008, Capital deepening and non-balanced economic growth, *Journal of Political Economy,*116, 467-498.

Akamatsu K., 1962, A historical pattern of economic growth in developing countries, *Journal of Developing Economies,* 1(1): 3-25.

Allard C., Kriljenko J.C., Gonzalez-Garcia J., Kitsios E., Trevino J., Chen W., 2016, Trade Integration and Global Value Chains in Sub-Saharan Africa, *Pursuit of the Missing Link;* March 2016 IMF eLibrary.

Alaya M., Chenaf-Nicet D., Rougier E., 2009, À quelles conditions les IDE stimulent-ils la croissance ? IDE, croissance et catalyseurs dans les pays méditerranéens, *Mondes en Développement* ; 4(148): 119-138.

Alfaro, L., Chandra A., Kalemli-Ozcan S., Sayek S., 2004, FDI and economic growth: the role of local financial markets, *Journal of International Economics*, 64(1): 89-112.

Alia D.Y., 2014, Institutional Change, industrialization and structural change out of agriculture, *Working paper Department of Agricultural Economy,* University of Kentucky.

Alvarez-Cuadrado F., Long N. V., Poschke M., 2016, Capital-labor substitution, structural change and the labor income share, *Journal of Economic Dynamics and Control,* 87(C): 206-231.

Artus P., Xu B., 2014, Moteurs de la croissance, montée en gamme : la Chine aujourd'hui, comparée à la Corée dans les années 1980 et du Japon dans les années 1970, *Flash Problèmes structurels, Recherche économique Natixis*, n° 273.

Autor D. H., Dorn, D., Hanson G. H., 2013, The China syndrome: local labor market effects of import competition in the United-States, *American Economic Review*, 103(6): 2121-2168.

Balasubramanyam V., Salisu M., Sapaford D., 1996, Foreign direct investment and growth in EP and IS countries, *Economic Journal,* 106(434): 92-105.

Baumo W.J., 1967, Macroeconomics of Unbalanced Growth: The Anatomy of Urban Crisis. *American Economic Review*, 57(3): 415-26.

Behrens K., Mion G., Murata Y., Südekum J., 2014, Trade, wages and productivity, *International Economic Review*, 55(4): 1305-1348.

Bénassy-Quéré A., Coupet M., Mayer T., 2007, Institutional Determinants of Foreign Direct Investment, *The World Economy*, 30(5): 764-782.

Berlingieri G., 2014, *Outsourcing and the Rise in Services Manuscript*, London School of Economics.

Bertola G, 1994, Flexibility, Investment and Growth, *Journal of Monetary Economics*, 34(2): 215-238.

Blaikie P., Brookfield H. (Eds.), 1987, *Land Degradation and Society*, New-York.

Bourguignon F., Verdier T., 2005, The Political Economy of Education and Development in an Open Economy, *Review of International Economics,* 13(3): 529-548.

Boeri T., Terell K., 2002, Institutional Determinants of Labor Reallocation in Transition, *Journal of Economic Perspectives*, 16(1): 51-76.

Bolaky B., Freund C., 2004, Trade, Regulations, and Income, *Journal of Development Economics*, 87(2): 309-321.

Breinlich H., Cunat A., 2013, Geography, Non-homotheticity, and industrialization: A quantitative analysis, *Journal of Development Economic*, 103: 133-153.

Cadot O., De Melo J., Plane P., Woldemichael M. T., 2016, Industrialisation et transformation structurelle : l'Afrique subsaharienne peut-elle se développer sans usines ?, *Revue d'économie du développement*, 2016/2, (2): 19-49.

Cadot O., Carrère C., Strauss-Kahn V., 2011, Export Diversification: What's behind the Hump?, *Review of Economics and Statistics,* 93(2): 590-605.

Chenaf-Nicet D., 2020, Dynamics of Structural Change in a Globalized World: What Is the Role Played by Institutions in the Case of Sub-Saharan African Countries?, *Journal of European Development Research*, 32: 998-1037.

Chenaf-Nicet D., Rougier E., 2011, New exports matter: Discoveries, foreign direct investment and growth, an empirical assessment for Middle East and North African countries. *Journal of International Trade and Economic Development,* 20(4): 507-533.

Chenery H.B., 1960, Patterns of industrial growth, *American Economic Review,* 50: 624-653.

Chenery H.B., Syrquin M., 1975, *Patterns of development 1950-1970*, A World Bank research publication. New York, Oxford University Press.

Chevallier A., Le Goff M., 2014, *L'Afrique subsaharienne après quinze années de croissance*, Éd. La Découverte, collection Repères, Paris.

Coste A., Dihel N., 2013, *Services Trade and Gender*, In Brenton P., Gamberoni E., Sear C., (eds), Women and Trade in Africa: Realizing the Potential, Washington DC: The World Bank Group, 97-115.

Costinot A., 2009, On the origins of comparative advantage, *Journal of International Economics*, (77): 255-264.

Dasgupta D., Nabli M.K., Pissarides C., Varoudakis A., 2008, *Making trade work for jobs: international evidence and lessons for MENA*. In Nabli, M.K. (ed.), *Breaking the barriers to higher economic growth: better governance and deeper reforms in the Middle East and North Africa,* Washington DC, World Bank Publications.

Davis D.R., Weinstein D.E., 2003, Market access, economic geography and comparative advantage: an empirical test, *Journal of International Economics,* 59: 1-23.

Dercon S., Golli G., 2014, Agriculture in African development: Theories and Strategies. *American Review of Resource Economics*, (6): 471-492

Dihel N. C., Grover A., 2016, *The Unexplored Potential of Trade in Services in Africa: From Hair Stylists and Teachers to Accountants and Doctors*, The World Bank Group, Washington DC.

Dollar D. Kraay A., 2002, Growth is Good for the Poor, *Journal of Economic Growth*, (7): 195-225.

Engel E., 1857, Of all the empirical regularities observed in economic data, Engel's Law is probably the best established, in H. Houthakker, An International Comparison of Household Patterns, Commemorating the Century of Engel's Law, *Econometrica,* (25): 532-551.

Estrada G., Park P., Ramayand E., 2010, Financial Development and Economic Growth in Developing Asia, *Asian Development Bank Working Papers*, Series Number 233, November.

Enache M., Ghani and D.E., O'Connell S.D., 2016, Structural transformation in Africa: a historical view, *Policy Research Working Paper,* no. WPS 7743, Washington D.C., World Bank Group.

Engerman S. L. and K.L. Sokoloff, 1997, Factor Endowments, Institutions, and Differential Paths of Growth among New World Economies: A View from Economic Historians of the United States, in *How Latin America Fell Behind*, Haber S. (ed.), 260-304, Stanford University Press.

Foellmi R., Zweimüller J., 2008, Structural Change, Engel's Consumption Cycles, and Kaldor's Facts of Economic Growth, *Journal of Monetary Economics*, 55: 1317-1328.

Galor O., Mountford A., 2008, Trading Population for Productivity: Theory and Evidence, *Review of Economic Studies*, 75(4): 1143-1179.

Gelb A., Meyer C. J., Ramachandran V., 2014, Development as diffusion manufacturing productivity and sub-Saharan Africa's missing middle, *Word Institute for development economics research*, working paper 2014/042.

Ghani E., O'Connell S.D., 2014, Can service be a growth escalator in low-income countries? *Policy Research Working Paper* no. WPS 6971, Washington DC, World Bank Group.

Gollin D., Jedwab R., Vollrath D., 2016, Urbanization with and without Industrialization, *Journal of Economic Growth*, 21(1): 35-70.

Hall R., Jones C.I., 1999, Why do some countries produce so much more output per worker than others?, *The Quarterly Journal of Economics*, 114(1): 83-116.

Hausmann R., Hwang J., Rodrik D., 2007, What you export matters, *Journal of Economic Growth* 12(1): 1-25.

Hausmann R., Rodrik D., 2003, Economic development as self-discovery, *Journal of Development Economics,* 72: 603-633.

Helpman H., Itskhoki O., Redding S., 2010, Inequality and Unemployment in a Global Economy, *Econometrica,* 78(4): 1239-1283.

Helpman H., Krugman P., 1985, *Market Structure and Foreign Trade: Increasing Returns, Imperfect Competition, and the International Economy*, MIT Press, Cambridge, MA.

Herrendorf B., Rogerson R., Valentinyi A., 2014, Growth and Structural transformation, in P. Aghion and S.N. Durlauf, (eds), *Handbook of Economic Growth*, Volume 2B, Elsevier.

Ho C.P., 2015, Population growth and structural transformation, *MPRA*, Paper N° 73860.

Hopenhayn H., Rogerson R., 1993, Job Turnover and Policy Evaluation: A General Equilibrium Analysis, *Journal of Political Economy* 101(5): 915-938.

Imbs J., Wacziarg R., 2003, Stages of diversification, *American Economic Review*, 93(1): 63-86.

Javorcik B.S., 2012, Foreign Direct Investment and International Technology Transfer, in *The Evidence and Impact of Financial Globalization*, Caprio G., (ed.), Chapter 15, Elsevier.

Javorcik B.S., 2010, New Kids on the Block: Adjustment of Indigenous Producers to FDI Inflows, in Porto G., and Hoekman B.M.,(eds.), *Trade Adjustment Costs in Developing Countries: Impacts, Determinants and Policy Responses*, World Bank and CEPR.

Kaldor N., 1966, Marginal Productivity and the Macro-Economic Theories of Distribution: Comment on Samuelson and Modigliani, *Review of Economic Studies*, 33(4): 309-319.

Kangning, X.,. Jian W., 2006,. An Empirical Study of a Linkage Between Natural Resource Abundance and Economic Development. *Economic Research Journal*, (1).

Kasahara S., 2004, The flying geese paradigm: A critical study of its application to East Asian regional development, *UNCTAD Discussion Paper*, No. 169.

Kim K., 2015, Demand and Structural change in Adam Smith's view of economic progress, *Cambridge journal of Economics*, 39, 245-264.

Kongsamut P., Rebelo S., Xie D., 2001, Beyond Balanced Growth, *Review of Economic Studies*, 68: 869-882.

Krugman P., 1980, Scale Economies, Product Differentiation, and the Pattern of Trade, *The American Economic Review*, 70(5): 950-959.

Kuznets S., 1971, *Economic growth of nations: total output and production structure*, The Belknap Press of Harvard University Press, Cambridge/MA.

La Porta R., Lopez-de-Silanes F., Shleifer A., Vishny R., 1997, Legal Determinants of External Finance, *The Journal of Finance*, 52(3): 1131-1150.

La Porta R., Lopez-de-Silanes F., Shleifer A., Vishny R., 1998, Law and Finance, *Journal of Political Economy*, 106(6).

Lewis A., 1954, Economic development with unlimited supplies of labor, *Manchester School of Economic and Social Studies*, (28): 139-191.

Leukhina O.M., Turnovsky S.J., 2016, Population Size Effects in the Structural Development of England, *American Economic Journal*: Macroeconomics, 8(3):195-229.

Loungani P., Mishra S., Papageorgiou C., Wang K., 2017, World Trade in Services: Evidence from A New Dataset, *IMF Working Paper* No. 17/77.

MacMillan M., Rodrik D., Verduzco-Gallo I., 2014, Globalization, Structural Change, and Productivity Growth, with an Update on Africa, *World Development*, 63: 11-32.

MacMillan M., Rodrik D., 2011, Globalization, structural change, and productivity growth, *NBER Working Paper* 17143, Cambridge.

Matsuyama K., 1992, Agricultural productivity, comparative advantage, and economic growth, *Journal of Economy Theory*, 58: 317-334.

Matsuyama K., 2009, Structural change in an interdependent world: A global view of manufacturing decline, *Journal of the European Economic Association*, 7(2-3): 478-486.

Mauro P., 1999, The Effects of Corruption on Growth, Investment, and Government Expenditure: A Cross-Country Analysis, in Elliot, *Corruption and the Global Economy*, Washington D.C., Institute for International Economics, 83-107.

Mauro P., 1995, Corruption and Growth, *Quarterly Journal of Economics*, 110(3): 681-712.

Muendler M.A., 2010, Trade Reform, Employment Allocation and Worker Flows, in Porto G. and Hoekman B. M., (eds.), *Trade Adjustment Costs in Developing Countries: Impacts, Determinants and Policy Responses*, The World Bank and Center for Economic Policy Research, 103-141.

Murphy K.M., Shleifer A., Vishny R.V., 1989a, Income Distribution, Market Size, and Industrialization, *Quarterly Journal of Economics*, 104(3): 537-564.

Murphy K. M., Shleifer A., Vishny R.V., 1989b, Industrialization and the Big Push, *Journal of Political Economy*, 97(5): 1003-1026.

Ngai, L., Pissarides C., 2007, Structural change in a multisector model of growth, *American Economic Review*, 97: 429-443.

Rodriguez F., Rodrik D., 2001, Trade policy and economic growth: a sceptic guide to the cross-national evidence, in Bernanke, B. and, Rogoff, K. (Eds.), *NBER Macroeconomics Annual 2000*, volume 15, MIT Press, Cambridge, MA: 261-325.

Rodrik D., 2017, Growth without industrialization? Project Syndicate: The World's Opinion October, 10.

Rodrik D., 2015, Premature Deindustrialization, *Journal of Economic Growth*, 21: 1- 33.

Rodrik D., 2013, Unconditional Convergence in Manufacturing, *Quarterly Journal of Economics*, 128(1): 165-204.

Rodrik D., 2011, The future of economic convergence, *NBER Working Paper*, No. 17400.

Schmiegelow M., 1991, The Asian Newly Industrialized Economies: A Universal Model of Action, *Civilisations*, 40: 133-171.

Subramanian S., 2014, Premature De-industrialization, *The Center for Global development*, 22.

Rostow W.W., 1959, The stages of economic growth, *The Economic History Review*.

Sachs J.D., 2003, Institutions Matter, but Not for Everything: The role of geography and resource endowments in development shouldn't be underestimated, *Finance and Development*, 38-41.

Shepherd B., Keane J., Goel P., 2016, *Connectivity and Global Value Chain Participation: Cost and Capability Considerations*, Commonwealth Trade Hot Topics.

Świecki T., 2017, Determinants of structural change, *Review of Economic Dynamics*, 24: 95-131.

UNIDO, 2009, Breaking In and Moving Up: New Industrial Challenges for the Bottom Billion and the Middle-Income Countries, *Industrial development Report* 2018.

UNIDO, 2018, Demand for manufacturing: Driving inclusive and sustainable industrial development. *Industrial development Report* 2018.

Van Neuss L., 2017, *Economic Development and Structural Change*, Thesis, Management School University of Liege, 2017.

Vries G., Timmer, M. P., Vries K., 2013, Patterns of structural change in developing countries, in J. Weiss and Tribe M., (Eds.), *Routledge Handbook of Industry and Development*, 65-83.

Une note sur le rôle de la demande intérieure et de la demande extérieure dans le processus de désindustrialisation précoce des pays subsahariens

Résumé - Pour certains auteurs (Rodrik, 2015 et 2017), la désindustrialisation est prématurée dans les pays subsahariens. Cela implique que la période d'industrialisation a été relativement courte, avec trop peu de création d'emplois et de croissance pour garantir une trajectoire de développement. Cet article étudie l'impact des différents types de demande (globale/domestique) sur ce processus d'industrialisation. Nous montrons que les pays d'Afrique subsaharienne souffrent d'une industrialisation prématurée plus ancrée dans les mécanismes de demande que dans les mécanismes d'offre.

Mots-Clés

Changement structurel
Désindustrialisation précoce
Demande de services
Afrique subsaharienne

Région et Développement

n° 54-2021

www.regionetdeveloppement.org

Effets des prix relatifs des échanges sur la croissance économique en Afrique subsaharienne

Irifaar SOMÉ*
Windkouni Haoua Eugenie MAIGA**

Résumé - Cet article cherche à évaluer les effets de l'évolution des prix relatifs des échanges sur la croissance économique pour 34 pays d'Afrique subsaharienne sur la période 1993-2018. Pour ce faire, nous avons pris en compte la tendance des termes de l'échange et leur variabilité. Les résultats des estimations économétriques en panel dynamique, notamment à partir du modèle ARDL (AutoRegressive Distributed Lag), montrent qu'une amélioration tendancielle des termes de l'échange exerce un effet favorable sur la croissance économique en comparant de manière générale les pays d'Afrique subsaharienne, alors qu'une grande variabilité agit en sens inverse.

Classification JEL
F43, B22, O10

Mots-clés
Afrique subsaharienne
Prix relatifs des échanges
Termes de l'échange
Croissance économique

Les auteurs remercient les rapporteurs anonymes et la direction de la revue qui ont permis d'améliorer significativement cet article.

* Université Norbert Zongo, Koudougou, Burkina Faso ; irsom74@yahoo.fr
** Université Norbert Zongo, Koudougou, Burkina Faso ; eugeniemaiga@gmail.com

INTRODUCTION

La littérature portant sur le lien entre l'ouverture commerciale et la croissance économique présente des résultats souvent contradictoires. Si certains auteurs admettent que les gains liés à l'ouverture peuvent favoriser la croissance (Grossman et Helpman, 1991 ; Barro et Sala-i-Martin, 1996), d'autres auteurs en revanche stipulent que l'ouverture peut entraîner une spécialisation productive moins favorable à la croissance (Lucas, 1988 ; Rodriguez et Rodrick, 2000). Dans cette relation, les termes de l'échange sont souvent au centre des débats entre économistes orthodoxes et économistes hétérodoxes. Pour les économistes favorables au libre-échange, la libéralisation du commerce entraîne la croissance économique, qui est à son tour liée à une amélioration du niveau de vie (Grossman et Helpman, 1991 ; Aghion et Howitt, 1992). Pour d'autres auteurs cependant, loin de favoriser le développement l'ouverture contribue au contraire à creuser davantage la fracture entre un centre où la croissance est autoentretenue et la périphérie où l'économie est instable et où les prix sont soumis aux aléas de la concurrence. En réalité, l'importance de l'ouverture économique sur la croissance dépend de la nature de la spécialisation et des prix relatifs des échanges (termes de l'échange). L'ouverture commerciale ne profite pas à tous les secteurs économiques (Afef, 1996) et la volatilité des prix des produits de base peut affecter la croissance de nombreux pays en développement (Mendoza, 1995).

La dépendance à l'égard des produits de base des pays d'Afrique subsaharienne (ASS) est souvent associée aux risques de volatilité des termes de l'échange et de vulnérabilité face aux fluctuations de la demande extérieure et peut compromettre leur développement (Nations Unies, 2017). En effet, ces pays sont principalement exportateurs de produits primaires dont les prix subissent des chocs d'amplitudes diverses qui affectent les échanges internationaux et les performances de leurs économies. Dans ce contexte, les prix relatifs tels que les termes de l'échange pourraient contribuer à l'explication de certaines contreperformances économiques en ASS. D'ailleurs, pour certains, le repli de la croissance en ASS est dû au recul des cours des produits de base[1].

L'objectif de cet article est d'évaluer les effets des prix relatifs sur la croissance économique dans les pays de l'ASS. Dans ce travail, nous prenons en compte les termes de l'échange (TDE) qui désignent les prix relatifs des exportations par rapport aux importations. Il s'agira d'évaluer si l'évolution des termes de l'échange et leur variabilité ont affecté la croissance économique des pays de l'ASS. La section 1 donne une revue de la littérature sur la relation entre les prix relatifs des échanges et la croissance économique. La section 2 présente les termes de l'échange et les principaux faits stylisés. La section 3 décrit le modèle économétrique utilisé. La section 4 analyse les résultats.

1. REVUE DE LITTÉRATURE SUR LA RELATION ENTRE LES PRIX RELATIFS DES ÉCHANGES ET LA CROISSANCE ÉCONOMIQUE

Il existe plusieurs travaux empiriques utilisant les termes de l'échange comme prix relatifs et faisant la relation avec la croissance économique mais les conclusions de ces travaux sont divergentes. Cette divergence résulte de l'ambiguïté quant à la relation entre l'ouverture et la croissance économique.

Abessolo (1998) a analysé les déterminants de la croissance économique de 23 pays d'ASS durant la période 1975-1992 en prenant en compte des facteurs internes

[1] Voir le rapport Perspectives économiques en Afrique, produit par la Banque africaine de développement, l'Organisation de coopération et de développement économiques, Programme des Nations Unies pour le développement (BAD, OCDE, PNUD, 2017).

et externes parmi lesquels les termes de l'échange. L'une des principales conclusions est que la détérioration des termes de l'échange est responsable des faibles performances constatées en Afrique subsaharienne. Dans le même sens, Williamson (1997) a effectué une étude sur les chocs des prix relatifs (TDE) et le développement. Ils confirment l'hypothèse de Prebisch (1950) selon laquelle les chocs des prix relatifs entre 1870 et la Première Guerre mondiale ont eu tendance à diminuer les performances de croissance dans certaines zones. Berthelier et al. (2004) trouvent de la même manière que la volatilité des prix des produits exportés perturbe la gestion macroéconomique des pays, décourage les investissements privés et entretient la vulnérabilité des économies africaines. De manière générale, les fluctuations des termes de l'échange ont des répercussions importantes sur les économies en développement (Calvo et Mendoza, 1994 ; Kose, 2002 ; Alberola et al., 2016, Ekodo et Ngomsi, 2017). Les chocs liés aux termes de l'échange sont considérés comme une source importante d'incertitudes dans ces économies qui sont souvent d'importantes productrices et exportatrices de produits de base (Arreaza et Toledo, 2016). Cavalcanti et al. (2012) ont aussi abouti à la conclusion que la volatilité des termes de l'échange influence négativement la croissance économique dans les pays exportateurs de produits de base.

Dans cette même logique, les résultats de Broda (2004) sur la contribution des chocs des termes de l'échange aux fluctuations du PIB réel montrent qu'environ un tiers de la volatilité de la production s'explique par des perturbations des TDE dans les pays ayant un régime de taux de change fixe alors que dans le cadre d'un régime de change flottant, les chocs des termes de l'échange expliquent moins de 10 % de la volatilité de la production.

Les résultats de Andrews et Rees (2009) montrent sur des données de panel de soixante et onze pays en développement que les chocs des termes de l'échange sont une source importante de volatilité de la production et de l'inflation. D'après les auteurs, l'augmentation de la valeur d'un écart type dans la volatilité des termes de l'échange accroît la volatilité de la production de 1,1 point de pourcentage.

La tendance à la baisse du prix relatif des produits primaires provoque une baisse des revenus, aggrave la contrainte de la balance des paiements et contribue à réduire la croissance économique. A contrario, la hausse du prix relatif des exportations permet d'investir dans des technologies de production permettant une amélioration de la productivité, ce qui entraîne une croissance du PIB selon Fosu et Gyapong (2010).

Les résultats établissant un lien positif entre les TDE et la croissance économique sont confirmés par différentes études empiriques (Hoffmaister et Roldos, 1997 ; Kose et Riezman, 2001 ; Fosu, 2001). Ghura et Hadjimihael (1996) ont montré qu'une augmentation de l'indice des termes de l'échange influence positivement la croissance du PIB dans les pays africains au sud du Sahara, alors qu'une détérioration des termes de l'échange affecte négativement la croissance.

Cependant, un certain nombre de travaux restent sceptiques sur une relation positive entre ouverture et croissance économique (Krugman, 1987 ; Lucas, 1988 ; Rodriguez et Rodrick, 2000…). Il s'agit également des auteurs qui trouvent un effet positif faible ou négatif entre les termes de l'échange et la croissance économique. De plus, il est aussi évoqué, comme par exemple Baland et François (2000), l'hypothèse de la « malédiction des ressources naturelles » (ou syndrome hollandais) selon laquelle une amélioration des termes de l'échange liée aux ressources naturelles peut avoir un impact négatif sur la croissance.

Collier et Goderis (2012) pour leur part ont utilisé des modèles de panel à correction d'erreur pour examiner les effets à court et à long terme des prix internationaux des produits de base sur la production par habitant pour montrer qu'une hausse des prix relatifs des matières premières avait un effet positif sur la croissance à court terme et un effet négatif à long terme, particulièrement pour les matières premières non agricoles.

Dans ce même sens, Schmitt-Grohé et Uribe (2015) trouvent sur 38 pays pauvres et émergents qu'en moyenne les chocs des termes de l'échange n'expliquent que 10 % des fluctuations de la production dans les PED. Pour eux, les perturbations des termes de l'échange jouent un rôle bien moins important que celui souvent avancé.

En résumé, il apparaît dans une grande partie de la littérature que les prix relatifs (termes de l'échange) ont une influence sur la croissance économique des pays en développement, avec des résultats qui peuvent être divergents. Cette relation mérite donc d'être examinée et évaluée de manière précise dans le cas des pays d'ASS.

2. ÉVALUATION DES TERMES DE L'ÉCHANGE ET FAITS STYLISÉS

Nous donnons une définition des termes de l'échange et des indicateurs de mesure avant de présenter les faits stylisés.

2.1. Définition et mesure des termes de l'échange

Les termes de l'échange peuvent être définis comme les prix qu'un producteur doit payer et ceux qu'il obtient pour ses produits. Ainsi une amélioration des TDE signifie que le prix de vente du producteur a plus augmenté (ou moins diminué) que le prix des articles qu'il achète si bien que la situation lui est favorable. On peut estimer les TDE par le rapport de l'indice des prix à l'exportation et l'indice des prix à l'importation. De ce fait, une amélioration (détérioration) des TDE s'interprète comme une appréciation (perte) de pouvoir d'achat sur les marchés internationaux.

Les études historiques portant sur les termes de l'échange étaient axées sur la mesure directe des prix des importations et des exportations. Les bénéfices que tire une économie de l'échange dépendent en fin de compte non seulement des prix relatifs, mais aussi des quantités, puisque les variations des prix des exportations peuvent être associées à une baisse de la demande. Selon la méthode de calcul, trois types d'indicateurs sont généralement construits : les termes d'échange net, les termes d'échange revenu et les termes d'échange factoriels simples et doubles.

- les termes de l'échange nets[1]. C'est le rapport de l'indice des prix des exportations P_X d'un pays à l'indice des prix de ses importations P_M (multiplié par 100 pour avoir une expression en pourcentage) :

$$\text{Tn} = \frac{\text{Indice des prix des exportations}}{\text{Indice des prix des importations}} = \frac{Px}{Pm}$$

L'évolution est favorable si T_n augmente, car cela traduit la valorisation des exportations par rapport aux importations. C'est cet indicateur que nous utilisons dans cet article. Cet indicateur, en tenant compte des prix, permet de mettre en lumière le pouvoir d'achat d'un pays par rapport à ses exportations et importations (Gendron, 2007).

- Les termes de l'échange revenu : Il permet de mesurer le pouvoir d'achat des exportations ou encore la capacité d'importation générée par les exportations ou encore la capacité d'importation générée par les exportations.

- Les termes de l'échange factoriels simples mesurent la capacité d'importation par unité de travail national alors que les termes de l'échange factoriels doubles permettent la comparaison des quantités de travail contenues dans les exportations et les importations.

[1] On peut également calculer des termes de l'échange bruts qui se présentent comme le rapport des quantités exportées aux quantités importées. Ils impliquent une permanence dans la structure des échanges et une balance commerciale équilibrée.

2.2. Les faits stylisés

Les pays d'ASS sont caractérisés par des structures de production spécialisées dans l'exportation de matières premières dont les prix font preuve de fluctuation qui n'est pas sans conséquence en termes macroéconomiques. Ces pays sont hétérogènes dans la nature des produits primaires exportés. Certains sont principalement exportateurs de pétrole et minerais alors que d'autres exportent essentiellement les matières premières agricoles.

Parmi les principaux pays producteurs de combustibles en Afrique subsaharienne, on peut citer le Congo-Brazzaville, le Cameroun, le Gabon, la Guinée équatoriale, le Nigeria et Soudan. Les pays exportateurs de pétrole constituent un segment particulièrement important des pays en développement. Or, les prix réels du pétrole sont extrêmement volatiles. Pour les pays d'Afrique de l'Ouest (Burkina Faso, Côte d'Ivoire, Ghana, Guinée, Libéria, Mali, Mauritanie, Niger et Sénégal), l'or et les produits agricoles sont les principaux produits d'exportation.

En ce qui concerne la croissance en ASS, elle connait de fortes fluctuations avec une baisse dans la dernière décennie. Elle est passée de plus de 5% en 2010 à environ 2,8% en 2015. On peut constater une légère reprise de la croissance économique en ASS depuis (elle a atteint 2,38% en 2018 comparativement à 1,23% en 2016), et couplée de manière générale à une progression des termes de l'échange pour la plupart des pays exportateurs de matières premières.

La hausse des cours des matières premières a fait bénéficier les pays riches en ressources de termes de l'échange plus favorables, ce qui leur a permis d'afficher une croissance moyenne supérieure à 5 % par an dans les années 2000. Cependant, avec la chute des cours des matières premières entre 2012 et 2016, les pays riches en ressources ont vu leurs recettes fondre et leur croissance en a été affectée (Banque mondiale, 2018). Par exemple pour l'Angola, la République du Congo, le Gabon et la Guinée équatoriale, la détérioration cumulée des termes de l'échange des produits de base depuis 2011 s'est conjuguée avec une baisse de revenu entre 25 et 45 points de pourcentage du PIB alors que l'amélioration substantielle des termes de l'échange des produits de base observée pendant la première décennie des années 2000 est allée de pair avec une hausse de la croissance pour les pays exportateurs de pétrole (FMI, 2016).

3. LE MODÈLE EMPIRIQUE SUR LE LIEN ENTRE LES PRIX RELATIFS DES ÉCHANGES ET LA CROISSANCE ÉCONOMIQUE

Nous présentons le modèle économétrique et sa spécification, puis la méthode d'estimation.

3.1. Spécification du modèle

Pour faire un lien direct entre les prix relatifs et la croissance économique en ASS, à l'instar de Akilou (2006), Dedewanou (2015), Ekodo et Ngomsi (2017), nous partons du cadre d'analyse d'un modèle de croissance néoclassique :

$$Y = f(L, K, KH) \tag{1}$$

où Y représente la production, le facteur L est mesuré par la population active et le facteur K est approximé par la valeur de la formation brute du capital fixe. Nous introduisons dans le modèle de croissance la valeur retardée de la variable dépendante pour tenir compte de la dynamique de croissance du PIB, la tendance des prix relatifs des échanges et leur fluctuation. Ainsi, le modèle est spécifié de la manière suivante :

$$PIB_t = f(PIB_{t-1}, FBCF_t, POP_t, TDE_t, VARTDE, INF_t, TBSS_t, DF_t) \tag{2}$$

où PIB représente le produit intérieur brut en termes réels, POP la population de 15 à 64 ans, FBCF l'investissement en capital physique, TBSS le capital humain en matière de formation et de santé, TDE les termes de l'échange (prix des exportations/prix des importations), INF l'inflation, DF le développement financier et $VARTDE$ réprésente l'indicateur de la variabilité des prix relatifs mesuré par l'écart-type des TDE.

Lorsque nous considérons les données en panel et le logarithme (l) des variables, nous pouvons dériver deux modèles selon que l'on considère la tendance ou la variabilité comme variable explicative (Ekodo et Ngomsi, 2017) :

$$\textit{Pour la tendance} : lPIB_{i,t} = \beta lPIB_{it-1} + \alpha_1 lFBCF_{it} + \alpha_2 lPOP_{it} + \alpha_3 TDE_{it} + \alpha_4 INF_{it} + \alpha_5 TBSS_{it} + \alpha_6 DF_{it} + \eta_i + \xi_t + \mu_{i,t} \quad (3)$$

$$\textit{Pour la variabilité} : lPIB_{i,t} = \beta lPIB_{it-1} + \alpha_1 lFBCF_{it} + \alpha_2 lPOP_{it} + \alpha_3 VARTDE_{it} + \alpha_4 INF_{it} + \alpha_5 TBSS_{it} + \alpha_6 DF_{it} + \eta_i + \xi_t + \mu_{i,t} \quad (4)$$

i et t représentent respectivement le pays et le temps, η_i représente l'effet spécifique pays qui permettent de capter l'effet des facteurs non observés propres à chaque pays et qui agissent aussi la croissance (notamment les dotations en ressources, le climat, les différences technologiques, les facteurs institutionnels…) et ξ_t est l'effet spécifique temporel, qui permet de capter les chocs temporels qui affectent le niveau de l'output et $\mu_{i,t}$ les termes de l'erreur. β, α_1, α_2, α_3 , α_4, α_5, α_6 sont les paramètres à estimer. β mesure d'une certaine manière la convergence des économies, s'il est négatif et significatif l'hypothèse de la convergence est vérifiée et est non vérifiée dans les autres cas (Ekodo et Ngomsi, 2017). Un effet positif sur la croissance économique est attendu pour *FBCF, POP, TBSS, DF* et *TDE*.

Une variable fréquemment rencontrée dans la littérature est le taux de change réel (TCR) qui est aussi perçu comme un prix relatif tout comme les termes de l'échange. Le taux de change réel est souvent interprété dans la littérature comme étant le prix relatif (interne) des biens non échangeables par rapport aux biens échangeables (Balassa, 1964). De plus, les termes de l'échange sont utilisés dans la littérature comme un des fondamentaux du TCR. Étant donné que notre variable d'intérêt est les prix relatifs externes (TDE), nous n'avons plus pris en compte le TCR pour éviter les problèmes de multicolinéarité.

3.2. Source des données et statistiques descriptives des variables

Les données utilisées sont extraites de la base de données de la Banque mondiale (World Development Indicators, 2019). Elles concernent 34 pays d'ASS (annexe 3) sur la période allant de 1993 à 2018. Le choix de la période et du nombre de pays a été guidé par la disponibilité des données.

Tableau 1 : statistiques descriptives

Variable	*Moyenne*	*Écart type*	*Min*	*Max*
PIB	3,89e+10	8,16e+10	5,19e+08	4,69e+11
FBCF	8,59e+09	1,67e+10	3758227	8,67e+10
POP	1,15e+07	1,56e+07	539636	1,05e+08
TDE	116,39	36,42	21,39	290,93
INF	45,76	706,30	-19,69107	167,86
TBSS	38,85	23,49	5,29104	109,44
DF	19,84	17,89	0,449183	106,26

Source : Auteur, à partir des données de la Banque mondiale.

Le tableau 1 présente les statistiques descriptives pour chacune des variables retenues. Les calculs ont été réalisés en se basant sur l'échantillon global. Pour les prix relatifs (TDE), les statistiques descriptives montrent que les valeurs de l'indice varient entre 21,39 et 290,93. La moyenne de l'indice des termes de l'échange se situe à 116,39 avec un écart-type de 36,42, ce qui implique une volatilité relativement élevée. Les statistiques descriptives soulignent aussi que le PIB a une moyenne et un écart-type assez élevés.

3.3. Spécification et procédure d'estimation

Nous utilisons la technique d'estimation de panel dynamique, en particulier les modèles ARDL (AutoRegressive Distributed Lag) de Chudik et Pesaran (2015). Ces modèles permettent d'analyser aussi bien la relation de court terme que celle de long terme entre prix relatifs des échanges et la croissance économique.

Dans les modèles autorégressifs à retards échelonnés ou distribués, on trouve, parmi les variables explicatives (X_t), la variable dépendante décalée (Y_{t-P}) et les valeurs passées de la variable indépendante (X_{t-q}). Il existe plusieurs spécifications des modèles dynamiques : les modèles autorégressifs (AR), les modèles à retards échelonnés ou distributed lag (DL) et les modèles autorégressifs à retards échelonnés (ARDL) qui intègrent les caractéristiques des modèles AR et DL. Ces différents modèles peuvent se présenter comme suit :

$$AR : Y_t = f(X_t, Y_{t-p}) \tag{5}$$

$$DL : Y_t = f(X_t, X_{t-q}) \tag{6}$$

$$ARDL : Y_t = f(X_t, Y_{t-p}, X_{t-q}) \tag{7}$$

La forme explicite du modèle ARDL est la suivante :

$$Y_t = \emptyset + \sum_{i=1}^{p} \alpha_i Y_{t-i} + \sum_{j=0}^{q} b_j X_{t-j} + \varepsilon_t \tag{8}$$

La spécification en panel donne la forme suivante :

$$Y_{it} = \emptyset + \sum_{i=1}^{p} \alpha_{ij} Y_{i,t-i} + \sum_{j=0}^{q} b_j X_{i,t-j} + \mu_i + \varepsilon_{it} \tag{9}$$

où $X_{i,t}$ est une matrice des variables explicatives, μ_i représente les effets fixes individuels, α_{ij} sont des coefficients affectés aux variables dépendantes retardées et b_{ij} est une matrice de scalaires, i et t représentent respectivement le pays et le temps, μ_i représente l'effet spécifique pays et ε_{it} les termes d'erreur.

La spécification suivante permet le paramétrage de l'équation de long terme :

$$\Delta Y_{it} = \phi i Y_{i,t-1} + \beta_i' X_{it} + \sum_{j=1}^{P-1} \lambda_{ij}^{*} \Delta Y_{i,t-j} + \sum_{j=0}^{q-1} \delta_{ij}^{*\prime} \Delta X_{i,t-j} + \mu_i + \varepsilon_{it} \tag{10}$$

Plusieurs méthodes d'estimation peuvent être utilisées avec le modèle ARDL : PMG (Pooled Mean Group), MG (Mean Group) et DFE (Dynamic Fixed Effects model), CS-ARDL (cross-sectionally augmented distributed lag) et CS-DL (cross-sectionally distributed lag). Nous privilégions les estimateurs MG et PMG. L'avantage de ces méthodes d'estimation par rapport aux méthodes classiques (effets fixes ou moments généralisés) est d'introduire une hétérogénéité dans les coefficients à estimer.

4. RÉSULTATS ET INTERPRÉTATION

Cette section présente les résultats empiriques des estimations et les interprétations. Mais avant, il convient d'effectuer des tests préliminaires.

4.1. Tests préliminaires

Nous faisons ici les tests de stationnarité, d'homogénéité, de cointégration et de multicolinéarité.

Test de stationnarité

Nous utilisons les tests sur données de panel tels que le test de p-value combinée ou test de Fisher (Maddala et Wu, 1999 ; Choi, 2001) et le test de Im, Pesaran et Shin (2003) (IPS) fréquemment utilisé lorsque la dimension temporelle est limitée. L'hypothèse nulle est l'existence de racine unitaire. Les résultats des deux tests sont similaires (annexe 1). Ils révèlent que toutes les variables ne sont pas stationnaires en niveau. À travers les résultats des tests de racine unitaire (annexe 1), on remarque qu'au seuil de 5%, seules les variables lPOP, VARTDE et DF sont stationnaires en niveau donc intégrées d'ordre 0 (I(0)) pour les deux tests. Les autres variables sont stationnaires en différence première, ces variables sont intégrées d'ordre 1 (I(1)).

Test d'homogénéité global

En considérant un échantillon de données de panel, la première étape à établir est de vérifier la spécification homogène ou hétérogène du processus générateur de données.

Tableau 2 : Résultats du test d'homogénéité global

Statistique F	*p-value*	*Décision*
F1 = 180,654	PvalF1 = 0,000	Acceptation de panel
F2 = 0,22	PvalF2 = 9,15	Rejet de l'estimation pays par pays
F3 = 220.37567	PvalF3 = 0,0000	Confirmation de la structure panel

Source : Auteur, à partir des données de la Banque mondiale.

Le test d'homogénéité global de Fisher permet de rejeter l'hypothèse nulle d'homogénéité globale. Ce qui conforte l'utilisation des modèles ARDL qui prennent en compte les hétérogénéités individuelles (MG, PMG).

Test de cointégration

Nous testons maintenant l'existence d'une relation de cointégration entre les variables. Nous utilisons le test de Johansen-Fisher généralement utilisé et qui permet d'identifier clairement la relation entre les variables et de rechercher un vecteur de cointégration. Les résultats du test de cointégration (annexe 2) montrent qu'il existe au moins une relation de cointégration entre les variables. En effet, toutes les statistiques sont en faveur de la cointégration au seuil de 5%. À partir de ces résultats, nous pouvons conclure à la cointégration des données et à l'existence d'une relation de long terme.

Test de multicolinéarité

Étant donné que certaines variables explicatives sont corrélées, nous effectuons le test VIF (variance inflation factor) qui permet de détecter les problèmes de multicolinéarité. Sur la base de la statistique VIF et son inverse (1/VIF), il apparaît que toutes les statistiques sont supérieures à 0,1. Nous pouvons donc conclure à une absence de problème de multicolinéarité dans les estimations.

Tableau 3 : résultat du test de multicolinéarité

Variable	*VIF*	*1/VIF*
lFBCF	2.48	0.4031
TBSS	1.81	0.5515
lPOP	1.71	0.5833
lDF	1.43	0.6995
lTDE	1.08	0.9248
INF	1.03	0.9750
Mean VIF	1.59	

Source : Auteur, à partir des données de la Banque mondiale.

4.2. Présentation et interprétation des résultats d'estimation de long terme

Les résultats des estimations sont présentés dans le tableau 4.

Dans l'estimation de la relation de long terme, il convient d'utiliser le test de Hausman pour confirmer le choix de l'estimateur MG ou PMG.

Sous l'hypothèse nulle, l'estimateur PMG est efficient. Sous l'autre alternative, l'estimateur MG est efficient. Les résultats des tests montrent que Prob > chibar2 >5% pour les deux équations, ce qui indique que l'hypothèse d'homogénéité des coefficients à long terme ne peut être rejetée. L'estimateur PMG est donc plus robuste pour expliquer la relation de long terme entre les prix relatifs et la croissance économique. Nous interprétons donc les résultats de l'estimateur PMG.

Le paramètre d'ajustement se révèle négatif et significatif. Le coefficient moyen estimé associé au terme de correction d'erreurs est négatif (-0,16) et significatif au seuil de 5%. Ce qui confirme l'existence d'une relation d'équilibre de long terme entre notamment les termes de l'échange et la croissance économique dans l'ensemble des pays. Cette valeur indique la vitesse à laquelle les déséquilibres entre les niveaux désiré et effectif de la croissance se résorbent.

Tableau 4 : Résultats de l'estimation à long terme pour l'ensemble des pays par les MG et PMG

Tendance des prix relatifs sur la croissance			*Variabilité des prix relatifs sur la croissance*		
Variable dépendante : lPIB			*Variable dépendante : lPIB*		
Variables	PMG	MG	Variables	PMG	MG
$lPIB_{t-1}$	-0,16*** (-5,70)	-0,59*** (-9,01)	lPIBt-1	-0,16*** (-5,85)	-0,40*** (-8,05)
lFBCF	0,15*** (13,87)	1,42*** (2,71)	lFBCF	0,167*** (9,73)	0,44*** (3,70)
lPOP	1,39*** (24,63)	0,15* (1,67)	lPOP	0,29*** (5,89)	0,30** (2,15)
TDE	0,21*** (8,55)	0,23** (2,06)	VARTDE	-0,023*** (-4,17)	-0,44*** (-5,26)
INF	-0,012 (-0,73)	-0,4*** (-4,29)	INF	-0,0006 (-1,05)	-0,12 (-1,41)
TBSS	0,038*** (2,71)	-0,27 (0,96)	TBSS	0,24*** (3,01)	0,02 (0,27)
lDF	0,003*** (5,26)	0,052 (0,85)	lDF	0,040** (2,58)	0,001 (1,49)
Tests de Hausman					
chi2(7) = 0,36 Prob > chibar2 = 0,83			chi2(6) = 2,74 Prob > chibar2 = 0,84		

****, ** et * indiquent la significativité au seuil respectif de 1%, 5% et 10% ; (...) représente les t-statistics. Source : Auteur, à partir des données de la Banque mondiale.*

Les résultats de l'estimation montrent qu'il existe une relation positive et significative entre la tendance des prix relatifs (TDE) et la croissance économique des pays de l'Afrique subsaharienne au seuil de 5%. Une amélioration des termes de l'échange est favorable à la croissance et inversement. Ainsi lorsque les termes de l'échange s'améliorent d'un point, la croissance du PIB répond avec une augmentation de 0,21 point de pourcentage. Ainsi, en cohérence avec la littérature, lorsque les termes de l'échange augmentent significativement, toute chose égale par ailleurs, les exportations peuvent être échangées pour une plus grande quantité d'importations, ce qui aura pour effet d'augmenter le revenu réel et de stimuler la demande intérieure, ce qui favorise la croissance.

Mais il existe aussi une relation inverse entre la variabilité des termes de l'échange (VARTDE) et la croissance économique (PIB). Le coefficient estimé de la variabilité des termes de l'échange est négatif et statistiquement significatif au seuil de 5%. La fluctuation des cours des produits de base entraîne de fortes variations des termes de l'échange pour les économies exportatrices de produits primaires. Lorsque l'écart type des TDE varie d'un point, la croissance se réduit de 0,023 point de pourcentage. En conséquence la volatilité des TDE constitue un obstacle à la croissance en ASS.

Concernant les variables de contrôle, elles sont toutes significatives sauf l'inflation et les signes des coefficients sont conformes aux prédictions théoriques. Ainsi, il ressort des résultats que l'investissement, la population active, le capital humain et le développement financier ont une influence positive et significative (au seuil de 5%) sur la croissance économique en ASS.

Tableau 5 : Résultats des coefficients de court terme

Tendance des prix relatifs et croissance			*Variabilité des prix relatifs et croissance*		
Variable dépendante : lPIB			*Variable dépendante : lPIB*		
Variables	*PMG*	*MG*	*Variables*	*PMG*	*MG*
lFBCF	0,038*** (2,69)	0,019 (1,39)	lFBCF	0,011 (0,73)	0,064*** (4,06)
lPOP	0,67 (0,71)	0,63 (0,72)	lPOP	0,85 (0,80)	0,98 (0,79)
TDE	0,022 (0,70)	0,018 (0,61)	VARTDE	-0,017 (-1,37)	-0,027* (-1,83)
INF	-0,029** (-2,03)	-0,003 (-1,22)	INF	-0,0004* (-1,90)	-0,0002 (-0,61)
TBSS	-0,003 (0,57)	-0,005 (-0,72)	TBSS	-0,005 (-0,77)	-0,012 (-0,92)
lDF	-0,0004* (1,85)	-0,021 (-1,52)	lDF	0,64*** (4,07)	0,008 (0,62)
Tests de Hausman					
chi2(7) = 1,60 Prob > chibar2 = 0,75			chi2(6) = 1,80 Prob > chibar2 = 0,92		

****, ** et * indiquent la significativité au seuil respectif de 1%, 5% et 10% ; et (...) les t- statistics.*
Source : Auteur à partir des données de la Banque mondiale.

4.3. Les résultats de court terme

Les résultats de court terme sont assez différents concernant l'influence des prix relatifs sur la croissance économique en considérant l'ensemble des pays (Tableau 5). Ainsi, à court terme l'effet des termes de l'échange sur la croissance est non significatif même au seuil de 10%. Il en va de même de VARTDE qui a un effet non significatif sur la croissance avec l'estimateur PMG. Les résultats apparaissent aussi plus mitigés à court terme pour les variables de contrôle où seuls l'investissement

(FBCF), avec un signe positif, le développement financier (DF) et l'inflation (INF), avec un signe négatif, paraissent exercer un effet significatif sur la croissance du PIB. L'inflation (toujours avec un effet inverse) et le développement financier (avec un effet positif ici) jouent significativement sur la croissance à court terme lorsqu'on considère la variabilité des termes de l'échange.

4.4. Analyse des spécificités des pays

Nous présentons ici les spécificités des 34 pays d'ASS en nous focalisant sur le coefficient des termes d'échange ainsi que celui de leur variabilité. Le tableau 6 reproduit les résultats des différents pays.

Tableau 6 : Résultats par pays

	Tendance des prix relatifs	*Variabilité des prix relatifs*		*Tendance des prix relatifs*	*Variabilité des prix relatifs*
Bénin	*0,16** (2,13)*	*-0,001* (-1,83)*	Mali	*0,012 (0,45)*	*0,0011 (0,69)*
Botswana	*-0,09*** (-2,80)*	*-0,0002** (-2,34)*	Mauritanie	*0,28** (2,36)*	*-0,010 (-0,34)*
Burkina Faso	*0,17*** (4,90)*	*-0,003** (-2,07)*	Maurice	*0,17*** (5,35)*	*0,0011 (0,59)*
Burundi	*-0,01 (-0,26)*	*-0,006*** (-3,49)*	Mozambique	*0,014 (0,19)*	*0,003 (1,00)*
Cameroun	*0,13 (1,60)*	*0,002 (1,52)*	Niger	*0,78** (2,35)*	*-0,002 (-1,41)*
République centrafricaine	*-0,09*** (-3,92)*	*-0,00002 (-0,04)*	Nigeria	*0,15 (1,08)*	*-0,19*** (-3,59)*
Tchad	*-0,12 (-0,70)*	*-0,01 (-0,26)*	Rwanda	*0,14*** (3,90)*	*-0,005 (-0,10)*
RDC	*0,22** (2,25)*	*0,018 (1,56)*	Sénégal	*0,20* (1,91)*	*-1,33*** (-2,82)*
Congo	*-0,30*** (-2,68)*	*-0,31*** (-3,46)*	Sierra Leone	*-0,03 (-0,66)*	*-0,0008 (-0,08)*
Côte d'Ivoire	*0,17*** (3,29)*	*-0,001 (-0,67)*	Somalie	*0,04 (1,06)*	*0,0011 (1,35)*
Gabon	*0,39** (2,34)*	*0,002 (0,92)*	Afrique du Sud	*0,15*** (3,67)*	*-0,12* (-1,67)*
Gambie	*0,06 (1,06)*	*-0,0001 (-0,15)*	Soudan	*-0,07 (-0,90)*	*-0,004*** (-4,56)*
Ghana	*0,44*** (6,63)*	*-0,13** (-2,53)*	Tanzanie	*0,20 *** (3,15)*	*-0,0003 (-0,59)*
Kenya	*0,06 (0,32)*	*-0,0005 (-0,57)*	Togo	*0,018 (0,79)*	*-0,0019 (-0,48)*
Lesotho	*0,15*** (6,80)*	*-0,009 (-0,26)*	Ouganda	*-0,10*** (-3,99)*	*-0,092*** (-3,46)*
Madagascar	*0,51*** (3,53)*	*0,0019 (1,03)*	Zambie	*0,52*** (6,46)*	*-0,28 (-1,06)*
Malawi	*0,13 (0,97)*	*0,011 (0,49)*	Zimbabwe	*0,07 (0,39)*	*-2,39** (-2,42)*

****, ** et * indiquent la significativité au seuil respectif de 1%, 5% et 10% ; (...) représente les t-statistics. Source : Auteur, à partir des données de la Banque mondiale.*

On peut distinguer trois groupes de pays sur la base de la tendance des TDE. Le groupe de pays pour lequel les TDE agissent positivement et significativement sur la croissance au seuil de 5% est constitué de 15 pays : le Bénin, le Burkina Faso, la République Démocratique du Congo, la Côte d'Ivoire, le Gabon, le Ghana, le Lesotho, Madagascar, la Mauritanie, l'île Maurice, le Niger, le Rwanda, l'Afrique du Sud, la Tanzanie et la Zambie. Un groupe de pays qui présente des coefficients des TDE négatifs et significatifs : le Botswana, la République centrafricaine, le Congo et l'Ouganda. Pour le reste des pays, le coefficient associé au TDE n'est pas statistiquement significatif, même si dans la plupart des cas le coefficient est positif.

Quant à la variabilité des prix relatifs, dix pays se distinguent dont l'instabilité des TDE agit négativement et significativement sur la croissance : le Botswana, le Burkina Faso, le Burundi, le Congo, le Ghana, le Nigeria, le Sénégal, le Soudan, l'Ouganda et le Zimbabwe. Pour les autres pays, la variabilité des TDE n'a pas d'effets significatifs sur la croissance.

CONCLUSION

À travers cet article, nous avons analysé les effets des prix relatifs des échanges (termes de l'échange) sur la croissance économique de 34 pays en Afrique subsaharienne sur la période 1993-2018. Les estimations ont été conduites à l'aide des modèles ARDL de Chudik et Pesaran (2015) notamment avec les estimateurs PMG et MG. Nous avons évalué l'effet de la tendance et l'effet de la variabilité des prix relatifs sur la croissance économique. Les résultats montrent que, de manière générale, l'amélioration (la détérioration) des termes de l'échange influe favorablement (défavorablement) sur la croissance économique et qu'une forte variabilité des prix relatifs n'est pas favorable à la croissance en Afrique subsaharienne, mais avec des spécificités selon chacun des pays. Par conséquent, la demande extérieure peut favoriser la croissance dans le cas où les pays se spécialisent dans les secteurs où les prix relatifs s'améliorent avec de faibles fluctuations, à l'inverse l'effet positif de l'ouverture sur la croissance peut être réduit par les variations des prix relatifs. Les prix relatifs des échanges peuvent ainsi expliquer en partie la croissance différentielle des économies, en parallèle de l'évolution de leurs spécialisations.

Compte tenu de la diversité apparente des pays d'ASS en la matière, cette étude mériterait d'être prolongée en prenant en compte les caractéristiques des pays sur les plans productif et institutionnel et l'évolution de leur ouverture et de leurs spécialisations économiques.

RÉFÉRENCES

Abessolo, Y. (1998). Les déterminants de la croissance économique en Afrique subsaharienne : une analyse empirique. Documents de travail 29, CED, Université Montesquieu Bordeaux IV.

Afef, B. (1996). Le débat sur les effets sociaux du libre-échange. Montréal, UQAM, GRIC, Cahier de recherche 96-7.

Akilou A. (2006), Libéralisation commerciale et croissance économique dans les pays de l'UEMOA. Journées scientifiques de Paris, 6 et 7 septembre (non publié).

Alberola-Ila, E., Gondo, R., Lombardi M.J., Urbina, D. (2016). Output Gaps and Policy Stabilization in Latin America. The Effects of Commodity and Capital Flows Cycles. BIS, Working Paper 568.

Andrews, D., Rees, D. (2009). Macroeconomic Volatility and Terms of Trade Shocks. Reserve Bank of Australia, Research Discussion Paper 05.

Arreaza, A., Toledo, M.E. (2016). Termes de l'échange et dynamique macroéconomique en Amérique latine. *Revue d'économie financière*, 4(124), 45-59.

Baland, J.M., François, P. (2000). Rent-seeking and resource booms. *Journal of Development Economics*, 61, 527–542.

Balassa, B. (1964). The Purchasing-Power Parity Doctrine: A Reappraisal. *Journal of Political Economy*, 72, 584-596.

Barro, R., Sala-i-Martin, X. (1996). *La croissance économique*. Ediscience international.

Berthelier, P., Lipchitz, A., Oulmane N. (2004). Quelles solutions pour dynamiser l'agriculture africaine ? Analyses économiques, MINEFI 25.

Bleaney, M., Greenaway, D. (2001). The impact of terms of trade and real exchange rate volatility on investment and growth in sub-Saharan Africa. *Journal of Development Economics*, 65(2), 491-500.

Broda, C. (2004). Terms of Trade and Exchange Rate Regimes in Developing Countries. *Journal of International Economics*, 63(1), 31-58.

Calvo, G., Mendoza, E. (1994). Trade Reforms and Uncertain Duration and Real Uncertainty : a First Approximation. IMF Staff Papers, 41(4).

Cavalcanti, T.V., Mohaddes, K., Raissi, M. (2015). Commodity price volatility and the sources of growth. *Journal of Applied Econometrics*, 30(6), 857-873.

Chudik, A., Pesaran, M.H. (2015). Common correlated effects estimation ofheterogeneous dynamic panel data models with weakly exogenous regressors. *Journal of Econometrics*, 393–420.

Collier P., Goderisb B. (2012). Commodity prices and growth: An empirical investigation. *European Economic Review*, 56(6), 1241-1260.

Dedewanou, F.A. (2015). Analyse comparative des déterminants de la croissance des pays de l'UEMOA et des pays à forte croissance. *Revue d'analyse des politiques économiques et financières*, 1(1), 41-68.

Easterly, W., Kremer, M., Pritchett, L. (1993). Good policy or Good Luck? Country Growth performance and temporary shocks. *Journal of Monetary Economics*, 32(3), 459-484.

Ekodo, R., Ngomsi, A. (2017). Ouverture commerciale et croissance économique en zone CEMAC. *Journal of Economics and Development Studies*, 5(3), 58-67.

Fosu, A.K. (2001). The Global Setting and African Economic Growth. *Journal of African Economies*, 10(3), 282-310.

Fosu, A.K., Gyapong, A. (2010). Termes de l'échange et croissance des économies basées sur les ressources naturelles : deux pays, deux histoires. Institut du FMI, Alger.

Gendron, C. (2007). *Vous avez dit développement durable ?*. Presses internationales Polytechnique, Montréal.

Ghura, D., Grennes, T.J. (1993). The real exchange rate and macroeconomic performance in sub-saharan africa. *Journal of Development Economics*, 42(1), 155-174.

Grossman, G.M., Helpman, E. (1991). *Innovation and growth in the global economy*. Cambridge, Massachusetts, MIT Press.

Hoffmaister, A.W., Roldos, J.E. (1997). Are Business Cycles Different in Asia and Latin America ? International Monetary Fund, Working Paper 97.

Im, K.S., Pesaran, M., Shin, Y. (2003). Testing for unit roots in heterogeneous panels. *Journal of Econometrics*, 115, 1, 53-74.

Kose, M.A. (2002). Explaining Business Cycles in Small Open Economies. How Much Do World Prices Matter ? *Journal of International Economics*, 56(2), 299-327.

Lucas, R,E. (1988). On the Mechanics of Economic Development. *Journal of Monetary Economics*. 22, 3-42.

Mendoza, E. (1995). The Terms of Trade, the Real Exchange Rate and Economic Fluctuations. *International Economic Review*, 36(1), 101-137.

Pesaran, M.H., Shin, Y., Smith, R.P. (1999). Pooled mean group estimation of dynamic heterogeneous panels. *Journal of the American Statistical Association*, 94, 621-634.

PNUD, BAD, OCDE (2017). Perspectives économiques en Afrique.

Prebisch, R. (1960). *The economic development of Latin America and its principle problem*. New York.

Rodriguez, F., Rodrick, D. (2000). Trade Policy and Economic Growth: A Skeptic's Guide to the Cross-National Evidence. National Bureau of Economic Research, 15 , 261-338.

Schmitt-Grohé, S., Uribe, M. (2018). How Important are Terms-Of-Trade Shocks? *International Economic Review*, 59(1), 85-111.

Van der Ploeg, F., Poelhekke, S. (2009). Volatility and the natural resource curse. *Oxford Economic Papers*, 61(4), 727-760.

Williamson, J.G. (1997). Globalization and inequality, past and present. *The World Bank Research Observer*, 12(2), 117-135 .

ANNEXES

Annexe 1 : test de stationnarité

Test de Fisher						
	En niveau			En différence première		
Variables	stat	proba	résultats	stat	proba	résultats
lPIBH	4,518	1,0000	Non stationnaire	-20,572	0,0000	stationnaire
lFBCF	1,981	0,9762	Non stationnaire	-24,320	0,0000	stationnaire
lPOP	-10,65	0,0000	stationnaire	-	-	-
VARTDE	-25,365	0,0000	stationnaire	-	-	-
TDE	-0,790	0,2147	Non stationnaire	-24,307	0,0000	stationnaire
TBSS	0,547	0,7080	Non stationnaire	-26,646	0,0000	stationnaire
lExport	2,567	0,9949	Non stationnaire	-21,81	0,0000	stationnaire
DF	-23,23	0,2418	stationnaire	-	-	-

Test d'Im, Pesaran et Shin						
	En niveau			En différence première		
Variables	stat	proba	résultats	stat	proba	résultats
lPIBH	5,1726	1,0000	Non stationnaire	-13,314	0,0000	stationnaire
lFBCF	2,0956	0,9819	Non stationnaire	-15,041	0,0000	stationnaire
lPOP	5,6205	1,0000	Non stationnaire	-2,4562	0,0070	stationnaire
VARTDE	-3,2033	0,0007	stationnaire	-	-	-
TDE	-0,7843	0,2164	Non stationnaire	-15,326	0,0000	stationnaire
TBSS	2,4108	0,9920	Non stationnaire	-15,691	0,0000	stationnaire
lExport	3,0493	0,9989	Non stationnaire	-13,754	0,0000	stationnaire
DF	-0,3717	0,3551	Non stationnaire	-16,615	0,0000	stationnaire

Annexe 2 : test de cointégration en panel de Johansen-Fisher

Hypothesized	Fisher Stat.		Fisher Stat.	
No. of CE(s)	(from trace test)	Prob.	(from max-eigen test)	Prob.
None	37.43	0.9581	37.43	0.9581
At most 1	3967.0	0.0000	292.9	0.0000
At most 2	304.4	0.0000	5704.0	0.0000
At most 3	1618.0	0.0000	990.1	0.0000
At most 4	1114.0	0.0000	1560.0	0.0000
At most 5	996.1	0.0000	1234.0	0.0000
At most 6	674.2	0.0000	358.3	0.0000
At most 7	402.6	0.0000	214.2	0.0000
At most 8	253.9	0.0000	173.8	0.0000
At most 9	203.2	0.0000	203.2	0.0000

Période 1993-2018. Observations : 1054.
Source : Auteur, à partir des données de la Banque mondiale.

Annexe 3 : liste des 34 pays considérés

Bénin	Ghana	Rwanda
Botswana	Kenya	Sénégal
Burkina Faso	Lesotho	Sierra Leone
Burundi	Madagascar	Somalie
Cameroun	Malawi	Afrique du Sud
République centrafricaine	Mali	Soudan
Tchad	Mauritanie	Tanzanie
Rep. Démo. du Congo	Maurice	Togo
Congo	Mozambique	Ouganda
Cote d'Ivoire	Niger	Zambie
Gabon	Nigéria	Zimbabwe
Gambie		

Effects of relative trade prices on economic growth in Subsaharan Africa

Abstract - This article attempts to assess the effects of changes in relative trade prices (terms of trade and their variability) on economic growth for 34 countries in Subsaharan Africa over the period 1993-2018. The results of dynamic panel estimates, using the ARDL (AutoRegressive Distributed Lag) model, show that a trend improvement in the terms of trade has a favorable effect on economic growth, while their variability acts in the opposite direction.

Key-words

Sub-Saharan Africa
Relative trade prices
Terms of trade
Economic growth

COMPTES RENDUS

Christopher Cramer, John Sender, Arkebe Oqubay, *African Economic Development*, Oxford University Press, 2020, 336 p.

Il s'agit là d'un ouvrage remarquable d'analyse économique maîtrisant les théories et les mécanismes, appliqué au cas du développement économique, celui de l'Afrique. Les aspects complexes sont étudiés dans le détail, avec des prises de position souvent originales, à mi-chemin entre les positions orthodoxes (néoclassiques) et hétérodoxes (structuralistes, dépendantistes, etc.), mais surtout ressortissant à ce qu'on pourrait appeler des positions sensées et équilibrées. *In medio stat virtus.*

Comme le rappellent les auteurs, citant le poète et écrivain Robert Graves, « Il n'y a pas de bonne écriture, seulement une bonne réécriture (good rewriting) », et en effet cela a dû être le cas pour arriver à un texte aussi clair, précis et élégant, rare dans les livres austères (*dismal* !) de cette discipline qu'est l'économie politique.

Les auteurs, suivant en cela un des pionniers de l'économie du développement, Albert Hirschman dans un de ses ouvrages célèbres, *A bias for hope*, plaident en politique économique pour une attitude pragmatique, un réalisme consistant à connaître les limites de l'action, intermédiaire entre un certain pessimisme africain ou occidental (« on ne peut rien faire, tout est voué à l'échec ») et un optimisme excessif du genre Yaka (« il n'y a qu'à éliminer tel ou tel obstacle institutionnel ou culturel et tout ira bien, la voie d'une croissance harmonieuse sera enfin trouvée »).

Un autre aspect du livre consiste en la volonté d'élargissement à d'autres champs de la connaissance que la théorie économique, *ie* l'histoire, l'anthropologie, la politique, l'agronomie, et même l'art et la littérature[1]. « Nous sommes ouverts à l'idée d'apprendre des non-économistes », disent-ils, « et défendons l'humilité face aux atouts relatifs (et nombreuses faiblesses) des méthodes employées par les économistes. »

Cependant le livre est basé sur une solide connaissance des fondements de l'économie du développement, et aussi une bonne connaissance du continent. Il est divisé en quatre parties : le contexte général de l'Afrique, les stratégies de développement mises en œuvre, l'analyse de la pauvreté et du travail, axée sur le monde rural, et finalement les politiques économiques envisagées.

Dans la première partie, les auteurs rappellent justement que le développement capitaliste n'est « ni linéaire ni harmonieux, jamais indemne de frictions dans son essor ». On pense à la phrase de Lénine, pour une fois dans la droite lignée de Marx et Engels : « Il ne faut pas confondre le développement capitaliste, heurté, fiévreux, spasmodique, avec une absence de développement. »

Suivent des exemples historiques judicieux, comme le chaos et la misère des franges des grandes cités africaines qui rappellent très exactement la situation des

---

[1] Evelyn Waugh est même cité, pour son *Remote People*, livre de voyage en Afrique des années 1930, petit travelogue humoristique, lorsque l'écrivain est envoyé pour couvrir le couronnement de l'empereur d'Éthiopie, Haïlé Sélassié, même s'il est traité par nos auteurs de raciste (et même *offensively racist*)...

grandes villes européennes comme Londres au XIXe siècle. Est ensuite présentée la similitude sur différents plans entre le développement capitaliste passé en Occident ou en Asie de l'Est et celui qu'on constate aujourd'hui en Afrique : travail forcé, travail des enfants, brutalité patronale et étatique, difficile adaptation au rythme du salariat, etc.

Dans ce chapitre, les auteurs présentent la thèse d'Acemoglu et *alii* pour expliquer le développement plus faible en Afrique : les Européens y ont apporté des institutions extractives, alors que dans les continents vides où ils ont pu s'installer ils ont apporté avec eux des institutions, inclusives, favorables au développement. Cependant cette thèse n'explique pas pourquoi l'Afrique subsaharienne a été en retard par rapport aux autres civilisations, ce qui a permis et la traite et la colonisation. Pour rendre compte de cela, il faut se reporter sur un plan historique à des analyses basées sur la géographie, non abordées par les auteurs, notamment à celles de Jared Diamond (voir encadré). Suit dans le chapitre un panorama largement statistique de l'état de l'Afrique, avec les réels progrès réalisés depuis les années 1990.

Les raisons du retard du développement de l'Afrique sur le plan historique

i) L'isolement géographique, les océans, la barrière du Sahara. Trois mois pour le traverser, risques énormes, autre océan, 'ports' au sud et au nord du Sahara. Autrement dit, les grandes inventions, comme la roue, la monnaie, l'écriture, la voile, n'ont pas atteint l'Afrique subsaharienne du fait de cette coupure. Elle n'a pas bénéficié des découvertes faites dans les régions plus peuplées du monde, en Asie et en Europe.

ii) Les côtes rectilignes. L'Europe peut apparaître comme une péninsule, et même « une péninsule de péninsules » (Eric Jones), avec de grandes îles. Abris naturels pour la navigation, facilité des déplacements par voie d'eau, mers protégées (Baltique, Méditerranée), donc échanges faciles, spécialisation, croissance, tout cela est rendu impossible ou plus difficile en Afrique.

iii) Orientation Est-Ouest et Nord-Sud des continents (Jared Diamond). La circulation des techniques et des produits, notamment dans le domaine agricole, est facilitée par une orientation Est/Ouest, du fait d'un climat largement similaire sur des zones étendues : les mêmes plantes, les mêmes animaux, les mêmes pratiques peuvent se diffuser facilement, d'où un effet favorable pour l'adoption des meilleures techniques, un enrichissement mutuel à travers le continent eurasiatique, de la Chine à l'Europe. Au contraire, dans une orientation Nord/Sud, comme en Afrique ou dans les Amériques, on passe de climat froid à des climats tempérés, puis subtropicaux, tropicaux, équatoriaux, puis dans l'autre sens, vers le sud, tropicaux, subtropicaux, tempérés, froids, etc. Autrement dit, les mêmes plantes, les mêmes animaux, ne peuvent être cultivées ou utilisés, les techniques sont différentes, les pratiques ne peuvent se diffuser, être imitées, la nature est un obstacle au développement.

Ces raisons peuvent en partie expliquer sur le plan historique le blocage relatif en Afrique subsaharienne, à l'inverse de la croissance économique, des inventions et du progrès technique qui se sont diffusés en Eurasie. Exemple de barrière climatique, la fin de l'expansion bantoue à la Fish River, début du climat méditerranéen au sud de l'Afrique australe. Facilité de l'implantation hollandaise en 1652 dans la région du Cap, ne trouvant en face d'eux qu'une population clairsemée de Bushmen et Hottentots (repoussés eux-mêmes par l'avancée bantoue).

Le chapitre suivant examine les grandes théories souvent opposées du développement économique en Afrique, des théories néoclassiques aux théories structuralistes, marxistes, dépendantistes et tiers-mondistes. Les auteurs constatent que sur la période depuis les Indépendances (1960) jusqu'aux années 2010, c'est l'Éthiopie, le pays non exposé à la colonisation (sauf six ans entre 1935 et 1941) qui a connu la plus forte croissance. Il manque cependant au graphique (page 47) le cas du Botswana, considéré comme un exemple positif.

Une position souvent affirmée est que les pays pauvres peuvent éviter le long processus de développement à travers l'industrialisation, « qui historiquement a été socialement déstabilisant, largement exploiteur, et nuisible pour l'environnement », grâce au développement des services, comme les informations et communications ou le tourisme. Pour les auteurs au contraire, suivant Nicholas Kaldor, le secteur manufacturier est un moteur essentiel de la croissance et l'investissement joue également un rôle crucial, surtout s'il peut être accompagné de rendements croissants, dont l'existence est le plus souvent négligée par les économistes, en particulier dans le cas des premières étapes du développement. Et le développement industriel passe par la croissance des exportations, pour financer les importations nécessaires, exportations dont la diversification est une garantie de croissance régulière des recettes en devises.

De même, les auteurs, suivant en cela Keynes et bien d'autres économistes non orthodoxes comme Hirschman, renversent la proposition néoclassique que l'épargne précède l'investissement, « un chien appelé épargne agite la queue appelée investissement », pour l'affirmation opposée où l'épargne suit. Plus largement, ils sont sceptiques sur les programmes d'austérité du FMI et de la Banque mondiale, et privilégient plutôt les approches hétérodoxes comme le rôle des infrastructures économiques et sociales. Pour eux, les investissements publics (infrastructures de transport, hôpitaux, écoles...) n'évincent pas ceux du secteur privé, mais peuvent les inciter, les multiplier.

Les auteurs ressuscitent des pionniers comme Michal Kalecki, souvent oublié même dans les ouvrages spécialisés. Son analyse de l'importance des 'wage goods' et de leurs prix, *ie* les biens consommés en priorité par les salariés du bas de l'échelle, est utilement exposée dans l'ouvrage : en résumé il est essentiel d'éviter une hausse des prix de ces biens par rapport aux bas revenus, autant urbains que ruraux, qui entraîneraient des hausses de salaires nominaux, affectant la capacité d'investissement des firmes.

Un passage illustre parfaitement les conditions dans les pays les plus pauvres, qui vaut la peine d'être cité en entier : « Dans les pays à bas revenu, un grand nombre de gens stagnent dans des activités rurales à faible productivité, ils vivent et travaillent dans de petites fermes, et aussi dur qu'ils peinent, ils ne dégagent que de pauvres productions, souvent de valeur faible et de peu de rapport. Nombreux vivent loin de routes en dur et de voies ferrées, marchent des heures vers des marchés hebdomadaires, chargés de bananes ou de tomates, pour revenir vers des parcelles sans irrigation ni engrais chimiques pour accroître les rendements. ... Leurs enfants n'ont souvent que peu d'aliments nutritifs et d'eau saine à boire, et sont peu desservis par des unités médicales ».

À partir de là, comme Arthur Lewis l'a noté dans son célèbre modèle de 1954, le développement implique de déplacer des ressources des activités à faible productivité vers d'autres à plus haute productivité, *ie* notamment de l'agriculture vers les secteurs manufacturiers.

Ni les politiques favorables à l'ouverture extérieure (ex. des noix de cajou au Mozambique) ni celles favorables à une certaine protection et un développement autocentré (« qui clouent la fameuse thèse Prebisch-Singer sur la porte de l'orthodoxie néoclassique », selon l'expression amusante des auteurs) n'ont eu d'effets systématiquement favorables. On peut cependant noter que toutes les stratégies protectionnistes d'industrialisation par substitution aux importations ont été abandonnées et que contrairement aux thèses tiers-mondistes les stratégies de diversification à l'exportation ont produit des résultats positifs. La malédiction des ressources naturelles et le syndrome hollandais ne sont pas davantage synonymes d'échec économique, comme de nombreux exemples le montrent (Venezuela avant Chavez, Afrique du Sud...).

Le livre prend position en faveur des échanges internationaux, avec l'idée que l'équilibre de la balance des paiements n'est pas une fin en soi. Les importations sont une nécessité pour le développement (biens de capital, intrants, technologie, aliments), en permettant les investissements, et donc il faut aider en parallèle la croissance des exportations pour les financer. En cela il s'oppose à la vision pessimiste tiers-mondiste et dépendantiste selon laquelle il y aurait peu de place pour une croissance régulière des recettes réelles d'exportation pour les pays pauvres, du fait de leur spécialisation primaire.

Sur les termes de l'échange, la vieille controverse après Prebisch-Singer est évoquée. Les auteurs rappellent que la question reste ouverte, qu'il n'y a pas de dégradation évidente des prix réels des produits primaires à long terme, et donc que les pays africains n'ont aucun intérêt à négliger les investissements dans les secteurs de matières premières exportateurs. De la même façon, les pays africains pourraient davantage mettre à profit les arcanes des organisations internationales comme l'OMC, comme ont su le faire les pays d'Amérique latine ou d'Asie.

Le fameux débat des pionniers de l'économie du développement sur la croissance équilibrée vs la croissance déséquilibrée est abordé dans le chapitre 6, dans lequel la position de Hirschman en faveur de la seconde est largement retenue, avec la formule célèbre et paradoxale du grand économiste : « Si on veut que l'économie avance, la tâche de la politique de développement sera de maintenir les tensions, les disproportions et les déséquilibres. » Avec l'idée que de toute façon, une croissance équilibrée est impossible, étant donné les multiples problèmes d'une économie pauvre, et qu'on va aller d'une résolution de difficulté à une autre, le déséquilibre appelant à trouver des solutions, donc à entretenir le dynamisme et les investissements visant à débloquer un goulet d'étranglement ou les freins qui apparaissent.

Comme la fameuse main invisible de Smith, Hirschman introduit la main cachée (*hiding hand*) dans son analyse, autrement dit « une façon de provoquer les changements par des erreurs » ; la main cachée « implique de sous-estimer les difficultés probables d'un projet mais aussi les capacités à résoudre les problèmes de ceux qui sont en charge, autrement dit à sous-estimer la créativité et la réactivité des responsables. »

La vision néomarxiste de Samir Amin est également évoquée, pour qui le capitalisme étant entré dans une phase sénile, les pays pauvres sont condamnés à la misère, « capitalisme incapable de générer des emplois décents et seulement capable de produire une planète pleine de taudis », d'où un « fossé croissant » et un « écart grandissant ». Avec le développement plus rapide des pays au sud et le rattrapage depuis une trentaine d'années de certains pays, l'absurdité de telles positions ne peut que sauter aux yeux. Mais naturellement, aucune reconnaissance de leur erreur n'est à attendre des tiers-mondistes (dans la lignée de toutes les idées à la Paul Baran, Arrighi, Gunder Frank, etc.), dont les thèmes ont été martelés jusqu'aux années 1990.

Un passage extrêmement intéressant, dans le chapitre 7 sur l'emploi salarié en Afrique concerne les domestiques, dont l'abondance et le coût faible caractérisent les sociétés pauvres. C'est le cas de l'Europe vers 1900, même dans les pays comme l'Angleterre ayant déjà plus d'un siècle de révolution industrielle, où « environ 1,7 million de femmes et de filles étaient employées comme servantes, le service domestique était plus important que l'emploi agricole en 1901, plus que dans les mines, et même plus que dans le textile. » Des emplois méprisés, considérés comme improductifs, sans impact sur la vie politique. De même en Afrique aujourd'hui.

Même si le niveau reste encore faible, l'industrie a progressé partout en Afrique, comme le montrent les données citées : l'emploi manufacturier est passé de 561 000 en 1995 en Éthiopie à 2 825 000 en 2011 ; au Kenya de 747 000 à 1 990 000, et ainsi de suite. Ils étaient moins de 50 000 dans ces deux pays en 1960.

Les données démographiques s'opposent également au pessimisme concernant les taux de fertilité, ceux-ci baissent bel et bien en Afrique qui a entamé progressivement depuis les années 1980 sa transition démographique.

Les chapitres sur la pauvreté sont au cœur du sujet, puisque l'Afrique subsaharienne compte plus de la moitié de la population pauvre du monde (moins de 1,90 dollar par jour) et que les prévisions de la Banque mondiale établissent que ce chiffre passera à 87% en 2030. Le repérage statistique fait débat et les auteurs considèrent qu'il y a une surestimation de la pauvreté africaine. La plupart des pauvres en Afrique sont dans le monde rural, où le pourcentage de pauvres est trois fois plus élevé que dans les villes. Et les deux tiers de la population vivent encore dans les campagnes en Afrique, parfois plus de 80% comme en Éthiopie, Ouganda, Niger, Malawi, Burundi, Soudan du Sud. Les auteurs nuancent ainsi les affirmations habituelles, en signalant de nombreuses exceptions.

À côté de tous les indices de pauvreté déjà existants, ils proposent le leur, original, le EDI, *Extreme Deprivation Index*, à partir de dix biens types, non alimentaires, comme un lit, une torche, une thermos, un téléphone, un réchaud, des placards, une table, un sofa, une radio..., avec un score de 1 pour chaque bien possédé. Les plus démunis ont un score de 0 à 2, et les enquêtes sont faites surtout en Afrique de l'Est. Ils montrent que le manque d'éducation et la pauvreté extrême sont liés. D'une façon générale, les plus pauvres en Afrique vivent dans des foyers sans homme, sans instruction adéquate, unités de petite taille, risquant la sous-nutrition et une fréquence élevée de grossesse adolescente. Enfin les plus pauvres sont des ouvriers ruraux, des gens qui doivent s'embaucher pour un salaire, à la différence de ceux qui vivent de la terre qu'ils exploitent.

Les craintes souvent soulignées sur un processus liant croissance démographique et dégradation environnementale paraissent largement infondées aux auteurs, qui voient même parfois dans le réchauffement climatique des effets favorables pour la production agricole, comme en Éthiopie avec le café. De la même façon les annonces ultrapessimistes des années 1980 sur l'effet du HIV en Afrique ont été largement démenties.

La révolution verte a tardé sur le continent, selon une antienne bien connue, et les chiffres suivants ne laissent pas d'impressionner : entre 1965 et 1983, les VHR (variétés à haut rendement) de riz et de blé se sont développées sur plus de 120 millions d'ha en Asie et en Amérique latine, mais seulement sur 0,7 million en Afrique subsaharienne. Les raisons sont pourtant bien connues, analysées par les auteurs, comme le fait que l'irrigation est moins pratiquée (en Asie du Sud, les zones irriguées représentent 42% des champs cultivés, en Afrique 95% des cultures sont pluviales), que les engrais sont moins diffusés (par exemple au Bangladesh, leur consommation est de 280 kg par ha, alors qu'en Afrique elle n'est que de 15), et enfin que les plantes principales, comme le mil et le sorgho, n'ont pas fait autant l'objet de recherches. Tout cela implique un énorme potentiel de développement agricole en Afrique, lorsque toutes ces pratiques seront étendues. Car les VHR ont maintenant progressé, plus entre 2000 et 2010 par exemple que dans les quatre décennies précédentes, améliorant de façon très importante la productivité et les rendements.

Malgré le pessimisme répandu sur la production agricole africaine depuis les années post-indépendance, celle-ci a largement augmenté dans la plupart des pays, avec des exceptions notables comme le Zimbabwe guidé par des politiques sans aucune logique économique. La baisse de la malnutrition infantile confirme cette croissance, de même que l'élimination des famines et la réduction de la faim, en dehors des zones de guerre : « Une analyse économétrique suggère que la hausse de l'offre alimentaire totale a été associée à une charge plus réduite de la faim chronique en Afrique » (p. 228).

Les conseillers ou experts envoyés par les organismes internationaux ou les pays donateurs sont souvent mal vus par les fermiers africains. Les auteurs ont « rencontré des fermiers capitalistes ayant réussi, qui riaient simplement à l'idée que des conseillers sans expérience, avec du lait qui sortait encore du nez (*wet-behind-the-ears)*, pouvaient savoir de quoi ils parlaient et auraient la moindre chose d'utile à dire ».

Dans le chapitre final, retour à Hirschman et au « possibilisme », à une certaine modestie devant la réalité qui amène les auteurs à exprimer leur point de vue sur le développement de l'Afrique. Une évocation bienvenue est celle du grand keynésien Robert Heilbroner (1919-2005), et son livre culte sur les penseurs en économie (*The Worldly Philosophers*, 1953), c'est-à-dire les économistes, philosophes du monde réel, du terre à terre. À noter que le mot *worldly* est un des plus difficiles à traduire en français, et que l'édition française s'est bornée à un plat : Les grands économistes... On pourra signaler en passant un autre ouvrage du même auteur, particulièrement éclairant, mais non traduit en français, ce qui est bien dommage, *The Making of Economic Society* (1963), le premier est un livre d'histoire de la pensée économique, le second un livre d'histoire des faits économiques.

Dans la dernière partie, les propositions de politique économique formulées par les auteurs peuvent être résumées en quelques points. i) Favoriser un haut taux d'investissement, mené par l'État. ii) Pousser à la formation de grandes firmes, « champions nationaux », sur des bases publiques et privées. iii) Favoriser le commerce extérieur, exportations et importations, car plus de firmes et d'investissement entraîneront davantage d'importations, qu'il faudra bien financer par des exportations. iv) Cibler les investissements, tant publics que privés, dans les activités de main d'œuvre, en particulier féminine, avec des mesures pour favoriser la formation des filles ; cibler aussi les investissements dans les secteurs exportateurs et dans les secteurs produisant des biens alimentaires ou basiques pour la population. v) Adopter des mesures sociales et favorables aux syndicats pour améliorer conditions de travail et productivité et réduire la pauvreté. vi) Contrôler l'inflation pour les produits de base.

À la fois sceptiques sur le pessimisme ayant souvent cours à propos de l'Afrique, comme sur les approches étroites et un peu naïves de l'Afrique émergente dynamique, ainsi que sur les visions traditionnelles « *mainstream* » des économistes néoclassiques et des organisations internationales, les auteurs brossent un large panorama et une analyse multidisciplinaire sur le développement africain, en prônant une voie de développement qualifiée de possible. *African economic development* mérite une large lecture et apporte aux économistes de riches mises en perspectives avec les recherches engagées en économie du développement sur ce continent.

Jacques Brasseul

Carlos Lopes, *L'Afrique est l'avenir du monde. Repenser le développement*, Seuil, 2021.

Le livre s'ouvre par une préface très riche d'Alain Supiot, Professeur émérite au Collège de France. Une remarque cependant. A. Supiot considère que l'Afrique a un avantage écologique sur les pays développés, car c'est le continent le moins avancé dans le modèle économique issu de la révolution industrielle « qui a entraîné le monde dans une impasse écologique ». Mais peut-être faudrait-il nuancer le propos concernant l'Afrique, car les pays développés sont ceux où l'écologie et ses préoccupations, ainsi que les remèdes, ont pris une part croissante, et non les pays les plus pauvres et ce, pour une raison très simple : lorsque vous devez faire face aux besoins élémentaires, vous êtes moins préoccupé par les soucis environnementaux, et donc la pollution est beaucoup moins contrôlée. C'est lorsque les revenus s'élèvent qu'on commence à affronter ces questions[1].

Le livre est très bien écrit, et la traduction de Cyril Le Roy excellente[2], la forme est très agréable et il se lit facilement. Lopes prend résolument parti pour l'industrialisation en Afrique, seule voie du développement, parce qu'elle crée des emplois, permet une hausse de la valeur ajoutée et des revenus, une diversification de l'appareil productif et « qu'il s'agit d'une étape dans la transformation des systèmes productifs et la modernisation des écosystèmes économiques. » Peut-être y a-t-il un paradoxe avec la recherche d'un développement écologique (« un développement durable inclusif » selon le jargon actuel), la suite le dira. On peut remarquer combien le vocabulaire change en seulement dix ans, personne n'aurait à l'époque utilisé ce terme 'inclusif', alors qu'il est maintenant partout.

L'insistance sur les échecs du fameux Consensus de Washington est faite de façon peu nuancée : « nombreux sont ceux qui ont commencé à se demander si les mécanismes du marché pouvaient seuls suffire, comme le prêchaient les institutions de Bretton Woods, depuis Washington » ; « les acteurs institutionnels qui étaient auparavant convaincus que le marché saurait à lui seul corriger l'ensemble des déséquilibres » ; « la défense acharnée des positions les plus orthodoxes »... C'est une simplification, ni la Banque mondiale ni le FMI n'ont jamais compté sur le marché seul, même dans les années 1980 et 1990, ils ont toujours insisté sur le rôle essentiel des institutions, et notamment de l'État ; en faire des purs et durs du seul marché comme solution est inexact. On doit aussi ajouter que le redémarrage des économies africaines dans les années 1990 est aussi la conséquence d'un desserrement des contraintes étatistes et socialisantes des décennies suivant les indépendances ; c'est l'adoption de politiques économiques un peu plus libérales qui a relancé la machine, et non pas davantage de planification centrale.

Le chapitre 2 traite des aspects politiques. Il s'intitule 'Réformer la politique', mais on n'est guère avancé sur les voies de réformes à mettre en place. Avec la pauvreté, c'est sans doute le problème le plus important sur le continent, si on en juge par les conflits, les tensions, les régimes qui y règnent. Cependant, malgré tous les obstacles soulignés par l'auteur – comme le classique découpage arbitraire des frontières laissé par la colonisation – la démocratie a progressé. Sans qu'il y ait pour autant de relation directe entre démocratisation et développement, comme le livre l'analyse, on peut considérer un régime démocratique comme un bien en soi, indépendamment

---

1 Cf. les travaux d'Alan Krueger, présentés par Eamonn Ives : 'Alan Krueger and the economics of pollution', CapX, 20 mars 2019 (en ligne).

2 Page 57 un terme interroge, c'est celui de 'suborné'. « Le système judiciaire et les partis politiques ... restent subornés ». S'agit-il d'une coquille, et doit-on lire 'subordonnés', ou bien du mot ancien suborné qui signifie corrompu ? Dans le deuxième cas, on ne peut que louer l'érudition du traducteur.

des liens avec l'économie. Nombre d'auteurs sont cités dans ce chapitre, notamment des auteurs africains, ce qui change des ouvrages *mainstream* en économie, et qui est bienvenu et intéressant. On peut citer par exemple Peter Ekeh et sa formule choc : « Le colonialisme est à l'Afrique ce que la révolution industrielle et la Révolution française ont été à l'Europe ». Une formule très juste, même extrêmement lucide : la rencontre a transformé définitivement le continent. Des vieilles lunes sont aussi évoquées, comme Walter Rodney (*Et l'Europe sous-développa l'Afrique*) ou Samir Amin, son *Accumulation à l'échelle mondiale* et sa *Déconnexion*, et là on peut rester plus sceptique, car d'une part l'Europe n'a pas causé le retard africain, il préexistait, sinon la colonisation n'aurait pas été possible. Les pays européens ont pu annexer des continents entiers parce qu'ils avaient alors une supériorité technique, militaire, scientifique, économique et financière, ayant fait leur révolution industrielle en premier. De plus, les préconisations de Samir Amin, comme la déconnexion vis-à-vis du système capitalisme mondial, n'ont provoqué qu'appauvrissement et misère accrus, c'est le cas de tous les pays qui se sont ainsi isolés.

L'auteur affirme plus loin que « la démocratie libérale n'a pas émergé à cause mais en dépit du capitalisme » (p. 56), ce qui est contestable puisque la démocratie n'a jamais pu advenir dans les pays non capitalistes, le capitalisme ou plus largement la liberté économique sont la condition nécessaire – quoique non suffisante – de la pratique des autres libertés, tout simplement parce que c'est le seul système économique qui offre une certaine séparation des pouvoirs entre pouvoirs économiques et pouvoirs politiques, et que sans cette séparation il ne peut y avoir de démocratie, ceux en place, au sommet, concentrant trop de pouvoirs et tendant à en abuser, comme les exemples abondent. Il faut des garde-fous, et la séparation des pouvoirs en est l'élément essentiel. Carlos Lopes parle avec réticence de pays comme Maurice et le Botswana, « qui ont pu enregistrer *certains progrès économiques* sous des régimes *supposément démocratiques* ». On peut pourtant penser que ces progrès économiques sont bien réels, et que la démocratie y est plus que supposée et ces deux pays ne font pas exception à la règle, avec des démocraties imparfaites, mais comme toutes les autres.

Le chapitre 3 traite de la diversité africaine, du panafricanisme, de l'histoire du continent et des diverses perceptions à ce propos. Lopes traite de façon un peu injuste l'écrivain américain Paul Theroux, son livre de 2014 (*The Last Train to Zona Verde*), « plein de clichés », et comparé à « un discours de Léopold II » ! Il accuse par exemple son auteur de prendre pour la vie réelle des gens, en Namibie, une mise en scène destinée aux touristes. C'est peu crédible, car Theroux a vécu en Afrique et connaît bien le continent, jamais il ne ferait cette confusion[3]. D'ailleurs son livre, qui relate un voyage du Cap vers Luanda, critique surtout les gouvernants de l'Angola, une clique détournant des millions grâce au pétrole du pays et laissant la population dans la misère.

Dans le chapitre 4 l'auteur traite des politiques économiques, surtout celles conseillées par l'extérieur, les politiques orthodoxes du FMI et de la Banque mondiale, dans le cadre du fameux consensus de Washington. Il les critique sévèrement, comme c'était le cas dans les années 1980-1990 pour leurs effets sociaux négatifs, mais sans parler des politiques mises en place par les pays africains après les Indépendances, inspirées des idées marxisantes (contrôle des prix, fermes et firmes d'État, faibles rémunérations aux producteurs agricoles, frein aux investissements étrangers, interventionnisme public, etc.), qui ont largement abouti à un échec et à un accroissement de la misère, du Ghana de N'Krumah à Madagascar de Ratsiraka, en passant par la Tanzanie de Nyerere ou la Guinée de Sékou Touré. Le tournant en

---

[3] Voir d'autres récits de voyage du même auteur, comme *Dark Star Safari, Overland from Cairo to Cape Town*, Penguin Books, 2003.

faveur du marché a été opéré dans les années 1990, avec une croissance d'environ 5% l'an depuis.

Dans les années après les Indépendances, une croyance répandue était qu'un développement du type du socialisme réel était indispensable dans les pays pauvres. Le cas de l'URSS, qui avait réussi à s'industrialiser rapidement avec la planification impérative sous Staline, quand le monde capitaliste était plongé dans une longue dépression, était naturellement dans tous les esprits. Ainsi, pour Kwame Nkrumah : « *Le cercle vicieux de la pauvreté ne peut être brisé que par une stratégie globale de planification* ». En outre, le colonialisme était profondément associé au capitalisme et il n'est pas surprenant que de nombreux pays aient opté pour une voie socialiste au cours des décennies suivantes. L'échec de toutes ces expériences, du Zimbabwe à l'Éthiopie, de la Tanzanie au Ghana, en passant par la Guinée ou le Bénin, comparé aux réussites relatives de pays comme le Kenya, le Sénégal, le Botswana ou la Côte d'Ivoire, est maintenant patent et elles ont été abandonnées. La vision de Marx et Engels, selon laquelle le capitalisme a un rôle historique à jouer, celui de réaliser l'accumulation du capital, est revenue en force, il n'y a pas de raccourci vers le développement, l'efficacité du capitalisme de marché est une nécessité. L'impéritie des firmes d'État, des fermes collectives[4], l'impossibilité de commander par le haut une économie en remplaçant les milliards d'ajustements permanents du marché, tout cela a été peu à peu compris et accepté, d'autant plus que la catastrophe économique soviétique des années 1970 et 1980, suivie de la chute du régime en 1989 ont ôté toute illusion sur ce modèle de développement.

En 1981, les institutions de Bretton-Woods, le FMI et la Banque mondiale, ont été à l'origine d'un rapport[5] qui va marquer un changement radical en Afrique, des orientations étatistes et dirigistes vers des politiques favorables au marché. Il s'agit de privatiser les entreprises publiques inefficaces, de libérer les prix et dévaluer la monnaie, rééquilibrer budgets et comptes extérieurs, réduire les subventions et les impôts, diminuer les effectifs de la fonction publique. Ces programmes, appliqués en contrepartie de l'attribution des prêts, font partie de ce qu'on a appelé *l'ajustement structurel*, censé remettre l'économie sur les rails, favoriser la croissance. Ils impliquent la perte de privilèges et de rentes pour les bureaucraties et affidés des pouvoirs, et leur coût social a été élevé, bien décrit par Carlos Lopes, mais en l'absence d'autres solutions, la plupart des pays les ont adoptés.

L'accent dans les années 1990 a porté sur la mise en place d'une bonne gouvernance, c'est-à-dire de meilleures politiques économiques (baisse de l'inflation, équilibre budgétaire, ouverture aux échanges extérieurs) et d'institutions adaptées[6], favorables au développement. On peut en donner les exemples suivants : la garantie des droits de propriété, le bon fonctionnement des mécanismes du marché, la sécurité des échanges, le respect du droit, l'autorité de l'État, l'intégrité des administrations, les mécanismes de représentation populaire, la mobilité des facteurs de production, la liberté d'entreprendre, les comportements civiques, le degré de confiance et l'éthique. La stabilité politique est aussi essentielle, et des progrès ont été réalisés dans ce domaine dans nombre de pays, rendant compte également du retour à la croissance.

[4] Ainsi des « villages socialistes » (*Ujamaa*) en Tanzanie, lancés par Julius Nyerere en 1967 dans la fameuse déclaration d'Arusha, produisent en 1980 moins de 2% de la production agricole avec 20% de la main d'œuvre.

[5] *Accelerated Development in sub-Saharan Africa, an Agenda for Action*, World Bank, ou Rapport Berg, du nom de son auteur Elliot Berg.

[6] Dans l'analyse de Daron Acemoglu et James Robinson, il s'agit des *institutions inclusives* (versus *extractives*), qui favorisent la participation, au lieu d'exclure la majeure partie de la population au bénéfice d'une minorité prédatrice, comme dans le cas du Zaïre de Mobutu. Voir *Why Nations Fail?*, Crown, 2013.

De même que la réduction du poids de la dette dans les années 1990, à la suite des programmes d'allègement centrés sur l'Afrique.

Plusieurs points dans le chapitre sont quelque peu maladroits. Ainsi l'auteur cite Krugman qui critique la position de « Schumpeter et autres apologistes de la Grande Dépression » (p. 87). On chercherait en vain dans l'œuvre de ce dernier un quelconque éloge de la crise de 1929. Considérer que les crises sont l'occasion de changements radicaux n'est pas faire leur apologie, les crises sont et restent une des tares du capitalisme. Les économistes cités sont dans l'ensemble plutôt keynésiens et interventionnistes, comme Krugman, Ha-Joon Chang, Rodrik, Stiglitz. Concernant Stiglitz, rappelons que s'il est un analyste économique et théoricien hors pair, il n'est cependant pas aussi apprécié sur le plan de la politique économique, comme le rappelle Kenneth Rogoff[7] dans une lettre ouverte très critique.

Sur les inégalités, si les pays émergents et l'Afrique ont connu une croissance plus forte que les premiers pays industrialisés depuis quelques décennies, comme le rappelle très bien l'auteur, cela signifie un rattrapage mondial, une convergence des économies. La réalité est à l'opposé des thèmes récurrents des années 1960 à 1990 sur « le fossé Nord/Sud grandissant », « l'écart croissant entre pays riches et pays pauvres », thèmes développés par les tiers-mondistes et les néomarxistes de l'époque, mais aussi par des économistes *mainstream*, comme Lant Pritchett dans son article fameux : 'Divergence, Big Time'[8]. Il y a donc en même temps réduction des inégalités mondiales (entre pays) *et* accroissement des inégalités internes (dans les pays). Ce dernier phénomène ne veut pas dire accroissement de la pauvreté, bien au contraire. Il y a un *trade-off* entre les deux : ainsi en Chine les inégalités internes ont explosé après les réformes de Deng Xiaoping en 1979, mais la pauvreté a été réduite massivement et une immense classe moyenne s'est formée. À l'inverse, les péronistes depuis 1950, en redistribuant à tout va, ont transformé l'Argentine, dont le niveau de vie était le même que celui de la Hollande ou la Belgique après la guerre, en pays du tiers-monde, et aujourd'hui l'économie du pays est toujours sinistrée, avec des péronistes encore au pouvoir. En Afrique également, les mesures les plus fortes de socialisation et de redistribution ont bloqué les économies et accru la pauvreté après les Indépendances.

L'auteur rappelle bien cette réalité lorsqu'il écrit, dans le chapitre suivant (p. 106), « En Asie de l'Est, par exemple, les données montrent que l'extrême pauvreté a très rapidement reculé, même si c'est cela s'est accompagné d'un creusement des inégalités. » Les deux facteurs sont liés, une société capitaliste à croissance forte voit augmenter les inégalités, les occasions de s'enrichir se multipliant pour les plus entreprenants, et en même temps la hausse de la production réduit la misère de masse. Ce chapitre porte sur l'industrialisation en Afrique et l'auteur préconise avec raison sa nécessité, notamment en partant des matières premières, en les utilisant, les transformant, matières premières agricoles et minérales, qui sont les richesses initiales de tout pays au début de son développement.

On peut contester certaines formulations, comme p. 117 : « la forte demande en matières premières et la hausse des cours ... sont à l'origine de la forte croissance en Afrique ». Il serait plus juste de dire, sont une des raisons à l'origine de cette croissance, d'autres facteurs ayant joué, comme le changement radical des politiques économiques évoqué plus haut. Ce que reconnaît d'ailleurs l'auteur lorsqu'il parle, p. 116, des erreurs initiales : la stratégie de substitution d'importations « a finalement été contrariée par les limites d'un modèle où l'État dirige la production plutôt que

[7] "An Open Letter to Joseph Stiglitz", FMI, 2 juillet 2002.
[8] Journal of Economic Perspectives, vol. 11, n° 3, été 1997.

de jouer le rôle de facilitateur (modèle marqué par l'économie politique mondiale de l'époque). »

Le chapitre paraît tout à fait juste, et l'industrialisation en cours, la formation d'une classe moyenne sont autant d'éléments qui le montrent. De même que le chapitre suivant, sur le développement agricole. L'auteur préconise diverses politiques et actions pour stimuler la productivité (hausse de la production par tête) et des rendements (production par ha) et ainsi favoriser l'industrialisation. Sous-jacente est l'analyse de Kuznets[9], pour qui le développement agricole est essentiel, et pour la croissance économique globale, et pour le processus d'industrialisation. Comme l'Angleterre l'a montré en premier, avec sa révolution agricole des années 1720, suivie par la révolution industrielle des années 1760 et suivantes. Une agriculture prospère agit, selon le prix Nobel d'économie en 1971, de quatre façons dans ce sens : 1) elle est d'abord en mesure de fournir *des produits*, de la nourriture aux autres secteurs bien sûr, mais aussi ceux qui seront transformés dans les industries alimentaires ou textiles ; 2) elle offre *des débouchés* pour les produits manufacturés, débouchés qui seront absents chez des paysans appauvris ; 3) elle dégage *des facteurs de production*, une épargne d'abord, servant à financer d'autres activités, infrastructures ou projets, et aussi de la main-d'œuvre si sa productivité augmente (ce qui ne peut manquer d'arriver quand on pense aux moins de 3% de la population active dans les pays développés dans le secteur agricole, contre souvent 60 % et plus en Afrique) ; 4) enfin l'agriculture fournit *des devises* au pays, par l'exportation de produits primaires, devises indispensables pour l'importation d'équipements permettant le développement industriel, et dans les premiers temps elle est la seule à offrir cette possibilité.

L'auteur aborde ensuite des questions d'ordre philosophico-politique (ch. 7, « Revoir le contrat social »), dans une approche inattendue et originale puisqu'il fait un retour à Jean-Jacques Rousseau dont les idées peuvent servir aux réformes d'aujourd'hui, notamment par l'importance qu'il place dans les droits collectifs : « Le principe de gouvernance collective de Rousseau se rapproche dans son esprit d'un système politique multilatéral qui préconise le développement durable » (p. 152). On ne peut que souhaiter bonne chance à une telle vision. Certains passages du chapitre sont cependant contestables. Ainsi p. 160, lorsque l'auteur parle « du milliard de personnes qui se couchent chaque soir le ventre vide. Cette triste réalité constitue certainement une aggravation de ce que Rousseau observait au XVIIIe siècle », on ne peut qu'être étonné puisque les famines étaient endémiques partout jusqu'à son époque et qu'elles ont massivement reculé depuis. Aggravation ? Le terme ne convient en aucun cas.

Un autre passage (p. 165) est lorsque l'auteur affirme : « Le point de vue dominant au Sud est que la dégradation de l'environnement est le principal facteur de l'aggravation des problèmes de la pauvreté et du dénuement ». Le contraire peut être dit aussi : la dégradation de l'environnement est au début la conséquence du développement industriel, lequel réduit la pauvreté. L'exemple de la Chine est là pour le montrer : la misère de masse a été massivement atténuée depuis 1979, mais les problèmes environnementaux n'ont fait qu'empirer.

Ce sont ces problèmes qui sont abordés dans le chapitre 8, « S'adapter aux changements climatiques ». L'auteur commence sur la peste noire du XIVe siècle, « qui répandit la pauvreté en décimant la population », mais ensuite la rareté de la main-d'œuvre permit une hausse des rémunérations. Suit un tour d'horizon des événements qui

---

[9] « Un des problèmes cruciaux de la croissance économique moderne est d'arriver à extraire du produit agricole un surplus pour le financement de l'investissement industriel, sans briser en même temps la croissance de l'agriculture », *Modern economic growth*, Yale University Press, 1966.

nous ont conduits à la situation actuelle, depuis la révolution industrielle. Pour l'auteur, on l'a vu, l'Afrique ne doit surtout pas renoncer à son industrialisation, mais au contraire transformer sur place ses matières premières pour son développement, lequel développement doit faciliter l'adaptation à la question climatique. Les industries vertes sont évidemment privilégiées, dans « une trajectoire inclusive et bas carbone », et avec « une approche fondée sur une exploitation durable... Elle s'articule autour des principes d'équité..., d'efficacité énergétique, d'inclusion sociale et de développement à grande échelle, avec l'emploi au centre de tout cela ». En outre, une idée intéressante est que l'Afrique, du fait de son retard, peut passer directement aux technologies les plus modernes (exemple bien connu des téléphones portables), un peu comme les *latecomers* de Gerschenkron[10], à la fin du XIXe, ayant le même avantage par rapport aux *early starters*, handicapés par des techniques vieillies et dépassées : l'Allemagne ou la Russie, qui s'industrialisent trois quarts de siècle après la Grande-Bretagne ou la Belgique. L'auteur évoque avec raison cette possibilité : « Comme l'Afrique n'est prisonnière d'aucun choix technologique, elle peut directement emprunter la voie de l'énergie verte et propre, sans passer par les anciens modèles à forte empreinte carbone... La plus grande chance de l'Afrique est qu'elle n'a pas besoin d'être modernisée, mais plutôt de faire un bond en avant ».

Le dernier chapitre est consacré aux relations de l'Afrique avec la Chine. Très intéressant, équilibré et bien documenté – l'auteur met toujours en œuvre une bibliographie très riche. On y apprend beaucoup, notamment sur les communautés florissantes d'Africains installés en Chine, sur les projets d'infrastructures, sur l'appréhension des Africains envers les Chinois travaillant chez eux, sur l'appui à l'intégration régionale, etc. On peut noter que la Chine envisage par exemple de construire une autoroute allant de Dakar à Lagos, suivant la côte de toute l'Afrique de l'Ouest. Quand on sait la situation de compartimentation des pays, ce serait une véritable révolution. Les Chinois mettraient ainsi en œuvre des réalisations qui depuis l'époque de la colonisation puis des Indépendances et la coopération avec l'Europe n'avaient jamais été envisagées. Selon l'auteur, « la Chine éclipse les initiatives et la présence des autres partenaires », même si « certaines des négociations engagées par les Africains avec d'autres partenaires limiteront la portée de ce qu'ils peuvent faire avec la Chine » (p. 221).

La conclusion rappelle les progrès réalisés, comme le fait qu'actuellement « plus de la moitié des Africains vivent dans des démocraties pluripartites qui fonctionnent » ou les progrès de la gouvernance et la nécessité pour les dirigeants d'agir dans le sens du développement et la fourniture de services de base, ainsi que la reconnaissance plus étendue des minorités et de leurs droits. Sur l'agriculture, l'auteur explique avec raison que, contrairement à toutes les accusations des « tiers-mondistes » des années 1970-1980 sur les cultures d'exportation qui prenaient la place des cultures vivrières, l'Afrique vu l'abondance de ses terres a la possibilité de développer les deux, et c'est ce qu'elle a fait : « Elle peut et doit avoir les deux ». Des agronomes réputés l'avaient déjà expliqué depuis longtemps, constatant que les zones de cultures commerciales étaient aussi celles où les cultures vivrières avaient le plus augmenté leur production, simplement parce que les revenus procurés par les premières permettaient d'acquérir matériel et engrais favorables aux secondes.

Au total donc un livre optimiste et érudit, avec un « punch » remarquable, confiant dans le fait que l'Afrique revient au premier plan, justifiant le titre ambitieux : « L'Afrique est l'avenir du monde ».

Jacques Brasseul

[10] *Economic backwardness in historical perspective*, Harvard University Press, 1962.

REVUE RÉGION ET DÉVELOPPEMENT

Site Web : www.regionetdeveloppement.org

Recommandations aux auteurs

La Revue Région et Développement publie en français ou en anglais des articles originaux, des notes et documents et des comptes rendus de lecture. Pour soumission à publication, l'auteur doit adresser à la direction de la revue le texte par courrier électronique. La présentation des chapitres, des références bibliographiques et des notes de bas de page doit être conforme à celle de la revue. Les articles doivent être accompagnés d'un résumé en français et en anglais d'une dizaine de lignes, des mots-clés correspondants et de la classification du JEL. Le nom de l'auteur, l'institution à laquelle il appartient et l'adresse complète doivent être indiqués sur une page de garde envoyée à part.

Les articles proposés à la revue Région et Développement sont évalués par le Comité de rédaction et soumis de manière anonyme à un ou deux referees. L'auteur reçoit un rapport d'évaluation, lui aussi anonyme, concluant à publication, révision ou refus.

Après avis favorable à la publication dans la revue, il sera demandé à l'auteur un envoi par mail du texte en Word.

Les propositions d'articles doivent être adressées à :

Professeur Maurice Catin
Revue Région et Développement

Mail : maurice.catin@univ-tln.fr

Structures éditoriales du groupe L'Harmattan

L'Harmattan Italie
Via degli Artisti, 15
10124 Torino
harmattan.italia@gmail.com

L'Harmattan Hongrie
Kossuth l. u. 14-16.
1053 Budapest
harmattan@harmattan.hu

L'Harmattan Sénégal
10 VDN en face Mermoz
BP 45034 Dakar-Fann
senharmattan@gmail.com

L'Harmattan Cameroun
TSINGA/FECAFOOT
BP 11486 Yaoundé
inkoukam@gmail.com

L'Harmattan Burkina Faso
Achille Somé – tengnule@hotmail.fr

L'Harmattan Guinée
Almamya, rue KA 028 OKB Agency
BP 3470 Conakry
harmattanguinee@yahoo.fr

L'Harmattan RDC
185, avenue Nyangwe
Commune de Lingwala – Kinshasa
matangilamusadila@yahoo.fr

L'Harmattan Congo
67, boulevard Denis-Sassou-N'Guesso
BP 2874 Brazzaville
harmattan.congo@yahoo.fr

L'Harmattan Mali
ACI 2000 - Immeuble Mgr Jean Marie Cisse
Bureau 10
BP 145 Bamako-Mali
mali@harmattan.fr

L'Harmattan Togo
Djidjole – Lomé
Maison Amela
face EPP BATOME
ddamela@aol.com

L'Harmattan Côte d'Ivoire
Résidence Karl – Cité des Arts
Abidjan-Cocody
03 BP 1588 Abidjan
espace_harmattan.ci@hotmail.fr

Nos librairies en France

Librairie internationale
16, rue des Écoles
75005 Paris
librairie.internationale@harmattan.fr
01 40 46 79 11
www.librairieharmattan.com

Librairie des savoirs
21, rue des Écoles
75005 Paris
librairie.sh@harmattan.fr
01 46 34 13 71
www.librairieharmattansh.com

Librairie Le Lucernaire
53, rue Notre-Dame-des-Champs
75006 Paris
librairie@lucernaire.fr
01 42 22 67 13

www.ingramcontent.com/pod-product-compliance
Lightning Source LLC
LaVergne TN
LVHW010946061026
849535LV00007B/2591